【周易話解】

以日常生活經驗解說《易經》內涵，
是宣揚中華文化之珍本。

劉思白——著

重刊《周易話解》記緣

「今天我看到了一部好書！」

似乎是一九五〇年春天的一個下午，大哥美煌一進門便非常興奮地對我說。我問他是什麼好書？在哪裡看到？他說一位老先生收藏了一部《周易話解》，他是經友人介紹看到的，「那真是一部深入淺出的經典！」但是收藏者不肯外借，只同意在一定時間讓他到他家裡去看。以後我又聽大哥讚美了幾次，並且說他極想把它買回來，可惜那位老先生不肯割愛。

又過了一段時間，一次大哥又高興、又惋惜地對我說：那位老先生看他對這部書的興趣和誠意，願意將書讓給他，可惜他沒有那麼多錢。（代價似為三百塊銀元）

不久我離開了新竹到台北求學，便淡忘了這件事。大約又過了半年多，一次大哥到台北來看我時高興地說：「我終於買到那部書啦！」他說那位老先生最後以一百二十塊現洋（銀元）的代價將書讓給了他。從他的神色裡，我想這書必然不凡，可是卻一直沒有讀過它：有幾次我想看時都碰巧書被他的朋友借去了；有時他問我要不要看時，我又正在忙。雖然一直無緣拜讀，但印象異常深刻。

一九七五年殘春的一個下午，我在美國佛大接到了他的一封短信，說他發現了肺癌，病情急速惡化，已無法教學，正在埔里休養，很可能等不到我回國，要我安心完成博士學位，回國後整理一下他的《中庸語譯》手稿。想不到我給他的回函還沒到他的病榻，他已從榮總到另一個世界去了。我在次年夏天回國後，對整理他多年心血的《中庸語譯》有點害怕，因為我不是研究國文或國學的，便決心先打開他的幾箱遺物，準備拿出他的譯稿及有關《中庸》的論述、註解，進行他的遺願。這時候突然想倒《周易話解》，可是卻找不到。我想他可能送人了。

想不到大哥已經將這部書放在我的書櫃裡。猛然間，大哥當年得到此書的神情，宛然在目，卻已是物是人非了！後來與淡江大學國文系好友朱道緒談及，他看後認為是部難得的珍本，並且說：於今坊間雖不乏所謂的「白話」、「今註」，都沒有這部《周易話解》能令人「撥雲見日，通其理而識其原也。」當時道緒兄正經營「弘道文化事業公司」，便立即印行問世，以公同好。可惜「弘道」已停業多年，這部《周易話解》也隨著蒙塵。

謝謝秀威資訊科技股份有限公司願意將這部書再刊，使珍本能與喜愛《易經》的朋友見面。

二〇〇九秋於台北

附誌：《中庸重組語譯》也曾由弘道出版，分送美煌生前好友、我的朋友、與國內外的許多圖書館。謝謝蔡登山先生的幫助，此書現亦由秀威再版。

周易話解

壽禪題

壽禪

民國乙亥
嘉平初版

序

易學精微、天人貫焉、是作析繁抉隱、簡而賅、深而顯。博涉而約舉。後進之津梁也。文中子謂、易也者、聖人用以乘時。玆所謂詁解者。固亦乘時之作。而導揚聖譯。功在經苑矣、劉君思白、出此見示。爲識數語。乙亥秋日水竹邨人

序

易書廣大。讀者偏希夷。考其因。大抵有二。一在於先儒註釋。文言深奧。且對於河洛圖書太極儀象及大衍占筮等學說。其講演愈益神奇。而不易研求。後學不解。於是乎厭心生而學遂輟。一在於門戶雜出。如道、釋、儒、術、各派別。互相駁詰。註釋紛歧。莫衷一是。學者以無所適從。遂竟束而置之不問。有此兩因。以我中華最精純之經學。且未遭受暴秦之封火。而傳之今日。竟至有淪爲廢籍之趨勢。劉子思白。嘗攻此學。而深爲之懼。因見其他經史子集。多有白話註解。以淺近之詞。說爲後學之導師。欲維經學。莫善於此。遂本其夙昔之根柢。更肆力研究數載。編爲周易話解一書。彙諸家之精義、發揮而顯明之其有難以貫通之處。即參以己見俾往昔紛紜之說、歸於一致務期澈底明曉將以上所謂兩因槩行捐除。雖經過不少困難、而竟底於成。存國粹於斯學將墜之時廣經傳於婦孺、能解之地。即其六位一表尤爲苦心孤詣、發數千年不傳之秘。實足以當易學之指南。前有功於列聖。後有裨於學者。此書一、出。將見不獨我國尊經之士、起而歡迎、即東西洋之文學家。亦將有譯而讀之者。謂予不信。待覘異日中華民國二十有四年歲次乙亥中元鉅野奇叟魏大可

序

自漢魏唐宋以來。註易者無慮數十百家、各本獨詣之精神。欲以餉遺後學、而遞嬗至今。終苦於索解無從焉、其故在理深辭奧。領略爲難也。夫易之爲字。上日下月也、人無一日不在日月照離之下。即無一日不在易道範圍之中。然若不得其解。雖日手羲經一編、庸有裨耶。劉君思白、研究易學、至四十餘載、今欲本其所得、以貢獻於世人。乃著爲周易話解。開數千年註易之新紀元。深者淺之、晦者顯之、有難言詮之處。則引古人古事、以比附而佐證之。苦口婆心。務使人了解而後已。觀其緒言槩略。固已得其大凡。而六位一表。尤爲先儒所未發明。誠易學之階梯。持身涉世之輪轂也。

値此語體方興之日。亦尊古者提倡讀經之時。此編一出。有不先睹爲快者哉。中華民國二十有四年歲次乙亥中秋玉田史菡

序

易以天地、水火、雷風、山澤、該括萬有。而萬事之錯綜變化。亦不能出乎萬有之外。是以聖人作易。以陰陽爲卦之質。以三畫爲易之體。八卦既定。重之爲六十四。用以究極陰陽奇耦之變。即以推附於錯綜萬事之理。而莫不相應。又各繫以彖爻諸辭。以定其吉凶。而其標準。實以仁義中正之道。播之人事。繁變之中。得則爲吉。失則爲凶。俾一世是非。均不謬於易道。而後可以維萬世之安。然則易也者。治天地萬物人事於一爐。而以人事爲歸者也。故易之作也。非爲卜筮而設。而卜筮適足爲人事用易之階梯。夫子不云乎。加年學易。可無大過。易之切於人事也。亦彰彰矣。吾鄉劉子思白。

易理深通。洞識本原。著爲話解。先理而後數。俾世知易之爲書。專明人事。非言天道。專爲衆人言。非爲聖人言。又以語錄體行之。視著述之唯恐人知者。用心公私。相去不可以道里計。凡學易者。得是書爲之先導。更以比互旁通。以求象數之由來。其於易也思過半矣。民國乙亥仲冬鹽山賈恩紱序

序

易之爲書、大函天地、細入無間、而要歸于持世。其于修身寡過之道。三致意焉、聖人之微意可知矣、而自來箋註者。研幾極深、然索之愈深。爲説愈繁。其去人事也轉愈遠、是豈聖人持世之旨哉。劉子思白、懼後學索解難。而作易之旨之終晦也。本其研索所得。釋以淺近之詞。成周易話解、都爲四卷。友生周宗堯與襄校之役。書成。丐余一言。余以其爲説易簡。足以傳世行遠無疑。而當茲國家大革故習。作新斯民之會。得是以通消長之機、識進退之故、其于挽風俗正人心。所裨補不尤大乎。故樂爲之序。

中華民國二十三年十二月　太谷孔祥熙

周易話解卷首

緒言

周易一書。關係我中華古代最精純的文化。極奇奧而富於法則。韓昌黎所謂「易奇而法」是最簡當的批評。但先儒註釋都是文言。且人各一說。互相駁詰。以致後學无所適從。幾疑陰陽變化。便是天書。以故易學遂日就湮沒而不彰。余恐數千年首屈一指的國粹。或消滅於无形。故特切實研究。著爲話解。俾令融洽貫澈。而歸於一致。希望學者易於瞭悟。爲易書保存其命脈。而不至廢絕。區區的意思在此。

但近今學者。每談學術。都以科學爲依歸。並將自然科學與社會科學分析研究。今閱此話解。見對于天地。人物。混合研究。且種種解釋。槩沿用舊學說。或視爲陳腐而不屑道。將不免又受一番重大的打擊。此不可不先爲說明。余本昌明古學的主義。爲此白話註解。學者應思。註古人書。自當以古人爲主體。我但把古人的文辭。講解明白。教人一看便能瞭然。就算達到目的。若註古書。把古時的制度習俗。全都撇開。強用新學說牽引附會。恐削足納履。必至越發无有頭緒。沿用舊學說一層。者是不能不望學者諒解的。

又、世人自昔即多以周易爲卜筮之書。更因江湖術士。藉此糊口。遂故神其說。以相誘惑。

於是乎更授人以迷信的口實。以致近今學者。益无人過問。此尤不可不亟爲辨明而袪其疑。考易書六十四卦。純是教人因時因地立身作事的一些法子。其道无方无體。仁者見仁。智者見智。然其大旨終不外理數二字。先聖所制揲蓍求卦的方法。實爲數學的鼻祖。其占筮惟以陰陽變化盈虛消長處斷。並絲毫无有神將星煞那些事。若能明乎易數。愈可將易理追求入細。蓋聖人作易。是言人事非言天道。是爲衆人言。非爲聖人言。聖人「從心所欲不踰矩。」本无疑惑。何待蓍占。惟衆人臨事難決。故聖人制爲此法。以蓍數的七八九六。示人事的進退存亡。教人知所趨避。安分守己。行動都无過失。犯上作亂的事。更无由而起。此爲聖人的本旨。可見以蓍求卦。純是理數並重。切實的學問。學者若能悉心研究。便可瞭解聖人所說學易可以无大過的旨趣。

聖人也有占筮的時候．然必先以人謀．再行謀及卜筮．者是格外審慎的辦法．

又、前人註易。每先畫太極、兩儀、四象、河圖、洛書、等于卷首。講易的也先從此入手。抑知後學對於周易。心中早有難解的印象。若入手便講者些難解的故事。講得若稍含混。便易近似神話。恐把以先難解的印象。更坐實了。本話解有見於此。故將以上各項。統列在繫辭上傳易有太極各節以下。是因學者研究至此。已有相當的認識。此時隨畫隨講隨讀。

自然就不難瞭解了。所以不列太極等項於卷首。而列於繫辭上傳第十一章。

一卦有六爻。爻是活動的。一卦有六位。位是固定的。六十四卦每卦六爻。陰陽錯綜。變化无定。所以說爻是活動的。其固定的六位。六十四卦同是一理。特製一表。並先加以說明。以餉讀者。甚麼教作六位呢。就是每卦由初至上的那六位。此六位固定的解釋。如初、三、五、三位。是單數。爲陽剛位。二、四、上、三位。是雙數。爲陰柔位。二、在下卦位居中。爲地位。臣位。五。在上卦位居中爲天位君位。初合四。二合五。三合上。都是一陰一陽。兩位相應。有交相援助的關係。二、三、四、三位。爲下互卦。五、四、三、三位。爲上互卦。初、二、三、爲下卦。內卦。四、五、上、爲上卦。外卦。上位乘下位。有使令的權力。下位承上位。有供奉的義務。學者務將以上六位。所有固定的各解釋。認定記清。再把下列六位表。照鈔下來。擱在案頭。並備如小銅錢的東西數十枚。讀易時。便將所讀的者一卦六爻。用小銅錢按位擺上。把爻合位。對照察閱。如陽爻居在表的陽剛位上。便當位爲正。陽爻居在表的陰柔位上。便不當位。爲不正。例如需、訟、兩卦。九五一爻。皆陽爻居陽剛位。當位。正。且合中。故爻辭皆吉。小象皆曰「以中正也。」履卦六三一爻。是陰爻居陽剛位。不當位。不正。且不中。故爻辭凶。小象曰「位不當也。」姑舉其例。可以類推。再六爻居於六位。其乘承互應。剛柔上下內外。天地君臣。

位合爻均有切實關係。及作用。研易明此六位表。就如開鎖的鑰匙一般。此非編者信口侈談。讀者一經切實研究。便知所言非虛了。表列後。

上三爻為上外卦	耦、陰柔位 六當位、正				下應三	乘五	上
	奇、陽剛位 九當位、正	上		天位 中 君位	下應二	承上乘四	五
	耦、陰柔位 六當位、正	互	下		下應初	承五乘三	四
下三爻為下內卦	奇、陽剛位 九當位、正	卦	互		上應上	承四乘二	三
	耦、陰柔位 六當位、正		卦	地位 中 臣位	上應五	承三乘初	二
	奇、陽剛位 九當位、正				上應四	承二	初

槩略

凡書內局部的組織·源流·及各重要名辭·體例·若不將其槩略先爲述明·深慮學者讀易時·對于各問題·茫然莫解·必至擲而不讀·故特逐項述明槩略如左·

第一、畫卦。伏羲氏仰觀俯察見萬物都有單雙。（文言爲奇耦）便悟出單數爲陽雙數爲陰。遂畫一「⚊」單畫爲陽的符號。畫⚋「⚋」雙畫爲陰的符號。自下而上。加到三畫。象天地人三部分名曰三才。更以陰陽符號支配爲八個樣式的三畫。遂成八卦。其卦式名稱次序、爲乾一☰。兌二☱。離三☲。震四☳。巽五☴。坎六☵。艮七☶。坤八☷。其方位爲乾南坤北。離東坎西東南兌西北艮西南巽東北震。是爲先天八卦。（先天·對後天說·先天八卦·純是自然的·並无分毫人事的作用安排·參看繫辭上傳第十一章·伏羲八卦橫圓兩圖·）　又在三畫八卦每卦以上各加八卦重而爲六十四卦。其時雖象外无字。然陰陽變化消息盈虛剛柔動靜尊卑貴賤均寓其中而有跡可尋。後經文王周公孔子三聖。各繫以辭。遂成爲有關千秋世人立身作事精純圓到的一部大經書。（經以易爲大·揚子雲語·）

第二、彖辭。　世謂爲文王被囚於羑里時所作。當時觀玩卦象見逐卦具有精義。便逐卦各繫以辭。名曰彖辭。又曰卦辭。每卦首一節便是。並以伏羲八卦次序方位純是自然的對待偏而不全。還有應該亟須發明的。遂精思深索。重定八卦的次序方位其重定的大致。係將八卦所屬的五行金木水火土。分播於春夏秋冬四時。東震爲首。次東南巽。均屬木。爲春。次南離屬火。爲夏。次西南坤屬土。爲伏日。次西兌。次西北乾。均屬金。爲秋。次北坎。屬水。爲冬。次東北艮屬土。爲臘日。艮爲成終成始的一卦。至此一歲告終。而震又開始。五行相生。四時流行。寒暑往來。无有窮期。其關于人事作用的尤多。難以盡述。此爲後天八卦。八卦對於天人的關係。極爲密切。无有一時、一地、一事。能離開的。其擴大竟至如此。參看繫辭上傳第十一章．各圖說．及說卦傳第五章及十一章．此因敘述文王彖辭的原委。遂及於後天八卦的槩略。

第三、爻辭。 世謂爲周公東征時所作。周公玩索卦象及彖辭。見綱領雖具。若非逐爻發揮。恐後人領略爲難。有用的書。仍歸无用。于是逐爻繫辭。切實示人以「時止則止。時行則行」的一些法子。名曰爻辭。六爻的次序。第一爻爲初。向上挨次爲二三四五。至第六爻。稱爲上。陽爻都稱九。陰爻都稱六。例如乾卦六爻皆陽。便稱初九、九二、九三、九四、九五、上九。坤卦六爻皆陰。其挨次稱六。自不必贅述了。何以但稱九六不稱七八呢。係因九爲老陽。七爲少陽。六爲老陰。八爲少陰。老變而少不變。易道重在變化。所以稱九六不稱七八。然九六又何以爲老陽老陰。七八又何以爲少陽少陰呢。係因易道原本乎數。一二三四五爲五個生數。六七八九十爲五個成數。除十爲盈數不計。餘皆有當于易。如五生數內的一、三、五三個單數。合爲九。都爲陽數。五生數內的二、四兩個雙數。合爲六。都爲陰數。例如吾人一身。衰病壯健。全在血氣。血氣便爲陰陽。陰陽停勻。血氣必充。故健。陰陽偏枯。血氣必弱。故衰。九以三陽數所合而成。陽中並无一陰。六以兩陰數所合而成。陰中並无一陽。陽无陰佐。陰无陽輔。毫无生機。勢將不久。由衰而病而死。物至于死。還不是重大的變化麼。以九六爲老陽老陰。即是此理。既明此理。七八兩數所以爲少陽少陰。即不難迎刃而解。蓋七以兩二一三所合而成。八以兩三一二所合而成。陽中有陰。陰中有陽。人身陰陽停勻。血氣充足。其壯健是當然的。物既壯健。自能保持原狀。不生變化。故以七八爲少陽少陰。確无疑義。凡物有變化。纔有作用。易書辭義。全由變化而出。因九六有重大的變化。七八不生變化。所以卦爻但稱九六。不稱七八。此節爲研究易書最要的關鍵。學者務要格外注意。

第四、彖傳。　孔子自衞反魯。見時无可爲。遂肆力著述。以傳其道于天下後世。對于易書。尤特加注意。期在易道大明。于是作爲十翼。此彖傳係解釋文王的彖辭。爲一二兩翼。原自爲一編。後儒以便于誦讀講解。遂分屬于各卦。加一彖曰以誌別。如乾卦彖曰「大哉乾元」至「萬國咸寧」便是並依上下兩經。分爲上下兩傳。

第五、象傳。 此傳應別爲二。例如乾卦中「象曰天行健君子以自彊不息」。及各卦中照樣的者一行。是爲全卦象下的象傳。專解釋全卦象中的意義。如每卦每爻後。各有象曰一節。是爲爻象下的象傳。係解釋每爻象中的意義。也隨上下兩經。分爲上下兩傳。爲十翼中的三四兩翼。此象傳原也自爲一編。後儒以便于誦讀。遂分列于彖傳及爻辭以後。各加象曰以誌別。全卦象下的。又名大象傳。六爻象下的。又名小象傳。

第六、繫辭傳。 彖辭傳文王所繫。爻辭爲周公所繫。孔子以所繫各辭。都有切實發揮的必要。于是作繫辭傳。也分爲上下兩傳。此爲十翼中的五六兩翼。

第七、文言傳。 孔子以乾坤兩卦。爲易書的門戶。涵蓋全書。于是作文言傳。反覆發揮其義不厭求詳。爲十翼中的第七翼。後以另爲一編。不便講誦。故分別附列于乾坤兩卦以後。

第八、說卦傳。 孔子因以蓍求卦。及重三成六的意旨。近身遠物等取象。先天後天各位次。繫辭傳雖曾述及。究未明顯。故作說卦傳備揭各說。鉅細靡遺。此爲十翼中的第八翼。

第九、序卦傳。 六十四卦每卦銜接處。皆有至理。故孔子本各卦象義的表裏。作序卦傳。前後聯串。宛如貫珠。乾坤爲萬物的父母。故上經首乾坤。咸爲人類的父母。故下經首咸。乾坤便是天地。咸便是夫婦。天地爲萬物本。夫婦爲人倫始。相提並論。秩序緊嚴。此爲十翼中的第九翼。

第十、雜卦傳。 上篇序卦。是孔子依文王所列各卦的次序而明其義。此雜卦、是孔子更以己意明兩卦相對。或錯或綜的精義而爲次第。並暗藏互卦相連屬的次第。作爲一傳。名爲雜卦傳。先儒也名爲互卦傳。此爲十翼的最後一翼。表面似无甚難解。而錯綜交互等例。若不說明。恐學者不知其說。于易書終難澈底了悟。茲特將其槩略說明如下。何謂錯呢。就是兩卦顯然相反。如乾卦六爻皆陽。「䷀」一錯而六爻皆陰。「䷁」便爲坤。又如中孚上下四陽。中間兩陰。「䷼」一錯而上下四陰。中間兩陽。「䷽」便爲小過。者是錯的解釋。由此可以類推。何謂綜呢。就如織機上籠著經綫。此上彼下那兩片掙一般。如水雷屯「䷂」震下坎上。一倒轉坎下艮上。「䷃」便爲山水蒙。者是綜的解釋。由此可以類推。至于互卦的解釋。就是一卦中間四爻。上卦從第五爻下數至第三爻。下卦從第二爻上數至第四爻。例如比卦、從五至三。便爲上互艮。從二至四、便爲下互坤。合起來便爲山地剝。凡與比卦連屬的數卦。大槩皆互剝。大畜以後數卦。大槩皆互復。後以此類推。先儒講解雜卦傳。對于錯綜及互卦研究。及此其智慮何等精微。茲特撮要解釋。俾學者容易入門。入門後再把先儒各種的講解。盡力討論。便可入細了。又本傳大過以上五十六卦。或錯或綜。皆係連接的兩卦對敘。大過以下的八卦。其例全改。先儒所註此節尤好。謂爲特別互卦體例。于雜卦傳後列具詳細圖說。茲不先錄。

第十一、名稱。 以四大聖人精心刱造。成此既奇且法的一部大經典。經分上下兩篇。連十傳、共爲十二篇。統名爲周易。何以稱易呢。易有交易變易兩義。以對待說、如天氣下降。地氣上騰。便是交易。以流行說、如陽極變陰。陰極變陽。便爲變易。全書盡此兩義。故名爲易。又以書內所有的文辭。都是周代三聖人所繫。且須與夏連山易商歸藏易顯示區別。故名爲周易。易卦共六十有四。上經卦三十。下經卦三十四。卦名列下。

上經 乾爲天　坤爲地　水雷屯　山水蒙　水天需　天水訟　地水師

水地比
風天小畜
天澤履
地天泰
天地否
天火同人
火天大有

地山謙
雷地豫
澤雷隨
山風蠱
地澤臨
風地觀
火雷噬嗑

山火賁
山地剝
地雷復
天雷无妄
山天大畜
山雷頤
澤風大過

坎爲水
離爲火

下經

澤山咸
雷風恆
天山遯
雷天大壯
火地晉
地火明夷
風火家人

火澤睽
水山蹇
雷水解
山澤損
風雷益
澤天夬
天風姤

澤地萃
地風升
澤水困
水風井
澤火革
火風鼎
震爲雷

艮爲山
風山漸
雷澤歸妹
雷火豐
火山旅
巽爲風
兌爲澤

風水渙
水澤節
風澤中孚
雷山小過
水火既濟
火水未濟

凡例

一、周易益人、遠勝他經、即偶值一時一地、均有相當的指教、然人若不解、益便无從而得、故特秖爲話解、爲淺近的解釋、前後務期貫澈、程度在高小以上的、就能了解而受益、是爲編者本旨、

一、本話解正文、次第、槩依朱子本義舊例、

一、本話解採用先儒註釋的意旨、槩不註先儒姓名、此非掠美、係因話解務在貫澈、即數句中、每至引用數家、註不勝註、是以不註、

一、原書中所有錯誤處、凡經先儒認定必須改正增删的、如文言傳九四重剛而不中、係多一重字、話解即直書剛而不中、不再寫重字、坤卦象曰履霜堅冰、本應作初六履霜、話解即直書初六履霜、不再寫履霜堅冰、直捷了當、後依此例、

一、易書本係理數並重、恐學者多好奇異、或偏信數、故於六十四卦、所有吉凶悔吝咎厲等字樣、槩作立身行事當與不當的結果、均不以占斷論、即聖人也懼學者程度不轂、

若偏信數、必至誤事、故於六十四卦、也不侈談占筮、至繫辭傳、聖人纔有尙占占事知來、幽贊神明而生蓍等說辭。是因學者、此時已深明易理、纔敢談及易數、然雖係言數、卻總不離乎理、可見理數純爲實學、不可偏重、也不可偏廢、本話解故將蓍占、骰占、兩法列後、希望學者先研易理、繼研易數、守經達權、洞明趨避、自能漸至可以无大過的地步了、

目錄

周易話解上經卷一

䷀ 乾上乾下　以九五爲卦主

乾。元、亨、利、貞。

一卦六爻。純陽不雜。剛健至極。確是天體。但聖人作易。是以正當立身作事的法子教人。不像說神話的那種書故意的令人驚爲神奇。所以卦名爲乾。不名爲天。乾作恒久不懈解。是天的性情。人所能學的。人學者一卦。須具有至剛極健的精神。无一時半刻的懈怠。立身作事。都能大通。不至發生一點障礙。然太剛健了。就怕有强橫武斷的行爲。所以元亨下緊繼以利貞。元、是大。亨、是通。利、是應該。貞、是正而堅固。元亨、是乾的效果。利貞、是既得了大通的效果。就應該堅守正道。纔能把效果保持得住。元亨利貞・至孔子纔分爲四德・

初九。潛龍勿用。

潛、是藏。龍、是水中純陽極靈的動物。初以陽爻居陽位。是有德守正的君子。在野的時候。故以潛龍取喻。按三才說。初與二兩爻爲地。初在地下。地下有水。故曰潛龍。龍潛地下。雖純陽極靈。也毫无作用。如虞舜鰥居。玄德種菜。其所處是最宜潛伏。不宜有所動作的。本爻變巽。巽爲隱伏。故曰潛。

九二。見龍在田。利見大人。

二、在初上。是龍已不潛而見了。二在地面。故曰田。此爻陽剛得中。陽爲大。按人事說。是大人一經出世。雖不在位。德澤也能及人。如虞舜耕歷山。歷山人皆讓畔。（畔．是地界．）漁雷澤。雷澤人皆讓居。陶河濱。河濱器不苦窳。（苦窳．讀作古語．作粗惡解．）大德所在。習俗頓移。利益旣多。歡迎自衆。故曰利見大人。此爻變離爲目。故利見。

九三。君子終日乾乾。夕惕若厲、无咎。

三、按三才說。爲人位。又陽爻。故稱君子。在下乾以上。故曰終日。曰夕。惕、是謹懼。厲、是不安。三以陽居陽。重剛過中。地位在下卦以上。很不安穩。如虞舜「納于大麓。烈風雷雨弗迷。」便與此爻厲无咎辭意正合。蓋此爻雖過剛不中。然自處甚正。且能一天到晚。小心謹愼。地位雖險。故也能轉危爲安。不至有過。此爻變、下互離爲日。故云日。下乾緊接上乾。故云乾乾。

九四。或躍在淵。无咎。

四、也爲人位。然按實際上說。業已離地在人以上了。故曰躍。因无定。故曰或。九陽爻。四陰位。陽主進。陰主退。是進退无常。四、已到上卦。本可上進。然在上卦以下。又不敢遽進。也是進退无常。此是學問德行。具有根柢。躍躍欲試。如龍躍淵中。風雲一作。便可扶搖直上。人法此爻。或進或退。斟酌盡善。進非貪爵慕祿。退非釣譽沽名。纔可无過此爻從變巽爲進退、爲不果、取義。

九五。飛龍在天。利見大人。

按三才、五爲天位。故言天。初龍潛。上龍亢。二在田。三過中須乾惕。四不及中而或躍。獨九五剛健中正。有天德而居天位。如龍飛天上。甘雨隨施。按人事說有此德。有此位。自能「正己而物正」。萬民引領。熱烈歡迎。當然是值得的。又有在上求賢。利見大人是利見賢臣的一說。如商湯見伊尹。高宗見傅說。賢臣、便指九二。說也可通。此爻利見句、取象與九二同。

上九。亢龍有悔。

上九、位高極性剛極。故云亢。亢是過高而不能謙下。此爻可比作帝國的太上皇身分雖貴。无有爵位。居處雖高不管人民。所有的文武官吏。都慮有嫌疑。也无有敢來親近的。如唐明皇。幽居南內。供奉无人。月夜淒涼。長吁短歎。那便是亢龍有悔了。此爻變兌爲毀折。過亢必折。故有悔。

用九。見羣龍无首。吉。

无首、作不爭先出頭解。九、是天德。聖人體會乾卦六爻的大義。法天德以立身。對于陰陽調劑。彷彿羣龍動靜。若都謙退不肯爭先出頭。是剛中有柔。自合中道。无事不吉。若遇事生風。動輒爭勝。是剛過而競。其凶自不待言了。全易六十四卦。獨乾坤兩卦。純陽純陰。然陽極變陰。陰極變陽。剛柔互用。

是自然的調劑。毫无偏執。聖人慮人疑乾坤爲陽自陽。陰自陰。故特以用九用六。立辭表示。

彖曰大哉乾元。萬物資始。乃統天。

此爲孔子所作的彖傳。乾純陽。是天象。觀乾便知天德。惟天爲大。其大何在。在乎造物。萬物都依賴其工作。爲發生的起端。其大故无可與比。然乾道便是天道。言乾便可把天包括得起來。可見乾更大而无外了。此節是解釋彖辭的元字。資、作依賴解。統、作包括解。

雲行雨施。品物流形。

此二句釋彖辭的亨字。雲行雨施、是膏澤洋溢的光景。品物、是物象品類不一。流形、是品物流動自然。形形色色。生機暢發。還不是亨通極了麼。

大明終始。六位時成。時乘六龍以御天。

終、是貞。始、是元。聖人把乾道的終始。澈底明曉。就按著六爻的地位。六爻的時機。終有終的條理。始有始的條理。布置得都合了身分。大功便告成了。聖人治化到了者個地步。便如乘駕六龍。飛行天空。眞算得大通特通了。書云、「若朽索之馭六馬。」與此乘六龍以御天。意正相反。從反正兩面看。更易解了。此三句是合釋元亨二字。

乾道變化。各正性命。保合太和。乃利貞。

變、是化的苗頭。化、是變已成熟。上天付給的爲命。萬物接受到了自己身上便爲性。各正性命。是動植物各有正當的性命。其生長皆由乾道變化而來。絲毫不能混亂。保合、是葆存。太和、便是正當的性命。保合太和、是言萬物生成以後。各有的正當性命。應該葆存堅固。不教他有一點傷損。者纔是利貞的解釋。

首出庶物。萬國咸寧。

者二句是總起來說。聖人法乾治世。萬物都在其覆冒以下。他居在萬物以上。是爲首出庶物。其萬國的領袖。皆爲聖人一人所設置。是各領袖雖在聖人一人以下。却在他本國萬人以上。也是首出庶物。所以聖人法乾的政令。萬國一綫穿成。自然便一致安寧了。乾道的作用。法乾的效力。如此。

象曰。天行健。君子以自彊不息。

者是全卦象下的象傳。乾象天。天行一日一週。片刻不停。萬古无改。非極彊健。那能如此。君子觀象取法。具充分剛健的精神。无些許鬆懈的情事。自與乾道相合。也便與天道相合了。天行健。是天的乾。自彊不息是君子的乾。上句是卦象。下句是學易的人事。六十四卦都是此例。此息字、作止息解。

潛龍勿用。陽在下也。

者是每爻象下的象傳。本卦此象傳。未分列于每爻以下。故每節也未加象曰。仍是自爲一編的體例。略存古本的樣式。恐學者對此數節。或有疑問。故特說明。卦初爻爲陽。故云陽在下。陽是九。下是初。是有龍德的君子隱而未見的時候。

見龍在田。德施普也。

陽氣發見地上。生機便能普徧天下。是如有龍德的君子。有所設施。其德化便能普及全國。

終日乾乾。反復道也。

乾而又乾。一天到晚反來復去。无一時敢離正道。故得无咎。

或躍在淵。進无咎也。

待到該進的時候再進。是以无過。

飛龍在天。大人造也。

造、當作字解。聖人作而居天位。德流化洽。而天下治。就如飛龍在天。雲行雨施。而天下平。大人、便是龍。造、便是飛。

亢龍有悔。盈不可久也。

盈、是亢。不可久、是戒人切不可久于處盈。地位、時勢、人事、三項。都有盈滿的時候。一到此時。便當謙退。稍遲一日。災禍臨身。後悔就晚了。

用九。天德不可爲首也。

九爲陽。陽便是天德。天德既爲陽。陽極必變爲陰。陽剛陰柔。陽先陰後。剛柔互用。先後循環。純出自然。決无强行爲首的情事。若剛而不柔。遇事爭先。便非天德。故曰天德不可爲首。周公孔子對用九立言。各有用意。周公見羣龍无首。是從立身上說。孔子天德不可爲首。是從作事上說。

文言曰。元者、善之長也。亨者、嘉之會也。利者、義之和也。貞者、事之幹也。

文王卦辭中的元亨利貞。有關係天一方面的。有關係人一方面的。如元爲生物的起點。便是天地的大德。按天時說爲春。按人事說爲仁。仁爲衆善中第一美德。故曰善之長。亨是生機已暢。按天時說爲夏。按人事說爲禮。行禮周旋揖讓。行列秩然。如桑麻成行。嘉禾粲列。衆美會萃。文明莊嚴。故曰嘉之會。利是生物各得其所。各无妨害。按天時說爲秋。按人事說爲義。凡事都有合宜的安排。自无爭執牽混的流弊。故曰義之和。貞是生物已成。一切事理。都包藏蘊蓄於其中。如果仁穀粒。含存生機。到時纔大顯其作用。此貞字按天時說爲冬。按人事說爲智。深藏若虛。大智若愚。故曰事之幹。

君子、體仁足以長人。嘉會足以合禮。利物足以和義。貞固足以幹事。

君子法乾體仁作事。度量寬宏而慈祥。自可爲衆人的領袖而无愧。衆美會萃。次序秩然。自能百凡合禮而无愆。利益均平。物並育不害。道並行不悖。自无有不義氣和美的。洞明正道。貞固以守。毫不游移。纔能幹事。若无定見。无主義。那還能幹事麼。

君子行此四德者。故曰乾元亨利貞。

元亨利貞在文王作爲乾道的作用、及效果。是串起來講。孔子說爲四德。是換一個切近實體的說法。用君子行仁義禮智解乾元亨利貞者。是孔子讀易獨有會心。與文王撇開先天、八卦。緻爲後天八卦事同一轍。以上文言第一節·

初九曰。潛龍勿用。何謂也。子曰。龍德而隱者也。不易乎世。不成乎名。遯世无悶。不見是而无悶。樂則行之。憂則違之。確乎其不可拔。潛龍也。

此爲問答體文法的鼻祖。龍德、是聖德。聖德在隱而未顯的時候。不隨世俗爲轉移。不在世上求知名。雖人不見諒。而遯跡山林。非笑由他非笑。也只從吾所好。槩不抑鬱而動心。合吾道便樂、便行。違吾道便不樂、便不行。其操守如鐵石堅確而不可拔。其不躁於見用如此。故喻爲潛龍。

九二曰。見龍在田。利見大人。何謂也。子曰。龍德而正中者也。庸言之信。庸行之謹。閑邪存其誠。善世而不伐。德博而化。易曰。見龍在田。利見大人。君德也。

者一爻有聖德而正合中道。龍雖見在田而不在天、德雖正中、在下而不在上。有君德。无君位。其言行恰合其身分。言爲庸言。卑无高論。行爲庸行。動必小心。凡邪僻不正的事。防閑不令其入。誠實无安的心。保存不令其失。善足薰一世。有而若无。德足化萬物。博而能周。此有聖德而安於臣位。愈尋常而實行愈難。文王事殷正合此義。庸、是常。閑、是防。邪從外入。故防。誠在心中。故存。伐、是自誇。

九三曰。君子終日乾乾。夕惕若厲。无咎。何謂也。子曰。君子進德修業。忠信。所以進德也。修辭立其誠。所以居業也。知至至之。可與幾也。知終終之。可與存義也。是故居上位而不驕。在下位而不憂。故乾乾因其時而惕。雖危无咎矣。

地位不安。很是難處。君子處此境遇。只知進德修業分外的事。一槩不管。然所以進德。必須忠信。所以修業。必須修辭立誠。忠信、是實地進德的事。修辭立其誠、是實地居業的事。修辭、是出言有章。立誠、是脚踏實地。前言修業。此言居業。是因業貴有恒。宜居而不宜遷的意思。知至至之。是知道作事到什麼地步纔好。便作到什麼地步。纔可與幾。可與幾、是可與入道。者爲始條理。知終終之。是知者一件事有何等圓滿的結果。就一作到底。纔可與存義。可與存義、是動必合宜。操守堅固。者爲終條理。知至能至。知終能終。始終具有條理。所以可上可下。不驕不憂。雖處危地。也可无咎。

九四曰。或躍在淵。无咎。何謂也。子曰。上下无常。非爲邪也。進退无恒。非離羣也。君子進德修業。欲及時也。故无咎。

上下進退。无常无恒。是地位的關係。非爲邪、是言非故意索隱行怪。走入邪路。非離羣、是言非故意攀高妄想。離了同羣。此爻是進德修業。大人事備。心中躍躍欲試。正在斟酌時宜。无常、无恒、是自无成見。及時而動的意思。動而及時。自可无過。

九五曰。飛龍在天。利見大人。何謂也。子曰。同聲相應。同氣相求。水流濕。火就燥。雲從龍。風從虎。聖人作而萬物覩。本乎天者親上。本乎地者親下。則各從其類也。

國家興衰。關係一人。一人若是聖人。聖與賢同聲同氣。相應相求的。便是一類的聖賢。那國便可以興。蓋物同便合。合便能同聲相應。同氣相求。如水流濕地。火焚乾柴。龍吟景雲出。（景雲·是祥雲·）虎嘯谷風生。（谷·是山谷·）鳶飛親上。魚躍親下。皆是各從其類。各從其類。俗話說就是一物向一物。至於聖人作而萬物覩。是无一物不親。蓋聖人本爲三才的宗主。爲萬物的天地。所謂出乎其類的。出乎其類。便能統乎萬類。彖傳所云首出庶物。萬國咸寧。卽是此義。聖人作、是飛龍在天。萬國覩、是利見大人。

上九曰。亢龍有悔。何謂也。子曰。貴而无位。高而无民。賢人在下位而无輔。是以動而有悔也。

上九處境在君位以上。雖貴雖高。而无位无民。從初至四。皆從五、不能越五而從上。故更无輔。如此還想妄動。那能无悔呢。（以上文言第二節）

潛龍勿用。下也。

此就人事上再釋爻辭與用九。勿用、是因地位在下。只宜隱遯。勿爲世用。

見龍在田時舍也。

何爲在田、以時宜居止不可躁進。故曰時舍。舍作舍館的舍字解。時舍、就是「可以止則止」。

終日乾乾行事也。

終日敬愼以進德修業爲事。行所當行。不愧君子。

或躍在淵自試也。

自己先試試可與不可。再定奪進退。試、如雛鳥試飛。正解躍字。

飛龍在天上治也。

飛龍在天、便雲行雨施而天下平。聖人在上、便德流化洽而天下治。故曰上治。

亢龍有悔窮之災也。

窮、是亢。災、是悔。物窮災隨。亢龍安得无悔。

乾元用九天下治也。

九是天德。陽極變陰。健中有順。剛而能柔。作用與天同功。天下定能大治无疑。以上文言第三節

潛龍勿用。陽氣潛藏。

此下是發明乾道合天的大義。陽氣初生的時候。最宜潛滋暗長。不可盡量宣洩。所以取象潛龍。而戒以勿用。如人正在潛修的時候。也與潛龍一樣。遵時養晦。是要緊的。

見龍在田。天下文明。

有大德的聖賢。雖居止于田間。每發一言。作一事。都從眞實學問裏表見出來。其表見的。便可薰其一鄉。使一鄉文明。由一鄉而推及天下。也將進于文明了。如虞芮爭田。化爲讓田。是爲一徵。

終日乾乾。與時偕行。

天時終日不息。九三進修。也與天一致行動。終日不息。故曰與時偕行。

或躍在淵。乾道乃革。

革。是改革。下三爻爲下卦。到第四爻。便改爲上卦。下乾告終。上乾開始。下初爲潛。上初便革潛爲躍。革卑近尊。故曰乾道乃革。

飛龍在天。乃位乎天德。

五爲天位。此爻剛健中正。故稱天德。有天德居天位。纔能相稱。位上著一乃字。很有聲色。是言者天位專爲位置有天德的。无天德的。如夏桀商紂。實不配居在者個位子上。

亢龍有悔。與時偕極。

消息盈虛。各有相當的分際。就應各有相當的動作。差一點就要壞事。九三在下卦以上。故危厲。然因能進德修業。與時偕行。便无咎。上九在上卦以上。高極盛極。是處境與時偕極。再亢而不謙。是不明消息盈虛的道理。那能无悔呢。

乾元用九。乃見天則。

不說乾卦用九、而說乾元用九。是將乾道統歸元內。元是乾道變化的起點、也便是天道變化的起點。聖人法乾用九。行仁義禮智。適當其可。便如天道春夏秋冬。各有一定的限度。在者用九上。便把天的標準認識明白。可見乾便是天。天便是乾了。則、是標準。與詩經「伐柯伐柯其則不遠」的則字一般解。以上文言第四節

乾元者。始而亨者也。

始便是元。此又反覆說元亨利貞的奧妙。乾元是萬物亨通的開始。

利貞者。性情也。

性、主靜。情、主動。萬物由元亨的極動。到了收歛歸藏。那便極靜。然由此極靜中。又含著明春發生的動機。是動靜兼有。故言利貞爲性情。

乾始能以美利利天下。不言所利。大矣哉。

者一節是說元而亨。乾卦元始的效用。能以其優美的利益。普利萬物。至其利益如何優美。萬物如何承受其利益。因極多極備。誰也不能指名細說。便是聖人也只稱贊其大。其所以的大處也不能指出名來。

大哉乾乎。剛健中正、純粹精也。

冠冕全易。非乾不能。乾實不易稱贊。姑且贊他爲大。既曰大哉乾元。又曰大哉乾乎。爲甚麼如此說他爲大呢。是因其德剛健中正。純而无一點陰氣相雜。粹而无一點惡念相混。不雜不混。至精而无一點瑕疵。非乾又安能至此。

六爻發揮。旁通情也。

六爻各繫以辭。以發揮其精義。其不能於正面上發揮的。就比辭設喻。由旁面以通其旨趣。不使其情稍隱。致有賸義。

時乘六龍。以御天也。雲行雨施。天下平也。

九五德位相稱。一人首出。駕馭羣英。如乘駕六龍。運行天上。龍飛便興雲下雨。膏澤普及。聖人得位以美利利天下。天下立見太平。也自不待言。九五聖德能統各爻。興會漓淋。他爻无此情狀。此節故以九五爻義爲結束。以上文言第五節

君子以成德爲行。日可見之行也。潛之爲言也。隱而未見。行而未成。是以君子弗用也。

此下是逐爻申明法乾立身作事的法子。在心爲德。在外爲行。君子的行爲。內修成熟。纔有表見于外的日子。初九雖潛。而龍德已具。然潛隱而不見。不過是地位的關係。其行而未成。是如大舜側微未登庸的時候。時未至。君子是不急於求用的。若把行而未成一句作操行尚未成就解。便不合。

君子學以聚之。問以辨之。寬以居之。仁以行之。易曰。見龍在田。利見大人。君德也。

必能把萬事萬物的原理。全都明瞭。纔可應付萬事萬物。學以取善。故希望聚積而无遺。問以明善。故希望辨明而无誤。寬以居心。纔不至量小不能容物。仁以行事。纔能慈祥而合天理的大公。學問爲德行的府庫。寬仁爲德行的車輿。九二的君子。府庫充實。而車輿閑熟。雖不在高位。而確有君德。天下幸而得見此人。是可利賴於无窮的。

九三。重剛而不中。上不在天。下不在田。故乾乾因其時而惕。雖危无咎矣。

三陽爻居陽位。故曰重剛。一卦只二五兩爻得中。天指五。田指二。此九三一爻。上既不在天。下又不在田。不合中道。地位不安。故必須隨時小心謹慎。處此危地。纔可无咎。

九四。剛而不中。上不在天。下不在田。中不在人。故或之。或之者。疑之也。故无咎。

三四兩爻。都爲人位。然三正在地上。故稱君子。四已離地。空中非人所處。故曰中不在人。中不在人。

是釋或字。然孔子仍恐人不甚明瞭。故又曰、或、便是疑。疑、作遲迴審量解。三、四、緊接。三位卑下向上爲難。故必須勤愼憂懼纔得无咎。四近九五。前進較易不過爲時略早。還應審愼。只差者麼一點。故不必憂懼。便可无咎。

夫大人者與天地合其德。與日月合其明。與四時合其序。與鬼神合其吉凶。先天而天弗違。後天而奉天時。天且弗違。而況於人乎。況於鬼神乎。

此贊九五的大人。天地覆載无私。而大人仁民愛物。便與天地合其德。日月照臨无私。而大人洞悉情僞。便與日月合其明。四時運行无私。而大人動靜有常。便與四時合其序。鬼神禍福无私。而大人恩威悉當。便與鬼神合其吉凶。大人先天而作事。如堯舜天命未改而禪讓。而天心毫不相違。大人後天而作事。如文王三分有二而事殷。至武王纔遵奉天時而伐紂。而天心也毫不相違。先天而天合大人。後天而大人合天。天與大人。一而二。二而一。人與鬼神。是不能違天的。還能違大人麼。

亢之爲言也。知進而不知退。知存而不知亡。知得而不知喪。

上九所以亢極有悔。正因不知進退存亡得喪的緣故。若能備知。雖處于極上。也必不至于亢。

其惟聖人乎。知進退存亡而不失其正者。其惟聖人乎。

此節開口便說其惟聖人乎。是孔子看著但能知進退存亡。不算甚麼難事。所以躊躇著說。莫非能知者進退存亡的總得聖人麼。此起句是問的口脗。若既知進退存亡。就進而能退。存而不亡。斷乎不失正道。如此動靜適宜。剛柔相濟。能知能行。者是獨有聖人。纔能作到的。末句是答的口脗。

䷁ 坤下坤上　以六二爲卦主

坤。元、亨、利牝馬之貞。君子有攸往。先迷、後得主。利西南得朋。東北喪朋。安貞吉。

坤爲地體。生物與天同功。卦德柔順。與乾卦剛健配合適當。乾六爻皆陽。坤六爻皆陰。純陽純陰。其德同純。故其作用同爲元亨。但不曰利貞。而曰利牝馬之貞。是何故呢。是因坤與乾既爲敵體。乾以龍取象。坤本爲牛。龍行天最快。牛行地最遲。若拘拘以牛取象。坤與乾那就配不上了。故只得以行地最快的馬來取象。畧可與龍相似。然馬屬陽。與坤未合。故標明爲牝馬。而曰利牝馬之貞。是乾坤既可匹敵。而性質也不相混。「易奇而法」於此可見一斑。牝馬是母馬。何謂有攸往先迷後得主呢。凡事陽先陰後。纔爲正當。陰若爭先出頭。胸中无强健的主張。勢必入於迷途。若在陽後。得陽爲主。再得西南兩方同類的（離巽兌・都屬陰・同類・故爲得朋）良朋。共同助理。所行自无往不利。至於東北兩方皆陽。（指乾坎艮震說・）本是應該相從的。但正當作事的時候。須把陰陽相求的心事。暫且喪棄了。安守作事的正道。纔能得吉。

象曰。至哉坤元。萬物資生。乃順承天。

乾稱大哉坤稱至哉。嚴尊卑的身分。明出陰不得僭陽來。大能无外。至便有極。乾元萬物資賴以生。坤元萬物資賴以成。始、是氣的元始。生、是形的元始。然坤生物也不是自己單獨有此能。爲是順以承天。乃能成此大功。

坤厚載物。德合无疆。含弘光大。品物咸亨。

乾道无疆。坤德厚能載萬物。與乾道的无疆適合。故曰德合无疆。至坤道包含寬弘。發于外的英華而光充于內的博厚而大。其用其體。不衒（是顯露）不息。故其所生品物咸能亨通而无有窒塞。

牝馬地類。行地无疆。柔順利貞。君子攸行。

牝馬柔順且健。與坤地性質相類。行地甚速而遠。自然也有无疆的性質。蓋柔順爲坤體順天行事的本分。也正是法坤的君子、不剛不柔正當的行爲。故曰柔順利貞君子攸行。

先迷失道。後順得常。西南得朋。乃與類行。東北喪朋。乃終有慶。

坤道主成。成宜在後。故有所作。先行必迷。必乾先坤後。合了順序的常理。纔能有得而无失。再有西南兩方同類（類別即性別）的良朋。携手進行。尤爲得力。至東北喪朋。是從類別一方面說。因著作事的時候。如被情感糾纏。必至敗事。故對于羣陽。槩須棄置不理。若從生物上說。陰陽終必相從。天地間纔有生理。說到者個問題上。對於東北。不但不能喪朋。轉要變作得朋。且不止得朋。結果還要成了眷屬。大家拱手稱慶了。

安貞之吉。應地无疆。

地體安靜貞正。人能如此。便與无疆的地道相合。那能不吉。无疆有二解。一是廣大无疆。一是悠久无疆。應作合字解。

象曰。地勢坤。君子以厚德載物。

天以氣運。故曰天行。坤以形載。故曰地勢。地勢極厚。故載萬物而不嫌重。君子法坤。以博厚的度量。把世間一切事物。都能擔當得起來。百姓庶民相依爲命。飛潛動植。賴而得安。（樹木非時不伐・禽獸非時不殺・及網開一面等・事）法坤的作用如此。

初六。履霜。堅冰至。

乾初九陽始生于下。坤初六陰始生于下。陽生于下。曰潛龍勿用。言時宜隱而未可以進。陰始生于下。曰履霜堅冰至。言勢雖微而必至于盛。觀聖人立言的分別。可以知君子恬退難進。而小人得勢易張。在位的應思所以求君子於草野。而防小人於平時。霜由陰氣初結而成。此爻變震爲足。故云履。

象曰。初六履霜。陰始凝也。馴致其道。至堅冰也。

凝、是結聚。馴、是順從。馴致其道。是言若不早防。順著他的道走起來。日甚一日。必至成了堅冰无疑。

六二。直方大不習无不利。

乾圓坤方。是一定的。直、大、是乾德。二、柔順中正。處處從乾。先效其直。立定脚根。終與同大。恰到好處。因直以成其方。因方以成其大。順乎天理自然。成爲坤道能事。不待學習演習。斷然无有不利。此爻變坎、坎彖辭爲習坎。以在順體、故不習。（坤順。故曰順體）

象曰。六二之動。直以方也。不習无不利。地道光也。

六二承天而動。无論飛潛動植。各種各類。一致生成。毫無偏私。是直而无曲。无論甚麼物的形狀。永遠照樣生成。毫无走板。是方而有定。此等動作。光明正大。形形色色。一槩公開。者纔是大公无私的地道。

六三。含章可貞。或從王事。无成有終。

含章可貞。是胸羅萬有。含其光明而不自衒。（衒。是顯露）守其貞正而始終如一。或從王事无成有終。是辦官家事。不敢自居成功。不敢自有成見。然總要辦到終了。到底不懈。此爻變艮、艮成終、故云。

象曰。含章可貞。以時發也。或從王事。知光大也。

含、是待時而發。並非不爲。或從王事。不擅專。不中輟。敬事識時。見解光明。謀慮遠大。六三有作大事的氣魄。

六四。括囊。无咎。无譽。

四在危疑的地方。（四多懼見繫辭下傳第九章）稍有不檢。便難免過。必須謹愼緘默。一言也不妄發。如括囊而不露。自能无咎。然以括囊。才學定不能顯。譽也是无有的。

象曰。括囊无咎。愼不害也。

能緘默如括囊。當然无害。

六五。黃裳。元吉。

黃、是中色。裳、是下服。六五雖爲尊位。然坤自是臣道。妻道。故五若能守中而謙下。便元吉。元吉、是大吉。若妄自尊大。如王莽以臣而篡位。武曌以婦而爲君。是大悖此爻義。爲非常的變故。災害且至。那能有好呢。

象曰。黃裳元吉。文在中也。

文美在中。謙抑不露。正是六五黃裳的身分。

上六。龍戰于野。其血玄黃。

上六陰極。陰極傷陽。勢須爭戰。然不曰陰陽相戰。而曰龍戰。是聲言陽來征陰。爲春秋尊王的筆法。

本爻在外卦以上。戰爭時稍一追逐。便到野外。故曰野。天色玄。地色黃。其血玄黃。是兩敗俱傷了。上六的血戰。其兆已現于初六履霜。彼時怕鬧到者個地步上。所以便有「堅冰至」那種警告。

象曰。龍戰于野。其道窮也。

陰極傷陽。非戰再无別道可走。實逼處此。故曰其道窮。

用六。利永貞。

坤本安貞。變作乾。便爲永貞。安、是順而不動。永、便健而不息了。蓋乾變坤。剛而能柔。故乾用九吉在无首。坤變乾。是柔而能剛。故坤用六利在永貞。乾坤用九用六。其微妙至此。

象曰。用六永貞。以大終也。

陽大陰小。陰極變陽。故以大終。

文言曰。坤、至柔而動也剛。至靜而德方。

至柔動剛。是言坤本順天行事。天給以一氣的生理。坤承受著便生生不已。非動而能剛。那會如此。至靜德方。是言乾无論如何運轉。坤總安然不動。所以爲至靜。坤方對乾圓說。至靜而方。是坤德。柔靜爲坤的本體。剛方爲坤的大用。

後得主而有常。

坤道在退後。若爭先便失常。能一意處在乾後。順乾行事。得所主便有常了。

含萬物而化光。

坤本包含着萬物的生理。所以一經接受陽氣。陰陽相合。便能成就化育光明的大功。

坤道其順乎。承天而時行。

以上是申言彖傳各節的語義。至柔而動也剛、是申明厚德載物德合无疆兩句。至靜而德方、是申明安貞句。後得主而有常、是申明後順得常句。含萬物而化光、是申明含弘光大品物咸亨兩句。坤道其順乎承天而時行、就是乃順承天。時行、是時時以天的行動爲行動。正是贊美坤道的好處、祇在乎順。

積善之家。必有餘慶。積不善之家。必有餘殃。臣弒其君。子弒其父。非一朝一夕之故。其所由來者漸矣。由辨之不早辨也。易曰履霜堅冰至。蓋言愼也。

一小善、一小不善、也萬不可不著意。蓋一小善積起來。一家便有慶。一小不善積起來。一家便有殃。且報應還不僅在一時。餘慶餘殃。傳留下去。關係甚大。就是臣弒君、子弒父。極大的變故。也是日積月累。由來已久。纔至於此極。若早看清了。爲臣子的人性不好。早先把他處分了。那還能釀成弒逆的大禍麼。初六所說履霜堅冰至。就是敎人對于小人特別審愼。辨清察明。預先隄防。是最要緊的。

直其正也。方其義也。君子敬以直內。義以方外。敬義立而德不孤。直方大不習无不利。則不疑其所行也。

直其正、是直便能正。方其義、是方便合義。君子能守敬、內而存心无私曲。能行義、外而作事不踰矩。既以敬義立德。其大自與乾同。大德必有鄰。斷无有孤立的。六二對於直方大三項。若有作不到的。人便要疑惑他非君子了。今所行的既如以上所云。直方大三項都作得極端圓滿。不但人不見疑。自己也堪自信。所以不用學習演習便无有不利。

陰雖有美含之。以從王事。弗敢成也。地道也。妻道也。臣道也。地道无成而代有終也。

陰道无論有甚麼美事都宜含而不露。若從公給在上的辦事。應由在上的總其大成。自己决不敢稍有成見。陰道從王事如此。地道、妻道、臣道、都是如此。然地道雖不能有成見在先。而其代天作事。總須有終結於後。臣代君作事。妻代夫作事。都與地道相同。如大禹不矜伐。周公不驕吝。舉此可例其餘。

天地變化。草木蕃。天地閉。賢人隱。易曰括囊无咎无譽。蓋言謹也。

天地變化。二氣能彀交通。草木也能蕃盛。若天地閉塞。萬事都不可為國家也將多難。亂邦不居。賢人遯跡。此時近臣如不能恝然遠引。也只有緘口不談時政。坤六四括囊无咎无譽。明哲保身。眞不可及此如閔子辭費宰而不爲便得。蔡邕依董卓爲顯宦便失。

君子黃中通理。

黃中、便是文在中。通、是脈絡貫通。理、是條理井然。脈絡貫通。便无私欲窒塞。條理井然。便无私欲混雜。從君子黃中通理至美之至也皆釋六五爻辭。

正位居體。

正位、是言五爲高位。居高位而心愈謙下。故所居適合大體。此六五黃裳所以元吉。

美在其中。而暢于四支。發于事業。美之至也。

守中而謙下。六五的美德充於中。斯形於外。故暢于四支而美其身。發于事業而美其行。故曰美之至。暢、是通達。四支、是手足。

陰疑於陽必戰。爲其嫌於无陽也。故稱龍焉。猶未離其類也。故稱血焉。夫玄黃者。天地之雜也。天玄而地黃。

疑、作勢均力敵。眞假難辨解。陽大陰小。陰本不能與陽作戰。今已盛極。公然敢與陽敵。因著嫌他心目中太无陽了。所以聲罪致討。鄭重稱龍者。是扶陽抑陰。以健龍制牝馬的意思。然陰雖盛。却不能離了他的本類。就如曹瞞勢力雖大。總得稱臣。武曌雖據帝位。總是女流。既未離開他那一類。所以稱血。血屬陰。是欲把流血不幸的事。專屬於陰一方面。然那血色業已混雜。玄黃都有。天玄地黃。是衆目共覩容易分辨的。陽一方面同有不幸。那也毋庸諱言了。聖人對於上六。反覆論議。很是注重。本意總是說兩方流血。鬧地天昏地暗。者都是因著未能預防的緣故。若在初六以冰霜警告的時候。早先審查明白。不動聲色。斷然解決。省事饒人。兩得便宜。那纔合周孔兩大聖人的心思。

䷂ 震下坎上　以初九九五爲卦主

屯序卦傳「盈天地之間者唯萬物。故受之以屯。屯者盈也。屯者物之始生也。」屯所以次乾坤。卦坎在上。震在下。是雲雷已作。將雨未雨。天地間充滿了鬱悶的氣象。故名爲屯。若震上坎下。是雷行天雨降地。痛快淋漓。那便不屯而解了。

屯。元亨利貞。勿用有攸往。利建侯。

屯字象形。是屮穿地欲出。象本卦以震初動。便遇坎險。未能通暢。故爲屯。但陽氣震動。剛健有力。是暫時雖屯。不久便通。故曰元亨。然物屯能亨時屯也能亨。而時屯能亨。必須有相當的作用。其作用約有三種。第一自己宜正。自正纔能正天下那些不正的。故曰利貞。第二須不求速。不躁進。纔能濟大事。故曰勿用有攸往。然者句話。不是不教人有所往。是教人勿妄動。第三須廣樹援。得多助。纔能成大事。故曰利建侯。如漢高帝平秦亂。爲義帝發喪。除秦苛法。只約法三章。那便是屯的利貞。不在關中爲王。隱忍就國。不妄不躁。那便是屯的勿用有攸往。會固陵。見諸侯不肯來。便趕緊的立韓信彭越等爲王。那便是屯的利建侯。其結果終成爲屯的元亨。

彖曰。屯、剛柔始交而難生。

剛柔便是乾坤。乾交於坤。一索得震。震主動。坎險在前。一動便陷於險中。故曰難生。

動乎險中。大亨貞。

動指震。險指坎。陷于險中。就怕不能動。震陽卦、不但能動。且能善動。能動乎險中。自能出乎險外。故曰大亨貞。

雷雨之動滿盈。天造草昧。宜建侯而不寧。

震爲雷。坎爲雨。天造、就是天運。草、是從震爲蕃草取象。昧、是從坎爲隱伏取象。雷雨初動。歷亂晦冥的氣象。充滿於天地間。是天下大亂的光景。此時主持平亂的人。宜爲國求賢。使爲將相。合衷共濟。晝夜勤勞。終能成靖難的大功。若如更始。後主等。一登君位。便驕奢安逸起來。一敗塗地。无怪其然。

象曰。雲雷屯。君子以經綸。

彖傳言雷雨。是言其動象。傳言雲雷。是言其體。坎在上爲雲。故屯曰雲雷屯。坎在下爲雨。故解曰雷雨作。雲而未雨。所以爲屯。經綸、是治絲的工作。千頭萬緒。或合或分。有條不紊。是治絲恰到好處。君子平難的工作。始終條理。綱舉目張。正與此等。

初九。磐桓。利居貞。利建侯。

磐、是大石。桓、是大柱。初九剛正而居于下。如周姜尙、漢諸葛、有剛正可以爲國家柱石的大才。正在釣渭水。臥南陽的時候。居正守己。故曰利居貞。此時在上的必須將他聘請出來。寵以公侯爵位。俾令相助爲理。自能宏濟艱難。勝任愉快。故曰利建侯。居貞的利。利在己。建侯的利。利在國。

象曰。雖磐桓。志行正也。以貴下賤。大得民也。

當屯難的時候。柱石人才。雖穩重不動。其心中未嘗不拳拳存有行其正道的志願。周公言居貞。是恐居而不正。便无德。孔子言行正。是恐行而不正。便无功。有此兩說。濟屯的功德。纔能全備。易道貴陽賤陰。今一陽在二陰以下。故曰以貴下賤。初剛正雖在下位。其才可以平難。且能自處謙下。一經有人援引。立見成功。其大得民心。自不待言。

六二。屯如邅如。乘馬班如。匪寇婚媾。女子貞不字。十年乃字。

六二柔順中正。上與九五爲正應。一陰一陽。理應早成婚媾。但與初九密比。被其糾纏。所以不得及時命駕前往。與五結合。屯邅、是難行。班如、是遲迴不進。寇、指初九。匪寇婚媾、是言若不是初九強暴搗亂。早就合九五成爲眷屬了。但六二有决心。就算一生不嫁。也定要保守貞操。然久而久之。苦盡甘來。終能成爲正式婚配。此如王導相晉。有強臣王敦作梗於其間。導處此難境。以寬大堅忍的計劃。相機應付。雖乘剛遇寇。而守正不撓。下不比于敦。上不危其國。久而久之。寇自平。君深信。而國也得安。此正與六二處境相同。女子許嫁以後。便稱字。故女嫁人曰字人。十年、是舉成數說。

象曰。六二之難。乘剛也。十年乃字。反常也。

二處于屯時。而下乘陽剛。牽扯不得自由。是六二之難。因乘剛而起。故云。果能堅忍待時。公理終當戰勝。反歸常道。故曰十年乃字反常也。可見惡霸不過行于一時。常道是萬古不磨的。

六三。即鹿无虞。惟入于林中。君子幾。不如舍。往吝。

六三以陰居陽。不中不正。且居震上。性極好動。又无正應。是才力不足。妄想濟屯的。即鹿、是逐鹿。喩求功。虞、是虞人。掌管山林的官吏。无虞。喩无正應。欲求功、自己力既不足。而又无援手的。是功萬不能求。正如无人引路。而鹿入深林。鹿是萬不能逐的。君子當此、舍而退、便知幾而无悔。往而進、便遇險而取羞。蓋功不能妄求。業須有賢助。郭林宗不仕漢。管幼安不仕魏。都是知幾的君子。

象曰。即鹿无虞。以從禽也。君子舍之。往吝窮也。

既无人指引。仍從禽而不舍。是必非知幾的君子。若君子處于此時。便能臨崖勒馬。斷不至走入窮途。而自取羞辱。

六四。乘馬班如。求婚媾。往吉。无不利。

四近九五。是大臣負有濟屯責任的。以陰柔才短。故乘馬不進。然初在下而剛明。六四與爲正應。往而求助。定得同意。偕彼長才。共濟時難。其吉可以預決。求婚媾、便是求助。

象曰。求而往。明也。

六四求助而往。是有知人的明見。而无自專的私心。魏无知對陳平。徐庶對諸葛。近似。

九五。屯其膏。小貞吉。大貞凶。

屯其膏、是君國初定。膏澤未加于人的時候。此時凡有法令。都宜從易從簡。如漢高帝約法三章。小小的設法化導。纔易入轂。故曰小貞吉。若秦始皇初統一的時候。便焚書坑儒。銷兵器。徙富豪。操切逼迫。人民未受國恩。先已飽受警懼。日處于嚴刑峻法以下。不思逃亡。便要作亂了。故曰大貞凶。此貞字、作正己正物的正字解。

象曰。屯其膏。施未光也。

陽剛居在尊位。有所設施。本應赫然有光。但本爻正陷在險中。爲陰所掩。故曰未光。

上六。乘馬班如。泣血漣如。

屯到極處。本應亨通了。而上六陰柔又无正應。脫險无計。援手无人。就算有馬可乘。也是走投无路。

遲迴不前。卦至極上，前无餘地，故說无路，又說不前，窮困至極。那能不泣血漣如呢。坎爲血卦。又爲加憂。故泣血漣如。下震爲馬。上坎也爲馬。故屢言乘馬。

象曰泣血漣如何可長也。

窮極到了泣血何可長久如此。此等口脗。不但憐憫。且有望著上六雖柔必强力圖振作的意思。

䷃ 坎下艮上　以九二六五爲卦主

蒙、作幼穉而未通達解。卦艮山在外。坎水在內。水是必行的。忽被山阻。內旣陷險不安。外又行不過去。故象蒙。序卦「屯者盈也。屯者物之始生也。物生必蒙。故受之以蒙」蒙所以次屯。

蒙亨。匪我求童蒙。童蒙求我。初筮告。再三瀆。瀆則不告。利貞。

蒙何以言亨呢。是因人幼時雖蒙。將來定能開通。萬无終蒙的道理。故曰蒙亨。匪我求童蒙、童蒙求我。是教者无求于學者。道纔能尊。學者有求於教者。言纔能入。教者无求。非驕。學者有求。非屈。然學者若本著初一發動的誠心而來。便有問而必告。故曰初筮告。其心若不誠、而有二有三。如孟子云、「一人雖聽之。一心以爲有鴻鵠將至」的那種情形。便近于瀆慢。有問也必不告。故曰再三瀆瀆則不告。蓋學者心誠。一告而入。其蒙易開。自是正當教誨。至瀆慢便不告。然也有深意。是因學者若以不告而生憤。蒙也能開。者便如孟子所說、不屑教誨。也是教誨的意思。蓋有問必告。是教者應用的正道。有問因其瀆而不告也。是教者應用的正道。總而言之。教者必以正。故曰利貞。

象曰。蒙山下有險。險而止蒙。

用卦象卦德解釋卦名。退困于險。進被山阻。進退都難。所以名蒙。

蒙亨以亨行時中也。匪我求童蒙童蒙求我志應也。初筮告以剛中也。再三瀆瀆則不告瀆蒙也。蒙以養正聖功也。

蒙亨、是用亨道去行開蒙的事。蒙自能亨。蓋開蒙的中道。在乎時。禮學記云、「當其可之謂時。」譬如草木萌芽初生。力弱不能出土。若有人把那地皮略一鬆活。其萌芽便可立現。者便是誨人的中道。所最重的時機。爲九二所能行的。匪我求童蒙、童蒙求我。此如曲禮云「禮聞來學不聞往教」彼來求學。此便迎著他的動機。施以教誨。是學者有志。教者立應。故曰志應。剛中指九二、九二本其剛中以誨人。所以人本誠意來學。便无不切實相告。瀆、爲瀆慢。又爲褻瀆、瑣瀆。學者若有再三。其志不一。問既褻。若也相告。是告也褻。褻于問。其志既褻。瀆褻于告。在蒙學不但无益。轉必也以爲瑣褻了。故曰瀆蒙。卦辭言利貞。是言教者最要緊的是一個正。孔子更申言曰蒙以養正。是言童蒙在天眞爛縵的時候。若嚴厲訓教。動要扑責。非爲正道。必須以正道徐徐的誘掖。如植花木。能善養其根荄。將來定能長成碩果嘉木。如此教誨童蒙。是預施一作聖的功夫。將來也定可以作聖。故曰蒙以養正聖功也。

象曰。山下出泉。蒙。君子以果行育德。

山性止。泉性行。此行而彼止。不能遽達。故曰蒙。雖然、泉既出斷難終止。潰決便不可禦。渟積便不可測。不可禦、君子師其意以果其行。不可測、君子師其意以育其德。

初六。發蒙。利用刑人。用說桎梏。以往吝。

蒙利于發。發貴乎早。所以周公對于蒙初便重發蒙。發的辦法。是教人在于有典刑。而可爲表率。己正於上。人觀於下。出迷途。得明路。如囚遇赦。而桎梏乍釋。何等鬆快。故曰利用刑人。用說桎梏。人當蒙昧乍開。有此樂趣。刑便是法。堯典刑于二女。卽是此義。以往吝、是言過此以往便吝。又如「堯舜率天下以仁而民從之」也就是刑人的意思。說讀作脫。桎、是脚鐐。梏、是手拷。

象曰。利用刑人。以正法也。

以正法示人、是發蒙應該利用的。

九二。包蒙吉。納婦吉。子克家。

包蒙、是包羅衆蒙而施敎。論語「自行束脩以上、吾未嘗無誨焉」便是包蒙。婦、指衆陰。說納婦、是言能容納衆陰。包衆蒙。納衆陰。都敎以正。烏得不吉。然六五童蒙有求于九二。九二无求于六五。而何以說子克家呢。蓋臣事君。如子事父。責難納誨。陳善閉邪。就如伊尹周公。也是臣子分內的事。也如爲子的「幹父之蠱」而克家。故云子克家。

象曰子克家。剛柔接也。

二與五爲正應。剛柔正相接洽。所以二得行剛中的教道。成立發蒙的大功。然二雖爲師傅。也是臣子。臣能格君。便如子能治家。

六三。勿用取女。見金夫。不有躬。无攸利。

三陰柔不中不正。是女人好妄動的。女以本爻變巽言。坎主淫、互震、好動、坎性下流、女動而淫、爲下流、故取象如爻辭所云。又其正應在上。理應遠從。乃近見九二爲羣蒙所歸順。極有聲勢。再看見他那本夫棲止巖阿。无爵无位。（三與上爲正應．上爲艮山．又上爻无爵位．故云）係屬閒員。所以就舍了他那本夫。而來就有勢利的金夫、舍身失節。實有百害而无一利。金夫、是腰纏甚富的。

象曰勿用取女。行不順也。

婦人以順爲正。六三舍正應而從金夫。此等行爲。太不順了。

六四。困蒙。吝。

開蒙宜求學。求學宜親賢。四以昏蒙的資質。而與上下二陽剛中篤實（剛中指二．篤實指艮．）的賢人。相違甚遠。

宜乎其困。窒塞為困。鄙嗇為吝。吝疾的避醫。吝過的避師。蒙既困而更吝于親賢。所謂「困而不學民斯為下」。

象曰。困蒙之吝。獨遠實也。

陽實陰虛。他爻都與陽近。獨六四距陽較遠。故曰獨遠實。

六五。童蒙。吉。

六五以人君至尊。有巽順美德。（五變為巽）自以為童年蒙穉。下學于剛中的大賢。是不以至尊而忘學。如高宗以「其德弗類」。而學于傅說。武王以「不知彝倫」。而訪于箕子。此正為養正聖功。自是吉道。艮少男、故曰童、

象曰。童蒙之吉。順以巽也。

上互坤為順。五爻一變為巽。仰順上九。相與親比。俯從六二。誨言能入。（巽為入）正與六四遠實相反。

上九。擊蒙。不利為寇。利禦寇。

蒙至極上。愚蒙過甚。又以陽居陰。不中不正。如蠢頑為亂。自應痛擊。然擊他是抵禦他不使為寇。就算完事。如舜征有苗。不為已甚。若窮兵黷武。非把苗民滅了不可。那便是我上苗民那兒為寇去了。兵連禍結。還有完麼。故我擊蒙不可太過。若太過便等于為寇。就有害无利了。只抵禦著不使他蠢

頑爲寇。纔有利而无害。此便是俗話說的。省事饒人得便宜。

象曰。利用禦寇。上下順也。

利用禦寇。寇止便了。上不過暴。下能就範。上禦寇、辭順。下蒙開、心順。上下俱順。禦寇的固无不利。彼爲寇的愚蒙大開。也就无有不利了。

䷄ 乾下坎上

以九五爲卦主

需、序卦、「蒙者蒙也。物之穉也。物穉不可不養也。故受之以需」需、與須同、有所待的意思。以卦象論、水在天上。必須蒸潤時久。膏澤纔能下降。膏澤降即長養萬物。然人所恃以爲養的。莫如飲食。需爲「飲食之道」。故以需次蒙。以卦德論、乾性是必進的。而上爲坎陷、未能遽進。也有必須待時的意思。

需。有孚。光亨。貞吉。利涉大川。

本卦以乾遇坎。本應有害。而光且亨且吉且利。是何故呢。是因有孚而貞。故能无害。蓋下卦乾純陽。性實誠而能正。上卦坎下流。性險邪而且詐。而乾以誠待詐。詐術窮而誠意自達。此是有孚的好處。乾以正待邪。邪道詘而正誼自伸。是能貞的好處。如此人能誠正。不動便罷。動便能亨能吉。雖大川也能涉而且利。劉玄德所謂「操以詐。吾以誠。操以暴。吾以仁。」就是此義。光從互離取象。大川指坎。

象曰。需。須也。險在前也。剛健而不陷。其義不困窮矣。

以乾遇坎、而能不陷不困窮。是剛健的能力。剛健若主義在靜、便不可移。若主義在動、便不可阻。靜不可移、遇險便能堅忍以待其衰。動不可阻、遇險便能决放以濟其窮。能如此還有能陷能困能窮住他的那種道理麼。

需有孚光亨貞吉位乎天位。以正中也。利涉大川。往有功也。

需道最大。必到位乎天位爲止境。然位乎天位。也不能徒尚空談。必有正中的大德。纔能作到位乎天位的地步。然雖有大德。若无所憑藉。濟險終難成功。如伯夷也不過避紂罷了。若並无德。如陳涉等也不過自取滅亡。必如文王武王有所憑藉。且必待時。與需道正合。是以濟險一往便成大功。正中天位、指九五。

象曰。雲上于天。需。君子以飲食宴樂。

乾爲天。坎爲雲。雲上于天。久纔成雨。故爲需。君子德成名立。也必待時方能出世。當其需待的時候。君子并不以用世時時存心。不過日以飲食養其身。日以宴樂怡其情。如顏子陋巷簞瓢。謝安東山絲竹。此爲君子待時的舉動。然此也非君子不能。若凡夫俗子。那就要流連荒亡了。

初九。需于郊。利用恆。无咎。

郊、是曠遠的地方。初在下、去險還遠。且陽剛得正。不肯冒險前進。所以取象需于郊。然始需終懈也非需道。乾德深能知險。（乾德知險．見繫辭下傳第十二章．）所以能利用其恆德。知險用恆而不犯難。故有利益而无過咎。

象曰。需于郊。不犯難行也。利用恒无咎。未失常也。

不犯難行是絕不冒犯險難以前進。未失常、是不失安守待時的常道。若穆公伐鄭。夫差伐齊。便是犯難失常。焉能无咎呢。

九二。需于沙。小有言終吉。

近水便有沙。離險已近了。雖尙不至大有禍害。然已不免小受譏刺。故曰小有言。往大處說。此時天下已有險象。避世的人。以潔身遠去爲是。如見賢者待時用世。就如長沮桀溺希望子路從其避世。其言如彼。用世的人。知九二有剛德而合中道。就責望他救民水火。以爲「斯人不出。如蒼生何。」其言又如此。然九二居柔守中。置身坦途。終抱待時的主義。絕不爲偏見所激動。而終得吉道。

象曰。需于沙。衍在中也。雖小有言。以吉終也。

衍、作寬坦解。衍在中、言其胸中寬衍平坦。絕不爲一切偏見小話所煽動。所以能以吉終。

九三。需于泥。致寇至。

泥、逼近於水、未溺于水。是因坎險尙在于外。在外卦。九三在乾上。過于剛健。險在外、自不小心而逼于險。是水不溺人而自去狎水。狎作玩弄解。狎水而死于水。其過不在水。彷彿由自己招惹了賊寇來。不能怨賊寇。應該怨自己爲甚麼招惹呢。聖人以九三剛健大過。故特加警誡如此。初需郊。二需沙。三需泥。是以去坎遠近而言。

象曰。需于泥。災在外也。自我致寇。敬愼不敗也。

災在外、是言坎險尙在外卦。三剛健太過。不知稍避。反去逼近。彷彿賊寇未來。自己偏去招惹一般。然三精神强健。能沈住氣。既聞寇由己招的警告。便能格外敬愼而隄防。也自可以立于不敗之地。然寇既至。雖以敬愼隄防。不至大敗。總不如不去招惹。爲九三的。敬愼于先。勿致寇至。最爲上策。

六四。需于血。出自穴。

坎爲血。又爲溝瀆隱伏、穴象。四居上卦的初爻。已入坎體。是已置身險地。然四與初爲正應。初乾體至健而知險。故一見四已入險。將要重受傷害而至于流血。便急速援手把他拖出穴外。立使出險。

象曰。需于血。順以聽也。

六四柔而得正。能順從初九。而聽其指揮。所以入險不險。坎爲耳、故言聽。

九五。需于酒食。貞吉。

九五陽剛居中得正而位乎天位。德位相稱。能致天下无險不平。无難不濟。庶民相安无事。鑿井而飲。耕田而食。涵養休息。有日用酒食的大樂。无倉廩匱乏的憂慮。王道无近功。需至若干歲時。而始得有此景象。食爲民天。故以此繼屯蒙。斯爲需卦正義。其吉自不待言。

象曰。酒食貞吉。以中正也。

九五居中得正。位乎天位。故得貞吉。

上六。入于穴。有不速之客三人來。敬之終吉。

六陰柔居上。變巽爲入。在坎體入穴象。速是催請。上六下應九三。陽與陰合。陽性上進。故不待催請而自來。上六爲主。九三爲客。下卦三陽同體。九三一動。連帶攜手一同前來。上六已入于穴。正在被困的時候。很盼有人援救。故一見三客不速而來。喜極特別致敬。而三客至健知險。很有拯救急難的能力。上六既特別致敬。三客自然就不肯袖手。援救出穴。立卽轉危爲安。上六雖已入穴。故終能得吉。

象曰。不速之客來。敬之終吉。雖不當位。未大失也。

需初九九五兩爻都吉。自不待言。其餘如九二小有言終吉。六四順以聽。上六有不速之客三人來敬之終吉。大概天下事。急忙必錯。若處處能得需義。從容布置。安心待時。事緩則圓。自然无有大失。

此言不當位。不是陰居陽位陽居陰位的那種不當位。應作上六所居未當安全的地位解。然位雖不當。而以三爲正應。偕同志前來援應。上六特加敬禮。遂得不至大失。如此解釋。較爲直捷。

䷅ 坎下乾上　以九五爲卦主

訟、是爭辨訴訟。本卦坎下乾上。以卦象論、天運乎上。水流乎下。兩情相背。所以成訟。以卦德論、上以剛陵下。下以險蒙上。所以興訟。以二人言、此險而彼健。險與健相持不下。都願求勝。所以必訟。序卦、「飲食必有訟。故受之以訟。」有飲食斯有貨物。便爲爭議的媒介品。訟所以次需。

訟。有孚窒惕中吉終凶。利見大人。不利涉大川。

孚是信實。按兩方面說、此方實在有理。彼方窒塞不通。隔閡已極。有寃難白。不得已而興訟。然訟事雖有正當的理由。而也須憂惕。確守中道。不蔓不枝。可止便止。纔吉。若纏訟不休。失事廢時。終是凶道。九五陽剛中正。是能聽訟的大人。求其辨明曲直。及早息訟。得見便有利益。若以无理的情詞。冒險涉難。希望倖得勝訴。而作孤注一擲。那便有害而无利了。故曰利見大人不利涉大川。

彖曰。訟。上剛下險。險而健。訟。

訟每起于兩不相下。險的刁狡而好爭。剛健的恃强而鬬很。卦以坎險遇乾健。所以爲訟。

訟有孚窒惕中吉。剛來而後中也。終凶。訟不可成也。利見大人。尙中正也。不利涉大川。

入于淵也。

坎中一陽剛爻也。由乾卦而來。故九二謂剛來。二性剛而險。而居兩陰當中。是其性還能屈抑。處中不失中道。對于訟事尚能警惕。故吉。然訟事一起。專爲爭勝。揚人惡事。損己德行。且往往牽掣多人。廢時失事。就算勝訴。也是得不償失。終訟最凶。訟是萬不可成的。九五陽剛中正而居尊位。是爲聽訟的大人。一見而曲直立判。即可了事。故利見。不利涉大川、是謂不得已而興訟。只宜平平正正。據實陳訴。若揑造情詞。冒險求勝。必陷于罪。如入深淵。就難達彼岸了。

象曰。天與水違行。訟。君子以作事謀始。

天上行。水下注。天西轉。水東流。是天與水的行徑。兩相違背。至于極點。若兩人有此行動。那能不成訟呢。然兩造興訟。不興于成訟的日子。而興于著手作事的起端。譬如成立一種契約。若先把條件研究明白。交結一個朋友。若先把品行審查明白。事前斟酌盡善。事後自无訟爭。是以君子作事。欲免訟端。必須謀始。

初六。不永所事。小有言。終吉。

訟以早息爲上。初六陰柔居下。是不能健訟的。故聖人謂若不永久爭訟。小有辨白。終能得吉。然不言不永訟。而曰不永所事。此是聖人不喜言訟的意思。虞芮爭田。來周候質。而一入周境。便愧悔而罷訟。此即不永所事。小有言、與需不同。需小有言、是人對己。此小有言、是己對人。

象曰。不永所事。訟不可長也。雖小有言其辨明也

初六陰柔在下。是知訟事不可延長的。既知不可長訟。又上有陽剛的正應相助爲理。小有辨論。也就可以曲直分明了。

九二。不克訟。歸而逋。其邑人三百戶无眚。

二五相應。然係兩剛。斷難融洽。九二以剛處險。本欲興訟。然五以中正居尊位。二雖刁狡好訟。能敵得過九五麼。所以說他不克訟。然九二雖險而不正。而尚剛而得中。一看難與五敵。立即退而逋逃。者麼一辦。不但己可免災。就連同邑的人也可无患了。俗話說、一家興訟。多家遭殃。三百戶无眚。是極言一經息訟。衆皆得安了。邑人是從變坤取象。坤爲土·爲衆·書中所有邑國等字·都從坤取象·下互離、三數、變坤爲衆、故言三百。坎爲眚、一變便无眚了。眚就是災。

象曰。不克訟。歸逋竄也。自下訟上。患至掇也。

二知不能合五作對。歸而逃竄。下本不能訟上。此逃竄的禍患。實由自取。掇、是取。

六三。食舊德。貞厲。終吉。或從王事。无成。

三所處在兩陽當中。陰柔不敢妄動。危懼不敢有爭。與上九爲正應。事事服從而不自居成功。故能

保全祿位而終吉。食舊德是保全祿位。貞厲、是常存危懼的意思。從王事。是從上九。

象曰。食舊德。從上吉也。

三能保全祿位。從上而不以成功自居。如此便无爭訟而得吉。

九四。不克訟。復即命渝。安貞吉。

九四與初六爲敵而訟初六。以上訟下。是挾貴而訟。以強訟弱。是挾力而訟。初本不與四敵。然四既與訟。初遂以四所訟。上質九五剛明中正的大人。而九五對于四槩不袒護。初六雖小有言。其曲直一辨而明。四遂不能勝訴。故曰不克訟。然四究竟剛明。一見不能取勝。立即回頭。守分安命。一變其平日挾貴挾力的行爲而安于貞固。故曰復卽命渝安貞。如此勇于改過。也能不失吉道。渝、作變解。

象曰。復即命渝。安貞不失也。

從前好訟。未免有失。今既歸依正理。（正理卽命）：大改舊習。安守正道。便不至有失了。

九五。訟元吉。

以中正的大人。平天下的訟爭。中而不偏。正而无私。寃白枉伸。化鬬爭爲仁讓。耕讓畔。行讓路。刑具不設。監獄一空。人至无爭。吉在天下。天下的吉事。无有再大于此的。元、是大。

象曰。訟元吉。以中正也。

中、聽訟不偏。正、斷案不屈。九五所以爲大人而使人利見。

上九。或錫之鞶帶。終朝三褫之。

上九是訟而終凶的。或錫鞶帶。榮在可有可无。而終朝三褫。辱何其速而且多呢。是言倘或訟而勝而至于受賞。因訟得來。也算不了甚麼光彩。而況不久便被褫奪。可見好訟是終无好處的。雖未言凶。其凶自可想見。或是未必然的意思。鞶帶、是大帶。官衣上的裝飾。乾爲衣、爲圜。帶象。乾君互巽爲命令變兌爲悅。又爲口。是發令錫服象。下互離。居下卦。朝日象。離三數。乾上爻變兌。爲毀折。終朝三褫象。褫、作剝奪解。

象曰。以訟受服。亦不足敬也。

因訟受賞。也不足敬。況立見褫奪。可見訟不可終。

䷆ 坎下 坤上　以九二六五爲卦主

師序卦、「訟必有衆起。故受之以師」師興由于有爭。所以次訟。爲卦坤上坎下。內險外順。險道順行。是用兵雖險而堂堂正正。爲本卦正義。按六爻說、五陰順從一陽。爲將帥統兵象。所以名師。

師。貞丈人吉无咎。

師、是給人以凶器。驅人于險地。何以能吉且无咎呢。然爲人民禦寇盜。爲國中平外患。爲天下除殘暴。去兵是不行的興師合道。帥師得人。便能吉且无咎。何謂合道、在乎正。何謂得人、在乎賢丈人。是年高有德的賢人指九二。若姜尚八十方叔元老可當此稱。蓋興師不貞正、便无名。帥師非丈人、便誤國。卦辭寥寥數字。便得選將行軍的要領。

彖曰。師。衆也。貞。正也。能以衆正。可以王矣。

周官所定的軍制。從五人爲伍起算。一層一層的到二千五百人爲一師。所以說衆。正、是以正道去正邪不正的。少數人力量薄弱。正不過來。于是乎用衆人的力量去正他。故曰以衆正。八百諸侯。三千軍人。齊心伐紂。是伐紂非武王一人。諸侯王皆欲擊弒義帝的。是擊項羽非高帝一人。武王高帝特因衆心皆正。便用他去正不正。是眞能以衆正的。以此而王天下。不愧堂堂之鼓。正正之旗。

剛中而應。行險而信。以此毒天下而民從之。吉又何咎矣。

剛中、指九二。爲將的不剛、便怯敵。過剛、便太猛。而九二剛而得中、者是極好的將才。然有此將。若不遇虛心而得中道的君上。是上无應援而用兵。是行險道。若于理不順。是出師无名。而本卦二剛中與五柔中爲正應。行軍雖險。能順人心。以明君得名將。以名將得君心。而興大師。雖出兵動衆。是近于爲天下的毒。好像害天下似的。而其實正所以救天下。東征西怨。南征北怨。人民无不歡迎而樂從。是眞吉道。還有甚麼過咎呢。險指坎。順指坤。

象曰。地中有水。師。君子以容民畜衆。

君子容民、就如地中容水。既能容受自能畜聚。孟子曰、「天下莫不與也。」又曰、「所欲與之聚之。」就是者個道理。天下人民、都爲君子所容受。大衆都聚集于此。彼寇敵一方面將見无人了。我得衆。彼无人。不戰而勝。最爲上策。

初六。師出以律。否臧。凶。

師出總得有紀律。在初出師的時候。紀律若不整齊。或失於寬。或失於嚴。一有所失。便非行軍的善道。行軍若有不善。那是極凶險的事、臧作善解。

象曰。師出以律。失律凶也。

維持軍心。全在乎律。如或失律。如晉師爭舟。齊師轍亂。一擊而敗。喪師辱國。那是最可怕的。

九二。在師中。吉。无咎。王三錫命。

師卦一陽爲衆陰所歸。故以二爲主。五爲君位。二與五爲正應。是主將爲君上信任。能掌大權制大事的。然爲將的也不可太過。在行師的時候。必得中道。故得吉而无咎。若如張桓侯便過威而離了。李光弼便過强而驕了。惟能合中。威而有惠。强而能謙。皇甫嵩郭子儀有此態度。君王倚重寵錫頻加。一而再。再而三。禮貌優隆。能引起全部師旅的興奮來。吉且无咎。不止關係一人。實且關係天下。

象曰。在師中吉。承天寵也。王三錫命。懷萬邦也。

天、指王。九二承受恩寵。委任甚專。行軍守中而吉。三錫嘉獎的命令。固爲酬功。也是教人知道君恩毫不吝惜。藉此懷柔萬邦。頓銷兵氣。是君心最希望的。

六三。師或輿尸。凶。

三不中不正。柔居剛位。是才能薄弱。心志剛暴的小人。居二爻以上。是二爲主將。三不肯俯首聽命的樣子。輿、作衆解。尸、作主解。是言行師若或事權不一。衆人都主起事來。偏裨（裨·作輔佐解·）擅專軍旅進止。无所適從。那還不是凶事。歷如晉荀林父爲將。帥師禦楚救鄭。林父主退。而副將先縠偏主戰。終至大敗。此爲本爻鐵證。

象曰。師或輿尸。大无功也。

帥師遠征。事權不一。大无功。是勢所必至的。

六四。師左次。无咎。

左次、是退舍。（退舍·是後退紮營·）四柔居陰。是能不躁進作戰的。審察時勢。必須變更戰略。爲有計劃的退却。保存實力。不至喪師失利。此是以退爲進的辦法。較比六三强得多了。所以无咎。

象曰。左次无咎。未失常也。

以退爲進。兵家常事。聖人恐人以退爲怯敵。故曰未失常。

六五。田有禽。利執言。无咎。長子帥師。弟子輿尸。貞凶。

禽害田。利在除禽。寇禍國。利在除寇。伐罪有辭。斯興師有名了。六五大君命將出征。執言堂堂正正。毫无過舉。長子帥師、長子指九二。論九二自己的身分。可尊稱爲丈人。若論對于六五君臣的名分。便可稱爲長子。帥師全權歸于九二。方能一致。若以弟子參預主事。雖主張的也合正道。而事權不一。總是凶事。故曰弟子輿尸貞凶。弟子、指六三六四。齊人伐燕。將取爲己有。諸侯遂謀伐齊。可見興師。言不順。便有不利。故利執言。用淮陰爲大將。而三秦便定。用魚朝恩監軍。而九節度軍潰。故帥師必須長子。若弟子主事。雖出師也合正道。終是凶事。

象曰。長子帥師。以中行也。弟子輿尸。使不當也。

行爲中正。用以帥師。可獲全勝。若再任使他人也來主事。便不當了。

上六。大君有命。開國承家。小人勿用。

上爻已到了軍事告終。報捷凱旋。大君論功行賞的時候。開國、是封將帥爲侯王。承家、是任用爲卿大夫。開國承家、是必如丈人的。大君纔有此命。若賞那有功的小人。是不能用此等命令的。說詳象下註·

象曰。大君有命。以正功也。小人勿用。必亂邦也。

師終功成。大君有命所以賞功。然賞必須正當其功。更須正當其人。若軍旅中的粗暴小人。只可用金帛以酬其勞。若也命其開國承家。一定要為人民的禍害。與師為民除害。除一害又添一害。仍是擾亂邦家。所以勿用。

䷇ 坤上坎下　以九五為卦主。

比、比是親輔。坤下坎上。以卦象論、水在地上。是比附最切。不能有一絲的罅隙。所以象比。以卦爻論、五居尊位。衆陰羣相比附。有一人撫綏萬邦。四海仰望一人的狀況。序卦、「衆必有所比。故受之以比。」比所以次師。

比。吉原筮元永貞无咎。不寧方來。後夫凶。

論語上說「小人比。」此言比吉是何故呢。因此為上下親比。非小人的朋比。上親下、便得助。下親上、便得援。故曰比吉。然求比不可太速。也不可太緩。何以不可速呢。在初總要審度謹慎。觀察周詳。其人能具有以下三德。然後可與親比。一、為元。元是氣度大。一、為永。永是久而敬。一、為貞。貞是正而固。三德備具。親比起來。纔无過咎。何以不可緩呢。是為自己若先不用心與人親比。到了有緊急不能安寧的事。非有人幫助不可的時候。然後纔想起來與人親比。俗話說。「閒時不燒香。急時抱佛脚。」此為見事最遲的人。臨事交人。有誰肯理。故曰不寧方來。後夫凶。昔太公歸文王曰、「吾聞西伯善養老者。」馬援歸漢、曰「不但君擇臣。臣亦擇君。」此皆與原筮元永貞相合而得无咎。如萬國朝禹而防風後至。天下歸漢而田橫不來。那便是後夫凶了。原筮、是事先審度。筮、不作占筮解。

象曰。比。吉也。

本義謂、此三字衍文。宜鉤去、程傳存、來註謂此三字合漸卦女歸吉也一例、較彖辭只添一也字、

比。輔也。下順從也。

輔、是解比字。下順從、是謂五陰從一陽。

原筮元永貞无咎。以剛中也。不寧方來。上下應也。後夫凶。其道窮也。

推求先決親比交際的道理。便在元永貞。以剛中謂九五。後夫凶、謂上六。因其在末後一爻。故曰後。不寧方來、是謂上六因與九五相近。又以自居地位甚高。上下密比。臨時有求必應。那知先不來比。到了窮極再求援手。誰肯如此輕易爲人指使。其凶是自取的。此上下應、不是說二與五應。是上六以己在五上。五在己下。可以有求必應。如此解釋文順而易明。

象曰。地上有水。比。先王以建萬國。親諸侯。

物相親比。其間不能有一絲相隔的。就是水在地上。先王法此卦義。以建萬國。上按時巡狩。下按時述職。无有間斷。朝聘往來。親比諸侯。諸侯宣布天子的恩威。以親人民。天下如一家。萬民如一身。至

此纔見出比道的大作用來。

初六。有孚比之。无咎。有孚盈缶。終來有它吉。

初交能誠信不欺。將來自能无過。故曰有孚比之无咎。既有孚而再能質樸充實。終更有其他的良友來與納交。益我出乎意外、吉是當然的。故曰有孚盈缶終來有它吉。有孚、就是孟子所說的「信人」。盈缶、就是「充實之謂美」。缶、是瓦器。喻人質樸。終對初說。來、從外來。它、與他同。

象曰。比之初六。有它吉也。

交道重始。始能有孚。終有他吉。上六无首。故凶。

六二。比之自內。貞吉。

二在內卦陰柔中正。五在外卦陽剛中正。上下相應。以九五明君。來與六二大賢相親比。此是聖主求賢的正道。商湯幣聘莘野。玄德三顧南陽。求賢能正大而堅貞。自是千古君臣吉道。

象曰。比之自內。不自失也。

中正守道。修己待聘。是賢士身分。修己以充內。不願乎其外。守正以俟命。不自失其身。若枉道以求聞達。自失身分。六二絕不能有此行爲。

六三。比之匪人。

三不中不正。上六以无首而凶。而三與爲正應。且所乘（指二）所承（指四）的都陰。故爲比之匪人。如唐河朔藩鎭互結朋黨。相比爲奸。其凶自不待言。

象曰。比之匪人。不亦傷乎。

聖人不言凶咎悔吝。而曰不亦傷乎。惻然憐憫。人應知勉。

六四。外比之貞吉

四與初相應。因兩陰不能親洽。遂外比九五。五陽剛中正。是有賢德居尊位的。親賢從上。親比的何等正大。故曰貞吉。之、指九五。

象曰。外比於賢。以從上也。

五賢而在四上。四與密比而相從。可謂得所比、得所從了。

九五。顯比。王用三驅。失前禽。邑人不誡。吉。

九五陽剛中正。爲本卦主。天王聖明。莫不尊親。有「萬國衣冠拜冕旒」的氣象。故曰顯比。三驅、是狩獵僅在三面驅逐。而不四面合圍。失前禽、是禽獸因網開一面而走去。邑人不誡、是禽獸走失。邑人絕不因此大呼小叫。合力窮追。獵事限于三驅。是在上的无必得心。禽獸失而不誡。是在下的也无必得心。上下如此寬大。自是吉道。師比兩卦、五都言禽。師五田有禽。是害物的禽。比五失前禽。是逃命的禽。在師便要擒獲。是王師伸大義于天下。重在爲民除害。在比便聽其去。是大君布仁德于萬物。所以去者不追。明君因時制宜如此。

象曰。顯比之吉。位正中也。舍逆取順。失前禽也。邑人不誡。上使中也。

顯比所以吉、皆因九五中正。比以向背言。去的爲逆。來的爲順。而來不拒。去不追。并不預誡親近。嚴密布防。是上使下也能中而不偏。天王大度。一視同仁。所以爲顯比。

上六。比之无首。凶。

六居上、是比道已到終點。首、作始字解。凡事有始還怕无終。未有无始而能有終的。親比最重愼始。比之无首安得不凶。

象曰。比之无首。无所終也。

比道最難全終。就算有始還怕无好結果。若開首不愼。已失正道。詩云「靡不有初。鮮克有終。」故曰无所終。此也是後夫凶的意思。

䷈ 乾下巽上　以六四爲成卦主以九五爲主卦主

小畜、序卦、「比必有所畜。故受之以小畜。」物相比附爲聚。聚便是畜。畜又有阻止的意思。人相親比。必有諍說阻止、勸善規過的情事。小畜所以次比卦。巽上乾下。乾德健而上進。巽以柔順。欲諫而止其進。乾本在上。今居巽下。柔能克剛。很可發生效力。然一陰居四。上下五陽都爲所畜。以小畜大。力量總嫌薄弱。故爲小畜。

小畜亨。密雲不雨。自我西郊。

卦象內健外巽。二五都是陽剛。居上下的中位。然乾剛不甘居下。總想一往直前。此時縱有諍諫。也難遽然聽從。故以密雲不雨自我西郊爲喻。然巽性柔順而能入。柔能克剛。終能令其入耳。所以能亨。

彖曰。小畜柔得位而上下應之曰小畜。

此說成卦的理由。陰居四、柔得正位。上下都欲與四相感應。以一陰而畜五陽。畜道萬難持久。是以爲小畜。

健而巽。剛中而志行。乃亨。

內健外巽。二五剛居中位。乾志在進行不息。是資質本佳。再有人婉言（論語所說巽語之言・）規諫。雖從前不免稍有偏倚。以諫而能入。（巽爲入・）自能合中道而得行其大有爲的志願。故終能得亨。

密雲不雨。尙往也。自我西郊。施未行也。（尙讀作上）

陰陽交和。纔能成雨。今二氣不和。陽氣不能下降。而反欲上往。所以暫不成雨。西爲陰方。從陰方起雲。所以陰陽不能調和。雨澤暫未施行。然雲騰終能致雨。自西便可徂（徂作往解）東。此小畜所以必有亨道。又按卦象上兩爻、天位。四爻純陰附天、密雲象。下互兌澤氣上蒸于天、也象密雲。上巽風、互離日、故不雨。互兌、故曰西。下乾爲郊、故曰郊。

象曰。風行天上。小畜。君子以懿文德。

風行天上。風是流動的。俗語、大風刮不多時。故爲小畜。君子本以道德爲上。以文德爲次。而于窒塞不通的時候、只好羑里演易。陳蔡講學。但修美其文德。使小人看著无有大志。不爲所忌。方可保身。此君子因時制宜的功夫。懿是美。

初九。復自道。何其咎。吉。

人有不善。在初發生時。便能阻止。使其復歸于正道。是人已均无過咎。自是吉道。蓋初與四爲正應。四畜初、如伊尹于太甲。周召于成王。都是因其初有不順。即行設法阻止。四畜初、而初能受。有不善隨改而復歸于道。此也如顏子「不遠復」。經此一復。過已无痕。便成吉德。

象曰。復自道。其義吉也。

有不善而能復歸于道。如齊景公所云。「畜君者好君也。」其義甚正。其吉當然。

九二。牽復。吉。

復于初、是極好了。二比于初。而牽連以復。也不失爲吉道。蓋初九復是自然的。九二復是勉强的。然二有中德。終非過剛拒諫的可比。聖人許人復過。故周公斷以吉。孔子謂爲牽復在中亦不自失。

象曰。牽復在中。亦不自失也。

二雖剛而猶居中。故能勉復。雖不若初能自復。而也不失。故聖人也以吉許。

九三。輿說輻。夫妻反目。

九三陽剛、夫道。六四陰柔、婦道。三過剛不中。因與六四密比。不免有强暴霸佔的行爲。大凡不正當的夫妻。其初當然親昵異常。久而久之。婦方恃寵而驕。夫方因結合以不正。不能行使夫權。自將事事爲妻所制。若感覺難堪。稍有違言。必至反目。无疑。輻、是車輻。乾圜、又健行、在下、輻象。變兌爲毀折、脫輻象。乾夫、巽妻、上互離目、下互兌爲口舌、上下互合爲睽、反目象。說、讀作脫。

象曰。夫妻反目。不能正室也。

三四因密比而苟合。己身既不正。那能正其室呢。

六四。有孚。血去。惕出。无咎。

四以一陰欲畜衆陽。以臣子而欲諫阻君上的慾念。惟恐不免如龍逢比干、演出流血的慘劇。不然、也必日夜憂惕。時慮咎戾集于一身。而六四偏能使流血慘劇。脫去而无害。就是憂懼咎戾。也能除出而歸于无有者。倆好處是在六四能以至誠與九五相感。陰陽密比上下有孚。不詐不欺。纔得有此美滿的結果。

象曰有孚惕出。上合志也。

四既有孚。五就信任。上下志向相合。所以能血去惕出而无咎。但言惕出。便知血去。是舉輕見重的筆法。

九五。有孚攣如。富以其鄰。

五中正居尊位。能從六四的諫止。上下既相感而有孚。且以其富于誠信。不但自己能從諫而去非。且登高一呼。並能牽引衆陽使其都能去非而從善。无六四的有孚。不能見良臣的忠愛。无九五的有孚。不能見明君的廣大。攣如作牽引解、富作富于理想的富字解。鄰指衆陽。

象曰有孚攣如。不獨富也。

不獨富是不但自己富于誠信。格去非心。且能牽引同類。「善與人同」者便是明德新民的工夫。

上九。既雨既處。尚德載。婦貞厲。月幾望。君子征凶。

上九畜極。是畜道已成。物極必反。從前不雨。今既沛然而雨了。從前尚往。今既不往而安處了。其所以能安處。終是一陰畜陽的效力。一陰而畜五陽。是全憑巽有柔順的德行。高明柔克。厚德載物。故其效力至大。然柔順是爲婦德。臣畜君。其德固宜如此。然若日在君前。聒絮无已。不但无效。君上便要厭聞了。婦盛聒夫。月盛疑日。臣盛侵君。雖正也危。故曰婦貞厲。所說月幾望。是說爲臣諫君。幸勿太過。如月將至于望。君子征凶、是說如可止而仍前進不已。就是君子也必至于凶。

象曰既雨既處德積載也君子征凶有所疑也。

既雨既處、是以柔德感人。積久便載有此等效力。君子征凶、是當止而不止。君對臣此等行爲。便將有所疑忌。又安得而不凶。

䷉ 兌下乾上　以六三爲成卦主以九五爲主卦主

履、作禮解。因著禮是人所踐履、須臾不可離的。故曰履。卦兌下乾上。天尊在上。澤卑在下。上下尊卑。分位秩然。故象履。序卦、「物畜然後有禮。故受之以履。」是因畜聚甚衆。若无上下尊卑的等級。那便凌亂无序了。履所以次小畜。

履虎尾不咥人亨。

人有禮、行徧天下而无阻。大凡有血氣的、皆有爭心。爭心是性質剛强所發見。而世上性質剛强的、以虎爲最。然人若能順禮而行。怠慢的見了也要恭謹。悖逆的見了也要和順。爭競的見了也要遜讓。就算是身蹈虎尾。也可不至于噬人。不但不噬人。并可亨通而无礙。卦辭是極喻有禮的效力。乾三陽至剛、故象虎。兌在乾後、故象履虎尾。兌和悅柔順、故虎不噬人。咥、作噬解。

彖曰。履。柔履剛也。

履以六三成卦。三下乘二陽。上承三陽。以一柔對于上下。一皆以和悅相周旋。无或失禮。而衆剛自不能以非禮相加。是本卦的好處。全在柔履剛。故鄭重其辭以聲明。

說而應乎乾。是以履虎尾不咥人亨。

乾性剛猛、而兌以柔順克抑其剛。以和悅緩和其猛。人能如此。自可處險不險。

剛中正。履帝位而不疚。光明也。

九五陽剛中正。身踐天位而无愧怍。光明正大。輝耀一世。書云、「心之憂危。若蹈虎尾。」心危然後位安。確爲至理。下互離、故光明。

象曰。上天下澤。履。君子以辨上下。定民志。

天高地下。高尊下卑。此天地間顯然有象的禮貌。君子取法。以天下的大禍。皆起于人欲。人欲最大的是臣篡君位。以下犯上、類似的事。不能盡述。救濟此弊。必須辨明上下的名分。上下的名分辨明。而後民志定。民志定而後天下安。天下安根本全在乎禮。禮是須臾不可離的。

初九。素履往。无咎。

中庸、「素位而行」。便是素履往。初九陽剛在下。本无陰私。又上无正應。不至爲外物所誘引。正是素位而行的素履。作安于現在的地位解。大舜「飯糗茹草。若將終身」。顏子陋巷簞瓢。不改其樂。正是此爻身分、自无過咎可言。

象曰。素履之往。獨行願也。

素位而行。獨行己願。詩云、「無然畔援。無然歆羡」。便是獨行己願。不願乎外。

九二。履道坦坦。幽人貞吉。

坦、是平坦。履道坦坦、是從變震爲足、爲大塗、取象。幽對明說。二人位、在互離以下。故曰幽人。二剛而得中。可以出爲世用。而仍固守山林。幽獨的節操。可謂能貞正而不爲外物所擾了。其吉是當然的。

象曰。幽人貞吉。中不自亂也。

外物擾人。由于中心自擾。中不自亂、所以幽人貞吉。若中自擾亂、此爲庸人。斷非幽人。

六三。眇能視。跛能履。履虎尾。咥人凶。武人爲于大君。

武人爲于大君、作爲六三下的第一句。係倒裝文法。較爲顯明易解。眇、是目有疾。跛、是足偏廢。武人、作人好武斷解。三爲成卦的主體。因其主事。故曰大君。三以陰居陽。是以陰險的性情。好爲剛强武斷的主張。不中不正。一味胡鬧。就如目眇。自謂能視。足跛。自謂能履。毫无穩健計畫。胡亂走入險地。

一定是要受傷害的。故曰履虎尾咥人凶。此爻是全因无禮。故其結果與卦辭相反。

象曰。眇能視不足以有明也。跛能履不足以與行也。咥人之凶。位不當也。武人爲于大君。志剛也。

目眇、足跛、就是視履尚且勉强。那能說到目能明足能行呢。其凶險皆以其所處不中正而來。才弱志剛。履皆非禮。主張武斷。无好結果是當然的。

九四。履虎尾愬愬。終吉。

四多懼。上承剛明的大君也。象履虎尾。然能日夜畏懼。非禮不履。終能得吉。愬愬、就是畏懼。三四兩爻的分辨。三柔暗而剛猛。不安本分。所以招禍而凶。四剛明而恐懼。不敢妄行。所以免禍而吉。立身行事。實堪取法。

象曰。愬愬終吉。志行也。

能慄慄危懼。其志纔可以行。稍肆而禍且及身。无論何等志願。又那能行呢。繫辭傳云、「危者始平。」此爻近是。

九五。夬履。貞厲。

夬、作決字解。五陽剛、乾體、居尊位。剛決行事。本是正道。然或剛決太過。獨斷獨行。雖係正道。也很危厲。若虞舜征有苗而班師。漢武伐匈奴而棄輪臺。都是慮有危險。不敢過恃其剛强。故聖人對于陽剛中正的九五。尙如此忠告。

象曰。夬履貞厲。位正當也。

九五陽剛中正而居尊位。故曰位正當。位正當、還慮其剛決太過。雖正也危。周孔兩聖人誨人周密如此。

上九。視履考祥。其旋元吉。

上九履道已成。回視自己以先履行的事。考察能不能獲得吉祥的結果。者是自省的功夫。大凡履行的事。于禮上說、不外乎周旋、折旋。若考察都能㝅中矩中規。便能元吉。周旋折旋的解釋。如君臣的名分。截然不可犯。是以義合。便爲折旋。折旋是方形的。故謂折旋中矩。如父子的情分。怡然不可懈。是以天合。便爲周旋。周旋是圓形的。故謂周旋中規。禮雖有三百三千。不過折旋周旋兩事。其旋、皆能中矩中規。是所履的一歸至善。吉事有祥。是當然的。

象曰。元吉在上。大有慶也。

履道的結果。至上九而得元吉。非禮弗履。君民上下。一致安甯。吉慶无有再大于此的。

䷊ 乾下坤上　以九二六五爲卦主

泰、序卦、「履而泰然後安故受之以泰」。泰所以次履。泰的事項很多。天地相交。萬物亨通。是天地一方面的泰。君子道長。小人道消。是人事一方面的泰。小往大來。內陽外陰。是卦象一方面的泰。故名爲泰。

泰。小往大來。吉亨。

小、陰、大、陽。從內向外爲往。從外向內爲來。泰爲至治的景象。自有天地以來。非一聖人的力量所能至此。乾坤爲天地的太初。屯蒙爲人物的太初。有人物非有養不能生活。故需繼以爲養。養是生物的本原。也是競爭的禍根。爭端一起。小而訴訟。大而戰鬭。師以除惡。比以附善。畜以生聚。履以定禮。而後至于泰。是斷非一手一足所能作到的。過此泰而否。否而泰。一治一亂。那就紛紜變化。一世不如一世了。以上爲由乾坤至本卦序次的大體。然否泰的關係。也无他故。不過陰陽邪正大小消長罷了。

象曰。泰小往大來吉亨。則是天地交而萬物通也。上下交而其志同也。內陽而外陰。內健而外順。內君子而外小人。君子道長。小人道消也。

天地的形不可交而氣可交。氣交是萬物都能通暢了。上下的分不可交而心可交。心交是君臣的志向相同了。陰陽是從氣上說。健順是從德上說。君子小人是從類上說。內外是解釋往來。陰陽、健順、君子、小人、是解釋大小。舜舉皋陶。陽舉伊尹。便是君子道長。「不仁者遠。」便是小人道消。

象曰。天地交。泰。后以裁成天地之道。輔相天地之宜。以左右民。

天地交而陰陽和。萬物自必茂盛。故泰。后是指古聖王。裁、是剪開。成、是成貫。輔相、是佐理。左右、也與輔相義同。作佐佑兩字讀。天下大化。本是一氣籠統連續下來的。人君體會天地的變化。寒暑的往來。把天地一周的氣化。裁爲春夏秋冬四時。就以一周的四時。成爲一年。者便是裁成天地之道。又察看天地各有所宜。如春生。秋殺。自然的運用。高岡。下窪。自然的地勢。使人當春耕種。當秋收斂。高地種穀麥。窪地種稻粱。者便是輔相天地之宜。以此左右人民。天地間便无一物不適其宜。无一人不得其所。泰和氣象。能不爛然。

初九。拔茅茹以其彙。征吉。

一茅拔。衆根隨。一才舉。羣賢歸。初以一陽在下。爲四所拔擢。而進用。其同類遂相偕而出。是如堯舉一舜。從而得八凱八元。遭逢盛世。賢士同登。吉道莫大于此。茹、是草根。彙、是同類。征、是進行。初爻變巽。木、白而柔。故象茅。在下。故曰茹。三陽同類。故曰彙。陽主進。故曰征。

象曰。拔茅征吉。志在外也。

君子志在天下。不在一身。故曰志在外。

九二。包荒。用馮河。不遐遺。朋亡。得尙于中行。

二、陽剛得中。上應九五。五、柔順得中。下應九二。正所謂上下交而志同。致泰以二五爲主。五專任二。二爲大臣。其致泰的法子。有大綱一。有細目三。其大綱爲包荒。包荒是度量寬宏。无論何事。都能包容。其三目。一、是用人不責以全才。如有馮河的勇氣。也就因材而使用。一、是賢人如在遐方異地。只要知道。卽便引用。絕不遺忘。一、是用人槩秉大公。惟賢是取。決无朋黨的私見。九二能如此。主其一而行其三。此其所以能合于大中。而成吉亨泰平的至治。馮。卽憑字。遐。是遠。亡。是无。尙、作配合解。

象曰。包荒得尙于中行。以光大也。

能握得包荒的大綱。以行其細目。自然光明正大。上下一心。堯舜時代。野无遺賢。有此光景。

九三。无平不陂。无往不復。艱貞无咎。勿恤其孚。于食有福。

三、居泰中。在諸陽上。是已到了極盛的時候。物理如循環。勿謂時已泰平。稍一含糊。險象就要見了。勿謂小人已往。稍不防範。其回來也很容易。世无有久泰而不否的。若在泰時。君臣知艱而守正。如周公作無逸一篇。以戒成王。勿安逸而放誕。不至稍有咎戾。便不用憂恤。相信于前途的休養生聚。也就可以保持得住。長享福利。而永无窮期。陂、是坎坷。

象曰。无往不復。天地際也。

陰陽往來在六四九三的中間。天地相交。正當此際。陽雖降下。必須復上。陰雖升上。必須反下。屈伸往來的常理。便是世界否泰的關頭。——開元末天寶初正是泰九三。

六四。翩翩不富以其鄰。不戒以孚。

翩翩、鳥疾飛象。戒、是告戒。不富、是謙虛不自滿的意思。卦下三陽。是都能以剛直同心連類事上的。四在上卦以下。上三陰。是都能以謙虛同心連類接下的。四當上下連屬的地方。翩然下就。虛心接納。而上二爻。與彼同類。近爲比鄰。也就合他作一致行動。故曰翩翩不富以其鄰。不用告戒。自然相從。故曰不戒以孚。此爻不說吉凶。是因陰方向內。其勢雖微。總是小人漸次復來。當然不可說吉。然上有柔而得中的大君。與九二上下交而志同。世道也未見得遽壞。此時也未爲凶。所以不言吉凶。

象曰。翩翩不富。皆失實也。不戒以孚。中心願也。

四五都虛中下交。便是好賢而忘勢。曾子所說「有若無。實若虛。」故曰皆失實。誠心下交。不待告戒。就得同意。故曰中心願。

六五。帝乙歸妹。以祉元吉。

六五柔順而居尊位。下應九二剛明的賢人。至誠信任。順而无違。如帝女下嫁。降尊紆貴。忘己勢而從其夫。家門和盛。多受福祉。可謂大吉。考帝女下嫁的禮制。至湯始備。湯嫁妹有辭曰。「無以天子之富而驕諸侯。陰從陽。女順夫。天下大義。往事爾夫。必以禮義。」湯稱天乙。嫁妹事確有可考。因其爲帝。此故稱帝乙。書經多士篇所說的帝乙與此不同。

象曰。以祉元吉。中以行願也。

六五以柔中的大君。下從九二剛中的大臣。上下執中而行。各如所願。正是上下交而志同。

上六。城復于隍。勿用師。自邑告命。貞吝。

隍、是城壕。掘壕成城。就如治國去否成泰。上六泰運已終。否運將至。也如城倒歸壕一般。此時人心不定。維持現狀要緊。雖然兆頭不好。總還未離乎泰。而改爲否。當此千鈞一髮的時候。若是自己亂了脚步。就要興師動衆。引起大亂來。那就不可收拾了。此時只可沈住氣。暗地裏向自己最親密的邑人。諄諄告命。教他們知道物極將反。平陂城隍。大難將至。預加防範。辦事一出艱貞。如此雖不免小有疵吝。終不至亡國敗家。再能臥薪嘗膽。勤求治理。苦心天必不負。運數或須轉圜。守正道而不變。忍羞吝于一時。有國家責任的。到極盛將衰的時候。因時制宜的法子。只好如此。邑人、是近人。邑、從坤取象。

象曰。城復于隍。其命亂也。

亂、作武王有亂臣十人的亂字解。命、是告命的命。是命近人同心治亂。希望暫時維持現狀。再圖徐徐轉圜。

䷋ 坤下乾上 以六二九五爲卦主

否序卦「泰者通也物不可以終通故受之以否」物理循環泰極必否所以次泰卦天上地下天地二氣不交不通卦象卦義都與泰反所以爲否。

否之匪人不利君子貞大往小來。

匪人是言非正經人不利君子貞是言奸邪以正道爲不利于己遂當作寇讎如商紂囚文桓魋害孔必欲拔去其眼中釘而後快君子見幾而作携手同去小人无所忌憚結夥而來世道如此安得不否。

彖曰否之匪人不利君子貞大往小來則是天地不交而萬物不通也上下不交而天下无邦也內陰而外陽內柔而外剛內小人而外君子小人道長君子道消也。

雜卦傳云「否泰反其類也」故否卦彖傳都與泰反天下无邦便是國无政府。

象曰天地不交否君子以儉德避難不可榮以祿。

天地不交世已閉塞可謂否極君子處于此時惟宜設法避難避難的法子最要緊的是用儉德儉德不一儉其身儉其行儉其言論並儉其聞望儉至无可再儉的地步纔能避天下不易避的大難。

然如此避難。還怕有來以利祿相引誘的。語云、「邦無道富且貴焉恥也」。君子心堅如石。无論榮以何等爵祿。欲動其心而使其歆羨。是絕對不可的。

初六。拔茅茹以其彙。貞吉亨。

泰與否都取茅象。是因羣陽羣陰。都在下卦。有牽連的形勢。故爻辭大致相同。然本卦以內小人外君子爲致否的原因。此爻在內卦偏爲君子的作用。者不是自相矛盾麼。繫辭傳云、「易道屢遷。變動不居。不可爲典要。惟變所適。」此種地方。是不可拘泥的。當否時、在下的爲君子。否三陰上都有應。然在否時、上下不交不通。故不取相應的常法。初六陰柔性退。是能與其同類貞固自守。不妄思攀援前進。正是處否的吉道。蓋泰初是欲引其類以有爲。故以征進爲吉。否初是欲引其類以退避。纔能保其身而无礙。故以貞爲吉而亨。

象曰。拔茅貞吉。志在君也。

處亂世貞固自守。仍是待時的主義。待時用世。便是不忘其君。其志可嘉。故吉而亨。

六二。包承。小人吉。大人否亨。

六二以陰柔的資質。居大臣的地位。下有羣小奉爲首領。如林甫包庇國忠仙客。上對大君一意順承。如林甫媚事明皇貴妃。此時羣小相慶。正是小人吉。若大人處于此時。惟道自守。獨善其身。道廢道行。一聽天命。遯世无悶。其身愈否。其道愈亨。

象曰。大人否亨不亂羣也。

大人如歲寒的松柏。孤芳自賞。時愈否。人格愈顯。若脚步一亂。混入羣小隊中。便非大人。

六三。包羞。

三陰將盡而偪于陽。是小人的勢利已盈。而將窮了。陰窮促。陽必復進。若君子處于此等地位。便將見幾而作。不至爲人所偪。而小人偏戀戀富貴而不忍去。包羞忍恥。實屬難堪。

象曰。包羞位不當也。

陰柔居陽位。陰盡而偪於陽。都可云位不當。位不當而不去。身便將危。包羞還是小事。

九四。有命无咎。疇離祉。

九四當否運稍過的時候。以陽剛而居近臣的地位。是能奉命惟謹。剛柔相濟。（陽居柔位・）從治否的大君。同救否運。故不但一己无咎。凡同儕共事的。並受福祉。大凡君子道行。利益是最能普及的。本爻變巽。爲命令。故言命。命、指九五。言有命、是言九四受命以後。心中常有其命令不敢忽略。且近君、居在多懼的（繫辭傳・四多懼・）地方。容易得咎。今變巽、性柔順。既能遵從陽剛中正九五的命令。同心濟否。自能作到。故得无咎。疇是衆。指同類三陽。說離、讀去聲、作附麗解。祉、是福祉。

象曰。有命无咎。志行也。

遵奉君命。同舟共濟。否運將過。志已大行。福澤同霑。那得有咎。

九五。休否。大人吉。其亡其亡。繫于苞桑。

人依木歇息爲休。上互巽木。爲五所依。休象。巽爲陰木、性柔、桑象。又爲繩、繫象。五陽剛中正。居在尊位。大人當國。德位相稱。所以能安天下。而使否運休止。漸至泰平。雖然此時還未免有憂。憂甚麼呢。憂的是否雖已休。而上下若不知儆戒。恐仍不免于危亡。必勿恃否運已休。必勿恃休否而吉。時時勿忘有危亡的否運。休否以後。必如此、國家的命脈。那就如繫于苞桑的堅固了。不然、如梁武帝唐莊宗。身得天下。身失天下。休否而後。是斷乎大意不得的。

象曰。大人之吉。位正當也。

有大人的才德。居至尊的正位。故能休天下的否運。若无位、雖才能治否。也是不能施展。故于休否的大人。曰位正當。

上九。傾否。先否後喜。

否到極處。是否道已終。故曰傾否。傾否、是傾去其否。如穢物存于一器。把他倒出去一般。上九剛陽也是佐理九五治否的。治否責任重大。當否未傾。先以否爲憂。已傾而後。事已通泰。纔有喜心。先否後喜。就是「先天下之憂而憂。後天下之樂而樂。」君有其亡其亡的儆戒心。臣有先否後喜的責任。心國家的否運。斷不至長有了。

象曰。否終則傾。何可長也。

天運循環。否終必傾。然理雖如此。也必有剛陽的才略。纔能作到。所以否的上九。便能傾否。屯的上六。便不能變屯。可見治亂興衰。不能盡都說是天運。人事也是最要緊的。

䷌ 離下乾上　以六二九五爲卦主

同人、乾上離下。按二象說、上卦天、是在上的。下卦火、也是向上。是上下性同。按二體說、五陽居君位。既中且正。爲乾卦主。二陰居臣位。也中且正。爲離卦主。陰陽正應。是上下心同。他卦也有一陰的。獨者一卦二五相應。天火相同。其相親相近。正大光明。故爲同人。序卦、「物不可以終否。故受之以同人。」是因世道否壞。必羣策羣力團結一致。同心共濟。纔可挽救。同人所以次否。

同人于野。亨。利涉大川。利君子貞。

野、是遠大的地方。同人于野、是結合同人。宜本大同主義。向遠大處作去。纔能亨通。利涉大川、是言同人要有縱橫千萬里。上下千百年的那種作用。无論有甚麼危險。无有過不去的。利君子貞、就是同人湊合到一處。所主張的都純正而堅實。自然就可以作遠大的事業。就算前途有些危險。也可平安過去。若同人具有朋黨的行爲。門戶的私見。那就要爲害于社會了。所以利君子貞。

彖曰。同人柔得位得中而應乎乾。曰同人。

六二以陰居陰。故曰得位。居下卦中。故曰得中。二與五相應。故曰應乾。上下相應。其同至大而公。故爲同人。象傳取象天火。彖傳專指六二說。

同人于野。亨。利涉大川。乾行也。文明以健。中正而應。君子正也。唯君子爲能通天下之志。

結合援引。遠大无私。遇有險難。同心共濟。以乾有天德。故有此行爲。按二體說。離文明。乾剛健。二五兩主體皆大中至正。互相援應。无半點邪曲。非君子无此光明正大的態度。然天下人雖有萬樣。而公正的心理。无人不有。既以正感正。更以正化邪。人同、志。卽能同行。徧天下。唯君子爲能无往而不通。

象曰。天與火同人。君子以類族辨物。

不言天下有火也。不言火在天下。而曰天與火。是因天在上。火性炎上。其性相同。故爲同人。天下各類各族。有不能强同的。如君子小人的黨派。善惡邪正的人性。蠻貊夷狄的情狀。飛潛動植的區別。事事物物。各有各類各族的原理。雖千頭萬緒。都粲然可辨。君子既明其原理。便以大同主義。該感的感。該化的化。類族雖各不同。結果同歸于正。雖異也同。此所以爲大同。

初九。同人于門。无咎。

初九剛正在下。上无應援。心无繫戀。出門同人。海闊天空。光明正大。自然可以无咎。

象曰。出門同人。又誰咎也。

出門同人。天地四方。毫无隔膜。又誰能說他有咎呢。

六二。同人于宗。吝。

宗、作黨解。彖傳說、柔得位得中而應乎乾曰同人。二五爲卦主。本无吝道。此何以說吝呢。蓋彖傳是就一卦的全體上說。此是但就一爻說。同人道貴廣遠。今二五相同。互相援應。兩情固結莫解。此兩爻相同的行爲。未免太形狹窄。合同人于野的原理太相反了。所以爲吝。

象曰。同人于宗。吝道也。

同人一卦、二五陰陽中正。又爲正應。他卦如此皆吉。此卦同人于野、是廣義的。所以爲亨。同人于宗、便爲狹義了。所以爲吝。

九三。伏戎于莽。升其高陵。三歲不興。

三以陽居陽而不中。是剛暴而有偏私的。在同人卦只一陰。衆陽都欲合他相同。但三與密比。欲獨奪爲己有。然二中正自守。上應九五。三雖强欲攘奪。自知无理。不敢公然行搶。但伏藏兵戎于草莽。待時作亂。究竟賊人膽虛。所以常上在高處望望。縮頭縮腦。如此三年。終久不敢舉行。此爻將小人的情形活畫出來。應以凶斷。因其奸惡未敢實行動作。所以未至于凶。

象曰。伏戎于莽。敵剛也。三歲不興。安行也。

九三爲欲霸佔六二、與九五爲敵。又明知九五陽剛中正、萬敵不過。故畏懼伏藏。不敢舉事。然也不肯歇心。如此遲延三年。仍是不敢發作。所以聖人告他說爾已經胡鬧了許久。應該歇手。勿再妄動。爾的强暴行爲。又安能行得下去呢。

九四。乘其墉。弗克攻。吉。

墉、是牆垣、離中虛外圍。互巽爲高。墉象。三爲六二的墉。四在三上。故說乘。又變巽爲不果。弗克攻象。四不中不正也。欲强合六二相同。然被三阻隔。三好像二的牆垣。爲二的屏障。四又在三上。所以有乘墉攻二的勢子。然以剛居柔。又思二爲五的正應。又何能攻呢。臨事覺悟。改過不吝。故不失爲吉道。因三與四都有爭奪的行爲。所以此兩爻不言同人。

象曰。乘其墉。義弗克也。其吉。則困而反則也。

四剛暴、本欲攻二。因居柔不敢强橫到底。一看環境、舉事不合大義。義弗能攻。遂自反而合于法則。

聖人喜人改過。故許以吉。

九五。同人先號咷而後笑。大師克相遇。

九五變離爲火。火无定體。哭笑不常。象九五與六二中正相應。本是同心。但爲三四强暴隔斷。不能遽然相同。此時不免憤忿。甚至號咷。又思邪終不能敵正。雖暫隔離。久必能合。所以後復自笑。蓋九五爲君。三四爲臣。君臣名分很重。臣爲君梗。是爲大逆。逆臣爲梗。自宜興師除逆。去梗得與六二相遇合。纔爲正辦。若但號咷。大君的威嚴便失了。必興師把反對派克掉。明君賢臣際遇无阻。故曰大師克相遇。後笑正爲此。

象曰。同人之先。以中直也。大師相遇。言相克也。

先所以號咷的。是因著自己中誠理直。偏有人无故的搗亂。不免憤忿而號咷。然搗亂的甚强而難制。必用大師纔能把醜類剪除。不然、爲其所隔。明君賢臣。那便難以相遇了。

上九。同人于郊。无悔。

上、无所係應。而同人于郊。也算不近。似乎无私了。然終未若于野。故不能亨。僅可无悔。綜玩全卦。于野亨。于門无咎。于宗吝。于郊无悔。三四兩爻因不中正。未免横生枝節。四雖吉、也非本卦的正義。總而言之。一卦六爻。都未能與同人于野的卦義相合。成卦的好處。也未有一爻能發揮得出來。者種特別的情形。全部中只此一卦。

象曰。同人于郊。志未得也。

同人僅于郊。而未能于野。便不能通天下之志。故曰志未得。

大有

䷍ 乾下離上　以六五爲卦主

大有、序卦、「與人同者、物必歸焉。故受之以大有。」卦一陰居尊位。上下衆陽。當然都願與相親比。是各爻都爲六五所有。如此同來歸依。所以爲大有。大有所以次同人。

大有。元亨。

陽大陰小。此卦一陰居君位、而爲衆陽所歸。是所有的甚大。本不是陰柔所能有的。然以六五謙虛不自尊大。衆陽纔能樂爲所有。並以此爻居離卦的中位。體明心虛。故能元亨。

彖曰。大有。柔得尊位大中。而上下應之。曰大有。

五以陰柔居尊位。大而合中。上下衆陽都相順應。有「萬物皆備于我」的氣槩。所以爲大有。

其德剛健而文明。應乎天而時行。是以元亨。

剛健是乾德。文明是離德。二爲乾的主體。六五與爲正應。所以說應乎天。能與乾天爲一致的行動。所以說應乎天而時行。是以元亨。是言有以上的卦德。便爲致元亨的原因。

象曰。火在天上。大有。君子以遏惡揚善。順天休命。

火高在天上。日光炳耀萬物。皆爲其灼見。君子觀其明无不照。能如此善惡都能洞鑒无遺。惡的設法制裁。善的隨時提拔。大凡人性都由天命。有善而无惡。遏惡揚善。正所以順天命。發揚那美滿的天工。无有犯上作亂的。自然就可以長保我四海富有。而永迓天休了。

初九。无交害。匪咎。艱則无咎。

大有在初。還未甚盛。且地位卑下。无有正應。是合人无交。无交自能无害。匪咎、就是說一人平平常常。安居獨處。那能有咎呢。艱則无咎、是言人初富有。便易有咎。若在初發的時候。常念創業艱難。不驕不奢。那便終久可以无咎了。

象曰。大有初九。无交害也。

无交害、是以九居初。上无正應。初心未變。既无交、故也无害。

九二。大車以載。有攸往。无咎。

九二陽剛居中。合六五爲正應。者是賢人爲上位所倚重的。二爲乾主。既能剛健。居在陰柔位上。又能謙虛。且更得中道。而毫不偏倚。德能如此。所以能擔大有的重任。如大車載重物。行遠道。舉重若輕。不疲不敗。是无過咎可指謫的。

象曰大車以載。積中不敗也。

二能任重致遠。无論何等重大的任務。堆積在他一人身上。都能擔當得起。舉重若輕。決不至于敗事。不然、以車說。不足爲大車。以人說、不足爲長才。

九三。公用亨于天子。小人弗克。（古文无享字・亨・享・烹・都通用・此讀作享・）

三居下體以上。在下而居上。是封疆大吏象。詩云「普天之下。莫非王土。率土之濱。莫非王臣。」是凡土地人民。大吏所富有的。都應供給天子享用。一切都不敢自私自利者。是人臣的常道。若小人便不能如此。把所有的都歸自己享受。故曰小人弗克。

象曰。公用亨于天子。小人害也。

公家所有。都用以亨于天子。如諸侯教民、就用爲天子的干城。理財、就備作天子的徵取。小人不知奉上的大節。以國內所有的都歸自有。往往看著民衆財豐。反要仗恃富強。謀爲不軌。小人大有。便要生禍。禍人便是禍己。是大有不但非福。轉把小人害了。疏廣故謂「愚而多財。則益其過」孔子墮三都以此。

九四。匪其彭。无咎。（彭音旁）

彭、作盛而多解。九四已到上卦。是大有已很盛了。過盛就要發生變故。然四以剛處柔。是能有若無。

實若虛。不恃富有而驕傲。深合持盈保泰的正道。故曰匪其彭无咎。

象曰。匪其彭无咎。明辨晳也。

人有過失。全在見事不明。匪其彭。是能辨明己居多懼的地方。在極盛的時候。遂不敢以富有居心自滿。故得无咎。晳、比明更深一層。有逐條逐件都能明瞭的意思。

六五。厥孚交如。威如。吉。

六五當大有盛治的時候。明君在上。執中用柔。虛心接下。而衆志也无不悅從。上下交孚。一出至誠。故曰厥孚交如。然柔居尊位。時當大有。人心安易。若一味專尚柔順。恐怠慢心生。大有的現狀。便要難以保持。故又必須威如。上下都知畏威而圖振作。纔可以保長治久安。而完全得吉。

象曰。厥孚交如。信以發志也。

此言以一人的誠信。足以發起上下的心志。而固結莫解。

威如之吉。易而无備也。

柔而无威。人將輕易相視。无畏懼戒備的心。那還能彀保持治安麼。故必須威如。纔能得吉。

上九。自天祐之。吉无不利。

繫辭上說、「祐者助也。天之所助者順也。人之所助者信也。履信思乎順。又以尚賢也。」一節、便是此爻的解釋。所說的履信、就是六五的厥孚交如。思順、就是六五居尊用柔。尚賢、就是六五對于上九、能承接他。五有以上各種好處。所以能得天祐。吉无不利。然此既說爲六五所有何以在上九爻內發明此辭呢。是因大有的吉道、于此觀止。好像作文章的末尾。總結一筆。孔聖人說大有上吉。就是說人能處大有而不自恃爲有。此是大有全卦的吉道。此辭不止屬于上九一爻。

象曰。大有上吉。自天祐也。

「善則歸君」所以聖人不說上九上吉。而說大有上吉。大有以九五爲卦主。說大有便是指六五。六五爲君。說大有上吉。便是善則歸君。

䷎ 艮下坤上　以九三爲卦主

謙艮下坤上。山至高、今居在地下。是謙象。艮止在內卦、止于內而不肯顯露。坤順在外卦、順乎外而卑以下人。是謙義。序卦、「有大者不可以盈。故受之以謙」是因所有既大。深恐盈滿爲災。所以必須謙虛。纔能保持長久。謙故次大有。

謙。亨。君子有終。

人能謙遜自處。便无往而不亨通。君子有終、是君子以謙退爲志。明理達道。能樂天而知足知止。淡泊寧靜。能退讓而不伐不矜。自卑而人益尊。自晦而德益顯。終身不改。非君子更无此恆心。

彖曰。謙亨。天道下濟而光明。地道卑而上行。

陽爲天道。本應在上。今一陽而居下卦。是下交而光明。地道勢卑。今升居于上。是卑而上行。濟、卑、是解謙字。光明、上行、是解亨字。濟、作交際的際字解。

天道虧盈而益謙。地道變盈而流謙。鬼神害盈而福謙。人道惡盈而好謙。謙尊而光。卑而不可踰。君子之終也。

按天運說、盈的必虧。謙就受益。如日月陰陽是。按地勢說、盈滿的就要塌陷而變遷。卑下的就因流積而增塡。如陵谷高下是。按鬼神感召說、盈的便加以害。謙的便加以福。按人情向背說、盈的羣相恨惡。謙的羣相喜好。謙是人的美德。極尊貴而光顯。自處愈卑。其德愈高。以此始以此終。君子的立身如此。

象曰。地中有山。謙。君子以裒多益寡。稱物平施。

地體卑下。以高山而在地中。是外觀卑下。高大內含。故爲謙。君子觀高的降下。卑的上升。者是損過而益不及。效法者一卦的作用。見有高的就裒去一點。寡的就增益一點。稱物量的多寡。施以均平的處理。謙卦的精義斯得。裒、作減字解。

初六。謙謙君子。用涉大川。吉。

初以柔居下。是謙而又謙的君子。人涉水、貴退後、不貴爭先。若爭先、一或不慎。便將擠落水中。所以涉水宜用謙道。初六的秉性。就甘居人後。用此道以涉大川。自然萬无一失。其吉无疑。

象曰。謙謙君子。卑以自牧也。

牧、作養字解。自養愈卑。其德愈高。君子養德。故以此爲基礎。

六二。鳴謙。貞吉。

二柔順中正。謙德蘊蓄于中。聲名遠聞于外。安得不吉。鳴、是聲聞于外的意思。從互震爲善鳴取義。

象曰。鳴謙貞吉。中心得也。

至誠充于內。遂發于聲而聞于外。中心不愧不怍。无入、而不自得。實至名歸。吉莫與比。

九三。勞謙。君子有終。吉。

三以剛德而居下體。爲衆陰所歸。處當其位。又在下體以上。全體只此一陽。是上爲人君所依重。下爲人民所託命。有功勞而不自誇耀。故爲勞謙君子。此如周公當年。上輔幼主。下撫萬邦。中率臣僚。外除奸邪。日夜勞心。對于延接賓客。處理政事。還「一沐三握髮。一飯三吐哺」終日終年。不肯疏懈。所以後世稱爲聖人。郭子儀功蓋天下而主不疑。全始全終。其得力也在此。

象曰。勞謙君子。萬民服也。

陰爲民。卦只一陽。餘都是陰。萬民、指衆陰說。衆陰歸順一陽。故說萬民服。

六四。无不利撝謙。

四居上體以下。柔而得正。上切近君位。下接有大勳勞、上親任、下歸依的功臣。六四處于其間。能恭順以事君上。能自卑以讓有功。自然无有不利。四的地位。很是難處。故必須施行謙道。纔得有此良好的結果。撝、作施行解。

象曰。无不利撝謙。不違則也。

无不利撝謙。是動作都能合法。纔能无有不利。

六五。不富以其鄰。利用侵伐。无不利。

以柔居尊。是在上而能謙的。位高金多。毫不自滿。有勢利的、能者樣以文德與鄰里相親洽。稍有知識的、自然都服從而可爲用。故曰不富以其鄰。如有不歸服的、那就蠢頑極了。若仍欲以文德感化。過謙也不合禮。論語上說「善人教民七年可以卽戎」。有百感不化的。只得用我所可用的人民。肆行征伐。我的人民都樂爲用。以順伐逆。當然无有不利。蓋謙道最利于用兵。兵驕必敗。是當然的。周公東征。當以此爲實驗的戰略。爻辭是東征時所作。故于本卦略見一斑。

象曰。利用侵伐。征不服也。

上六。鳴謙。利用行師。征邑國。

上六以柔居柔。柔順已極。又處在謙極的地方。是最能謙下的。如句踐事吳。所有嘗糞感恩等事。那便是鳴謙。以謙而得反國。以後一舉而滅吳。那便是利用謙道以行師而征邑國。老子云、「大國下小國。則取小國。小國下大國。則取大國。」以謙行軍。定可制勝。故周公兩言其利。

象曰。鳴謙。志未得也。可用行師。征邑國也。

謙極本願居下。今居上。故志未得。然謙道利于行師。故聖人許以可用行師征邑國。

䷏ 坤下震上　以九四爲卦主

豫。序卦、「有大而能謙必豫。故受之以豫。」本卦係承接以上兩卦而爲次。豫、作悅樂解。大有且謙。自能豫悅。卦震上坤下。動无不順。故豫。九四一陽動而上下羣陰都相順應。更豫。震雷坤地。陽氣突出地上。霹靂一聲。何等暢快。尤豫。

豫。利建侯行師。

建侯是用作保障。行師是維持治安。兩件大事。都能順天理得人心。諸侯和洽。庶民服從。天下底豫。是斷乎无有不利的。

彖曰。豫。剛應而志行。順以動豫。

四爲羣陰所應、故曰剛應。陽志上行、動而上下順從。其志遂可大行而无阻。故曰志行。坤順而震動。是順理而動。天子建萬國。聚大衆。若不順理而動。人心那能樂從。故曰順以動豫。

豫順以動。故天地如之。而况建侯行師乎。

順以動。是順著天理而動。行所无事、无有成心。天地如之。是言天的運行。地的長養。也是如此。建侯行師。還算是小事。那能不利呢。

天地以順動。故日月不過。而四時不忒。聖人以順動。則刑罰淸而民服。豫之時義大矣哉。

何以說天地如之。蓋天地不能以晝爲夜。不能以寒爲暑。晝夜準而寒暑時。萬古不差。那還不是順理以動麼。聖人效法天地。不怒而威。不言而信。刑罰廓清。萬民悅服。故聖人推言豫道等于天地。以見其大。

象曰。雷出地奮。豫。先王以作樂崇德。殷薦之上帝。以配祖考。

雷是陽氣奮發。陰陽相激薄而成聲。一動出地。通暢至極。所以爲豫。先王從知順以動的是天理。出而奮的是天聲。作爲樂章。以褒崇紀念一代的功德。而感召吉祥。更盛陳品物以供獻于上帝。而以祖考配饗。天地神人。无不豫悅。凡此也正是師其道、以建侯行師的大結果。纔能有此功成作樂、天下底豫的眞精神、殷作盛字解。

初六。鳴豫。凶。

初六陰柔居下。與九四爲正應。四爲卦主。初以不中不正的小人。爲他所寵愛。小人處此境遇。如妾媵。如嬖人。獻媚取憐。自鳴得意。輕薄如此。安待不凶。

象曰。初六鳴豫。志窮凶也。

志窮、是器小易盈。驕極滿極。其志窮極于一時。然樂極生悲。凶殃是在所難免的。

六二。介于石。不終日。貞吉。

卦只六二一爻、合中得正、又无正應。當著安樂的時候。上下都貪戀遊嬉。二獨以貞靜自守。其節操耿介。堅勁如石。二一見嬉戲的兆頭不好。恐怕自己沈溺下去。立時就去掉者種惡習。一日也不肯敷衍而留連。如此能自立。能決斷。都合正道。安得不吉。

象曰。不終日貞吉。以中正也。

娛樂場合。最易溺人。二恐流連忘返。遂下決心。去若脫兎。其合中得正。實非他人所能。

六三。盱豫悔。遲有悔。

盱、張目上視。象三以陰居陽。不中不正。上近九四。以四爲近臣當權。三張目上視。仰其鼻息。取憐獻媚。希得要人的寵幸。極一己的歡娛。此種行爲。毫无價值。應該早自知悔。倘若遲了。是有過而不改。那就一定有悔。者是聖人給者等人指出一條遷善的路子。勸人速改過的意思。此爻的盱、與二爻的介正相反。遲、與不終日正相反。一中正、一不中正、相反如此。

象曰。盱豫有悔。位不當也。

爻三不中正。故曰位不當。

九四。由豫大有得。勿疑朋盍簪。

豫以九四爲主。是豫由九四而成。故曰由豫。九四主動。一動而衆陰順以相從。得以大行其志。而使天下大悅。故爲大有得。此時人旣樂從。四開誠布公。不疑不忌。良朋聚合。如虞舜舉八元八凱。諸葛「開誠心布公道」招來羣賢。上有柔順的大君。下有多助的良朋。其足以保持豫道。自无疑義。盍、讀作合。簪用以聚髮。盍簪、作聚合解。

象曰。由豫大有得。志大行也。

彖傳剛應而志行。就因九四立言。此言志大行。就如湯興治水的大役。伊尹任伐夏的重責。周公決東征的大計。皆是。

六五。貞疾。恒不死。

六五陰居尊位。當豫樂的時候。柔弱无主。便要沈溺下去了。自古人君亡國大槩都亡于宴安豫樂。孟子云「死于安樂」。六五沈溺不返。本无生理。然孟子又云「入則無法家拂士。（拂·讀作弼·）國恒亡」。法家、是法度世臣。拂士、是輔弼賢士。豫卦的九四。便是法家拂士。六五身旁有此等良相。朝夕納誨。自不能爲所欲爲。雖也不免時尋娛樂。足以致疾。然以有人救正。也可不至于死。然九四既能正君。何以其效僅至于不死。不能去其疾呢。蓋以六五陰柔成性。不知自强。知自强纔可以圖强。不知自强待人救正的。可以免殃。卽爲幸事。此卦當豫時而不豫的。爲中正自守的六二。當豫時而不能縱欲的。是有人救正的六五。故此兩爻都无豫字。

象曰。六五之疾。乘剛也。恆不死。中未亡也。

因乘九四陽剛的大臣。日相救正。又因五居中位。雖以柔闇未能自守中道。而以有人救正。也敎他與中道不至甚遠。是中道仍存。所以雖有疾而終不至于死。

上六。冥豫。成有渝。无咎。

冥、是昏迷。渝、是改變。上六以柔性居豫極。昏迷于逸豫。其咎已成了。然結果而得无咎。其故在于能改。知逸豫長久便要壞事。遂幡然而改變。不至如下愚一成而不可移。豫而能改。便可以爲殷太甲、爲齊威王。无咎是當然的。

象曰。冥豫在上。何可長也。

窮歡極欲。一場胡突。此等光景。那能久長。快改變。罷能改變還可无咎。

䷐ 震下兌上 以初九九五爲卦主

隨。序卦「豫必有隨。故受之以隨。」凡豫樂事。大概人都願意隨合。隨所以次豫。卦兌上震下。震爲雷。兌爲澤。雷一動而雨澤降。故爲隨。又震爲長男。兌爲少女。長男得少女。此動而彼悅也。爲隨。又長男對少女。屈于其下。內媚的工夫。當然不在小處。倡隨甜密。无過于此。更爲隨。

隨。元亨利貞无咎。

隨有大亨的道理。然利在貞正。隨而不正。過且不免。那能大亨呢。此如人君聽從善言。臣下服從命令。士農工商服從規矩。都是隨的正道。可隨便隨。纔能无咎。若不守正道。一槩盲從。或詭隨。不但不能大亨。過也在所難免。

象曰。隨。剛來而下柔。動而悅。隨。

剛壓迫柔便相離。柔壓迫剛便相爭。剛如甘下于柔。自然便相隨了。初九剛下于二三兩爻。四五剛下于上九一爻。三剛下于三柔。故成爲震動而兌悅。

大亨貞无咎。而天下隨之。

震陽卦、震動而无不出于正。所以能大通而无過。如此天下還有不服從的麼。

隨之時義大矣哉。

盲從不足言隨。詭隨不合正道。不盲從。不詭隨。其義極大。隨人也是不易的。

象曰。澤中有雷隨。君子以嚮晦入宴息。

嚮晦、日落以後。象兌正秋、雷收聲的時候。君子觀象、而得靜息的旨趣。日入而息。夜不居外。君子能違而不隨麼。若有人說周公「夜以繼日」。孔子「終夜不寢」。那不是不對了麼。不知易言經常的動靜。是天道。聖人作遠大的事業。是人道。者是不能牽混的。

初九。官有渝。貞吉。出門交有功。

陽為陰主。故稱官。陽主而陰隨。是正道。今陽居在陰柔以下。便為變。相然當隨而隨。變不失正。故曰官有渝。貞吉。渝、作變解。出門交、謂震出而交兌。吾動而彼悅。故有功。

象曰。官有渝。從正吉也。出門交有功。不失也。

所主雖出權變。而所從的正。自能得吉。出門論交。牢守正道。以正從正。當然有功而无失。

六二。係小子。失丈夫。

二與五為正應。而與初最近。慮陰柔不能固守。所以戒備他說、若係戀小子。就要把丈夫失掉了。初陽在下、爲小子。五正應、在上、爲丈夫。二若與初發生戀愛。一定失了九五的正應。爲小子而失丈夫。殊屬不值。然二有中正的德性。當然不至如此。而因著二性陰柔。恐怕隨隨和和。爲人所誘。故先爲此警告。

象曰。係小子。弗兼與也。

凡人若親邪、正士便不逐而自去。親佞、賢人便不遠而自疏。邪佞賢正。萬不能兼容並與。擇善而從。是當先決。

六三。係丈夫。失小子。隨有求得。利居貞。

以六三視二四。二爲小子。四爲丈夫。六三舍二而從四。是不失其所隨。且四无正應。正苦寂寞。故有求而必得。求道得道。求仁得仁。貞固而不游疑。自處便无不利。夷子舍墨翟而見孟子。即如六三所隨得而无失。

象曰。係丈夫。志舍下也。

志舍下。卽言舍二而隨四。

九四。隨有獲。貞凶。有孚在道。以明何咎。

能得天下人心。使天下人盡相隨而歸己者。是君道。爲大臣的、若能如此得人。人君便要疑忌他、或有謀爲不軌的情事。九四身爲大臣。日在君側。所以聖人說隨有獲。雖正也凶。何況不正呢。處此地位。必須有愛君的誠心。恪守臣道。再能明哲。纔可以保其功名。而使人君不生疑忌。能如此。纔能无過。伊尹周公諸葛郭子儀都能有此見解。而得保全始終。如韓信彭越等。不明易道。所以无好結果。

象曰。隨有獲。其義凶也。有孚在道。明功也。

處在近君的地位而大得民心。雖自己問心无他。終難免人君的疑忌。其凶是在乎情理中的。有孚在道、非明白人不能。明便有功。不明有過。聖人指示。何等親切。

九五。孚于嘉。吉。

九五爲卦主。此剛健中正。六二柔順中正。君臣同德。上下相應。是能以至誠相隨。爲極美善的結合。大舜舍己從人。漢高從諫轉圜。均爲孚于嘉。故无往而不吉。

象曰。孚于嘉吉。位正中也。

有中正的道德。處中正的地位。故孚于嘉而吉。

上六。拘係之。乃從維之。王用亨于西山。（亨·讀作享·）

上六以柔順的美德。居隨極的地位。和悅而大得民心。至固結而不可解。无以爲喻。可比作拘纏係繞。如此尙嫌不足。在拘係以後。又把他牢牢的捆縛。敎他逃不能逃。脫不得脫。似的人心隨從的堅固。至于如此。昔太王居豳。狄人侵陵太甚。太王避難。遷居西岐山下。而豳地土人。扶老携幼。遠道隨來。而周室就在者西岐享有帝王的基業。可算隨道到了極點。无以復加了。故周公于隨上六繫以辭曰王用亨于西山。然于其他卦爻屢有此等辭意。其不忘祖如此。

象曰。拘係之。上窮也。

窮、作極字解、上六居隨極的地位。纏繞固結。是隨已達極點。故云上窮。

䷑ 巽下艮上　以六五爲卦主

蠱。序卦、「以喜隨人者必有事。故受之以蠱。」凡歡喜隨人的。一定因爲有事。无事又喜甚麼、隨甚麼呢。所以接豫隨兩卦而爲次。卦艮上巽下。山下有風。遇山折回。所有山邊的產物。都被大風旋轉撓亂。必須整理。此是蠱象。又長女在少男以下。長女鼓惑甚工。少男心无定見。用情必亂。此是蠱義。

按卦象說、是成蠱。按人事說、是治蠱。

蠱。元亨利涉大川。先甲三日。後甲三日。

蠱是由泰卦變來。泰初九上而爲蠱的上九。泰上六下而爲蠱的初六。故蠱也是泰極的壞處。陽上而不降。陰下而不升。上下的情便兩隔而不通。巽順而不健。艮止而不行。上下的才便兩弱而不振。天下事不通不振。安得不蠱。然既蠱而猶曰元亨利涉大川。是何故呢。蓋英雄利用機會。如五胡後的唐高祖。五季末的宋太祖。在萬民蹈于水火的時候。就用他那治蠱的才略。冒險的精神。以濟大難。而一舉卽成大功。故曰元亨利涉大川。然治蠱但恃武力也不能成事。必須把其先所以致蠱的原因。以後入手治蠱的方法。詳詳細細的各研究三日。作大事總要愼始。作始解。玆于事先後已各研究三日之久。始事能如此其愼。又何蠱不能致大亨何大川不可利涉呢。

象曰。蠱。剛上而柔下。巽而止。蠱。

艮與巽兩卦的主爻。一剛在上。一柔在下。上下氣卽不通。且巽无果決才。艮无進行心。都爲成蠱的原因。

蠱元亨而天下治也。利涉大川。往有事也。先甲三日。後甲三日。終則有始。天行也。

天下亂極必治。爲一定的道理。是古今人所公認的。故曰蠱元亨而天下治。然不植不立。不振不起。故利于一往直前。不生懼心。方可以濟大難而成大事。故曰利涉大川。往有事。而作事的根本全在乎始。始事的時候。必須將以先壞事的原因。以後治蠱的手續。先甲三日。後甲三日。研究復研究。決定方略。節次進行。從此蠱將告終。治道開始。故曰終則有始。此等一治一亂的成例。天運的流行。也是如此。何況人事。

象曰。山下有風。蠱。君子以振民育德。

山下有風。萬物撓亂。斯爲蠱象。君子當天下多事。壞極待治的時候。必須大事整頓。纔能由亂而治。然整頓、應該從何處著手呢。最要緊的是在民一方面。必把民心振作起來。敎他知道望新的道上走。改爲新生活。人民若都遵從。自將由散亂一化爲齊整。天下便要充滿了新氣象。治蠱的方法。便有一半了。然振民。欲民遵從。全在乎自己育德。自己无德。專責備民一方面。那民无有觀感。安能興起呢。所以君子先育己德。天下自將效法。各育其德。此育德爲革新的大本。自新新民。爲治蠱无上的計畫。振、是作而起。育、是養而敎。

初六。幹父之蠱。有子。考无咎。厲終吉。

初六居雖在下。然陰居陽位。是才雖柔而志却剛。在下居內而爲主。是如蠱爲其父所造成。賴其子設法整理似的。書經上說、「爾尚蓋前人之愆。」就是幹蠱有子。考便可以无過了。父沒稱考。然初、究因才柔、未免危厲。而有志竟成。蠱終能幹。故曰厲終吉。

象曰。幹父之蠱。意承考也。

子不得已而幹父蠱。意思、是極順承父心。然其行爲。絕不能順承父事。承父事何以除蠱。所以說意承考。

九二。幹母之蠱。不可貞。

九二上與五爲正應。六五陰居尊位。故以母稱。而幹母蠱更爲難事。必委婉勸諫。如詩凱風篇、云「母氏聖善、我無令人」。立言何等婉轉。故曰不可貞。不可貞、便是不可固執。二以陽居中。恐其中直太過。故以不可貞爲戒。蓋以幹蠱若至于傷愛。也是絕對不可的。如周公輔成王。成王有過。公撻伯禽。委曲從權。也是此義。

象曰。幹母之蠱。得中道也。

二得中道而不過剛。是幹母蠱最好的辦法。過剛不婉。便非幹母蠱的中道了。

九三。幹父之蠱。小有悔。无大咎。

幹蠱非剛不能作到。過剛又慮致禍。然既能作到。且不至有禍。九三有此能力。可也不甚容易。因九三以剛居剛。未免過剛。過剛、一見弊端。卽欲立除淨盡。欲速不達。就不免小有悔了。然九三處在巽極的地位。以極順行其過剛。是作事既能順情順理。而魄力又極充足。所以終无大咎。張子房安太子。狄仁傑存唐嗣。便與此爻近似。

象曰。幹父之蠱。終无咎也。

剛斷能幹。正不失順。故終无咎。

六四。裕父之蠱。往見吝。

裕、是寬裕。剛强爲幹。懈怠爲裕。裕與幹正相反。以此行爲。欲幹父蠱、徒取羞辱。大凡治蠱、如救人于水火中。含含糊糊的辦去。那能不見羞吝呢。此爻以柔居柔。又當艮止。柔而鬆懈。故往見吝。

象曰。裕父之蠱。往未得也。

往未得、是欲去治蠱。未得相當的辦法。故一往徒見羞吝。九三太剛。失于過。故悔。知悔便能轉圜。故終无咎。六四太柔。失于不及。故吝。羞吝便近乎凶。故往未得。此兩爻比較着來。小悔有救。吝是萬不可見的。

六五。幹父之蠱。用譽。

六五以柔居尊。能繼父業。以成幹蠱的盛事。然六五本屬柔質。何以能如此幹蠱呢。是因五與二爲正應。二爲剛中的賢才。五能用此譽髦（譽髦：俊士）。是爲輔相。所以便能勝任而愉快。宋仁宗本爲庸主。因能用韓范富歐諸賢臣。遂成爲明君而天下以治。

象曰。幹父用譽。承以德也。

用賢臣、卽賴其以賢德奉承幹事。六五得力在此。

上九。不事王侯。高尚其事。

明君賢相。治蠱告終。上九正是終結的時候。已无事可爲了。如范蠡張良。時當有事。敢云不事王侯。

事已終了。翩然高尚其事。昔日定籌策、謀國家的此人。今日遊五湖、從赤松的也是此人。上九一爻。當此弗愧。

象曰。不事王侯。志可則也。

上九以陽剛處在極高的地方。從前任事幹蠱。操巽命的大權。是行所當行。今事已終結。法艮山的靜處。是止所當止。既非長沮桀溺一流。更不至遭兎死狗烹的慘禍。凡人作事。必先立志。事既高尚。其志便可法而可則。

周易話解上經卷二

䷒ 兌下坤上　以初九九二爲卦主

臨序卦、「有事而後可大。故受之以臨。」天道陰極生陽。本卦在下已生二陽。勢極盛大。此如時勢造英雄。大功大業都是大亂所造成的。故爲有事而後可大。臨所以次蠱。卦澤上有地。地便是岸。與水偪近。故爲臨。臨民、臨事、都是此義。

臨。元亨利貞。至于八月有凶。

臨、有進而陵偪的意思。二陽漸長。進偪陰爻。故爲臨。卦下悅上順。九二陽剛居中。上應六五。陰陽氣通。故大亨。然以上臨下。非正不足以爲表率。故利貞。卦係繼復而成。復一陽生。漸長。二陽生便爲臨。生生不已。陽窮上。陰反下。由復卦起。至與本卦相反的遯卦。二陰生于下。僅只經過八個月的時間。陽盛便吉。至陰盛便凶。聖人言至于八月有凶。也如坤初六履霜堅冰至。泰九三无平不陂的那種警告。

彖曰。臨。剛浸而長。

用卦體釋卦名。浸、作漸解。

說而順。剛中而應。

悅指兌、順指坤、剛中指九二。應、謂九二應六五。

大亨以正。天之道也。

和順剛中。正大无私。人事能如此。便大亨。而天道運行不息。也是和順剛中。由于正大。

至于八月有凶。消不久也。

者是聖人預先警告。使人知消長如循環。勿謂方長。轉眼到了八月。便要不長而消了。若能持盈保泰。勿滿勿驕。或可化凶爲吉。

象曰。澤上有地。臨。君子以敎思无窮。容保民无疆。

澤上有地。以地臨水。就是以上臨下。象澤潤萬物。有施而无竭。君子師其意。便設敎而不倦。地載萬物。有容而无擇。君子師其意。便保民而无外。

初九。咸臨。貞吉。

君子求學。本欲有臨。雖在下位。臨事臨民。與大君臨天下。也同是一個臨。初九陽氣方長。雖所處在下。而其剛正的志氣。已足以感動其正應。近君的大臣。不用媒介而自合。不用求沽而自售。因正而得吉。是當然的。四晧從子房。近是蔡邕從董卓。反是。

象曰。咸臨貞吉。志行正也。

以九居初。當位而正。上應六四。也當位而正。陰陽均得其正。相應也正。志正行正。安得不吉。

九二。咸臨。吉无不利。

咸臨與初相同。所不同的、九二有剛中的特長。與六五柔中的大君爲正應。故不但吉。且更无不利。

象曰。咸臨吉无不利。未順命也。

未作非字讀。九二與五相應。其臨下、是以自己的剛德中道。與所處地位上。應盡的職務。率同初九同心上進。以行素志。並非因順從在上的命令。纔去作那照例的事。然在上的也聽其所爲。給以全權。也不以无謂的命令。來牽掣他。所以得吉。而作事无不順利。

六三。甘臨。无攸利。既憂之。无咎。

剛浸而長。三以陰柔地位。適居二陽以上。日疑見偪。且无正當的應援。又在兌上、主悅。是以孤立爲懼。而恃甜言諂容。以取悅于人。然當此世道方興。此等小人狀態。斷然行不下去。故曰甘臨无攸利。然此等人心思活動。一見己行不能見容于世。遂憂慮而不敢再萌故態。聖人最喜人能改過。故以其既知前行不善。而以爲憂也。可許其无咎。

象曰。甘臨。位不當也。既憂之。咎不長也。

位不當、是以三不中不正立言。因其能憂而改過。所以也不至長有過咎。

六四。至臨。无咎。

初九以剛居剛爲至剛。六四以柔居柔爲至柔。六四與初九爲正應。此言至臨。是以己的至柔。臨初的至剛。以柔應剛。至誠相臨。如此好賢而援引。當然无咎。婁師德薦狄仁傑。近是。若蕭嵩薦韓休。尚未足當此爻義。蕭嵩薦韓休・非有特識・

象曰。至臨无咎。位當也。

以陰居陰。故曰位當。

六五。知臨。大君之宜。吉。

五柔中、順體。居尊位。下應九二剛中的賢臣。是能倚任賢才。兼衆智以君臨天下的。蓋大君主天下事。若但恃一人的能力。當然有所遺漏。所以自作聰明的。其人斷不聰明。必如虞書所云、「闢四門。明四目。達四聰。」身不勞而周知天下事。斯爲智臨。斯爲大君所最宜。而最爲吉道。

象曰。大君之宜。行中之謂也。

所行合中。便是大君所宜。

上六。敦臨。吉。无咎。

六居臨上。本是坤體。又變艮土。性極敦厚。厚德樂善。當陽剛漸長的時候。上六雖屬无位。也欲賢人臨民。懇切期望成爲至治。吉无咎。是敦厚至極的好處。

象曰。敦臨之吉。志在內也。

志在內。是志在內卦二陽。因非正應。所以說志在內。

䷓ 坤下巽上　以九五上九爲卦主

觀、序卦、「臨者大也。物大然後可觀。故受之以觀。」所以次臨。觀有二義。人君上觀天道。下觀民俗。此觀屬于己一方面。（此觀字讀平聲。）人君修德行政。爲民瞻仰。此觀屬于人一方面。（此觀字讀去聲。）風行地上。觸動萬物。是人君觀察周徧象。五陽剛中正居尊位。四陰羣居于下。是人民引領瞻望象。

觀。盥而不薦。有孚顒若。（此觀字及大觀・以觀・又大象觀字・均讀去聲・後均讀平聲・）

卦內順外巽。九五陽剛中正居尊位。爲四陰所共仰。所以爲觀。盥、是將祭而潔手。薦、是奉酒食以供獻。有孚是心誠。顒若是溫恭。觀人祭祀。是要觀初盥尚未供獻的時候。因盥洗爲祭祀的初步。此時心內至誠不雜。外表肅恭溫靜。實足令人觀感。孔子曰。「禘之既灌而往者。吾不欲觀之矣。」可見觀祭宜觀初步。至薦食以後。精神將散。便不足觀了。

象曰。大觀在上。順而巽。中正以觀天下。

五居尊位。剛陽中正。態度莊嚴。在上實爲大觀。此指九五。順指下卦。巽指上卦。既順且巽。而復中正。所以可爲大觀于天下

觀盥而不薦有孚顒若。下觀而化也。

在誠意專一未散的時候。就是旁觀的人在此時也能溫靜而无競心。詩云、「奏格無言。時靡有爭。」那便是下觀而化。

觀天之神道而四時不忒。聖人以神道設敎。而天下服矣。

敎莫大于觀感。聖人所以能使人內順外巽。觀感而身化的。就在乎觀天。而法其神道。神道安在。在乎四時。四時不忒。就是神道。神道的四時不忒也。就是一個中正轉運四時。在暗中有氣无形的爲風。風便是天的神。感化人心不賞而勸不怒而威的爲誠。誠便是聖人的神。風、指巽言。聖人、指九五言。風隨四時而變。敎爲天下而設。中庸曰、「至誠如神。」故曰聖人以神道設敎而天下服。

象曰。風行地上。觀。先王以省方觀民設敎。

風行地上而无不周。先王省天下而无不至。隨其地。觀其俗。因其情。設其敎。此爲省方的本意。即古時的巡狩。若周穆王秦始皇一班帝王的遊幸。便不是此等意思了。

初六。童觀。小人无咎。君子吝。

初六以陰柔居下。而大觀在上。距離甚遠。所以比作童觀。童時眼光淺近。遠便難見。然此等淺近的眼光。在小人尚可恕。在君子爲可羞。故曰小人无咎君子吝。吝者是「責備賢者」的意思。全卦大象似艮、故言童。

象曰。初六童觀。小人道也。

眼光淺近。在細民情有可原。小人道、就是言小人于觀道不過如此。

六二。闚觀。利女貞。

二五爲正應。五大觀在上。急欲一觀。然五神妙不測。正如孔聖人的「宗廟之美。百官之富」那種光景。二、陰暗實難觀見其高深。所以比作闚觀。闚、是門內偸眼觀物。雖略有所見。也不能全。內卦爲坤、坤爲闔戶、變坎隱伏、在觀體、故曰闚觀。二以陰居陰。故稱女。利女貞。是言遮遮掩掩。不肯輕露色相。爲女人的正當行爲。女人是應該如此的。故曰利女貞。

象曰。闚觀女貞。亦可醜也。

闚觀的狀態。在女爲貞。在士可醜。

六三。觀我生。進退。

三、陰居陽位。在坤上、是能順時爲進退的。生、作營生解。此爻在下體以上。似乎可進。又在上體以下。

也有退步。對于在上的九五。遠巳不似童觀闚觀。近還未能觀國。此時自己考慮自己的才德。合外邊的情形。可進便進。可退便退。量能力爲出處。自可不失正道。六三與九五辭同而德異。六三是量己以從人。九五是察人以修己。

象曰。觀我生進退。未失道也。

觀自己的營生。爲進退的標準。自能不失正道。

六四。觀國之光。利用賓于王。

九五的大觀。正在其上。論語云。「邦有道貧且賤焉恥也。」故六四以幸遇明君。遂願出仕。而觀其光。然賢人得明君而方進。明君也以得賢人而甚喜。尊德樂道。禮用上賓。蓋賢人爲道。而不肯輕一身。聖王爲國。更不敢輕一士。箕子近天子光。便是觀國。王訪于箕子。便是尙賓。

象曰。觀國之光。尙賓也。

九五。觀我生。君子无咎。

九五居君位。天下治亂。風俗美惡。全關係君上一人的行爲。周觀天下。若能夜不閉戶。路不拾遺。是天下人皆君子。便看出我所經營的政教。无非君子。庶乎可以无咎了。此爻便是自己明德。纔可以新民而使其止于至善。

象曰。觀我生。觀民也。

觀民就是觀我。「以民爲鑑。」正是此義。

上九。觀其生。君子无咎。

以陽居陽。所居甚正。是雖處无位的地方。而負有「達尊」的名望。也是爲人民所觀瞻的。其指一鄉一邑而言。上九有以善德正氣薰其鄉邑的意志。所以觀于鄉邑間。若均有君子的行爲。己便无咎。如子思在魯。子方在魏。裴晉公在野。其身雖退。其憂很重。可見君子在位不在位。其修德爲人觀感。是到底不懈的。

象曰。觀其生。志未平也。

志未平、是不敢平安自處。簡單著說、就是一鄉風俗美惡。匹夫也有責任。若一味游衍安逸。是良心上所不許的。

䷔ 震下 離上　以六五爲卦主

噬嗑、序卦、「可觀而後有所合。故受之以噬嗑」、无論何事。若令人觀瞻滿意。自然就情意和合。无有梗阻。噬嗑所以次觀。噬作咬字解。嗑作合字解。卦形似口。九四一陽如在口內作梗。必須把他咬斷。口纔能合。此爲卦象。又如一國完全統一。只一二强暴梗化。必須依法除去。纔得和平。此爲卦義。

噬嗑。亨。利用獄。

食有物梗喉。不咬斷、口不能合。國有人梗化。不制裁、治不能通。獄、作名詞解、就是監獄。作動詞說。就是訟獄。不用獄不能去梗。梗不去、又那能亨呢。故利用獄。

象曰。頤中有物。曰噬嗑。

卦形似頤。九四一陽、似頤中有物。此以卦象釋卦名。頤、是顋頰。

噬嗑而亨。剛柔分。動而明。雷電合而章。柔得中而上行。雖不當位。利用獄也。

頤中有物、名爲噬嗑。噬嗑何以亨呢。凡用牙齒噬物。噬時頤分。噬斷頤合。齒剛脣柔。齒一動。梗物立決。噬嗑所以能亨。剛動雷、三字指震。柔明電、三字指離。電雷合作。明而有威。燭奸除邪。萬難逃遁。然離明限于察情。震威限于懲惡。得情便哀矜勿喜。施威如改過卽止。于用刑的時候。厲仁柔的意思。五以柔處剛而得中。是能不剛不柔。適合先王治獄的本意。故曰雖不當位。利用獄也。

象曰。雷電噬嗑。先王以明罰勑法。

威取諸雷。明取諸電。燭奸除邪。萬難逃遁。先王效其用。明定罰規。整勑法律。薄刑示罰。依法科刑。宣布國中。所期君子懷刑。无人梗化。此爲先王制獄的原則。

初九。屨校滅趾。无咎。

屨校、是足上的刑具。震爲足、趾象。九居初最下。下民初犯輕罪。此時本當恕宥。然此時若不小有懲戒。教他知道有點懼怕。倘或惡膽從此大起來。將不至滅身不止。故加以屨校。暫消滅其足趾的行動自由。從此若知畏罪。改過自新。就可无咎了。若力加儆戒。朝作小人。暮作君子。所得的成全。還不止于无咎。收穫將更大了。

象曰。屨校滅趾。不行也。

以屨校使其不能自由行動。從此不照舊胡行。便不至罪大難解了。

六二。噬膚滅鼻。无咎。

六二處中得正。是治獄的。初九的用刑。就是他經手審判。因爲初九有剛暴的性質。怕難折服。所以擬用刑訊。然初以陽居陽。不失爲正。有罪也係公過。所以一訊就甘服了。此如噬膚肉。恐有骨梗。猛然一噬。竟至連鼻也沒在膚內了。如此治獄。似嫌太猛。然六二柔得中正。審判結果。尚不至有失出失入的情事。所以不至有咎。膚、是肉外皮。

象曰。噬膚滅鼻。乘剛也。

治獄用猛。狀如噬膚滅鼻。全因所乘初九太剛。恐其强梗難化的緣故。

六三。噬腊肉。遇毒。小吝。无咎。

六三居下卦以上。是治獄的。然以陰居陽。處不當位。自處不當而治獄。不但人不甘服。反要仇視。如噬乾勁的腊肉而遇毒一般。治獄不能使人心服。反受傷害。是爲羞吝的事。然治梗至于遇毒。究竟在于去梗心切。也非不當。故雖小吝。聖人也許以无咎。腊肉、是火烤的乾肉。

象曰。遇毒。位不當也。

所處地位不當。故發生如許困難。究以志在治梗。是以聖人尙有恕辭。

九四。噬乾胏。得金矢。利艱貞。吉。

九四爲一卦的梗。乾胏、是帶骨的肉。骨爲肉中的梗。九四自爲梗而曰噬乾胏。是誰噬他呢。是以九四噬九四。何以說九四噬九四呢。是以九四剛直的大臣。噬九四强梗的大臣。蓋大臣在于君側的。斷乎不止一人。舜與共工驩兜同在堯時。周公與管叔蔡叔並在周室。共驩管蔡皆是强梗。故得金矢以剔乾胏。骨便去而肉可噬。得剛直以除强梗。惡便去而治可通。金、喻剛。矢、喻直。剛惡的爲乾胏。剛直的爲金矢。然猶利于艱貞。蓋去惡實難。若看事太易。必至于敗。故須堅固貞正。纔能得吉。

象曰。利艱貞吉。未光也。

因地位不中不正。故未能光大。而戒以利艱貞。

六五。噬乾肉。得黃金。貞厲。无咎。

噬嗑治獄共三起。以離明得中的大君。再得三二兩賢以相佐理。治獄又有何難呢。況初九雖屬强梗。而爲初犯。上九雖亦强梗而勢已衰。其君側的强梗。實足爲患的勢雖難治。而同事剛直的大臣。既足以噬滅。六三也協力同噬。已不足患。其初九本不難治。已得六二猛噬而折其心。如此六五還有甚麼可爲的呢。蓋此時惟一上九惡積罪大。雖无位而力已衰。治其獄如噬乾肉。不至甚難了。然總是强梗元惡。困獸猶鬪。也必須繩以中道。出以剛決。持以貞固。雖也不免有相當的危險。終可至於无咎。黃、喻中。金、喻剛。五本柔。故勉以剛。

象曰。貞厲无咎。得當也。

六五督率三二治獄。勝任愉快。故曰得當。

上九。何校滅耳。凶。

何、作負荷解。讀去聲。離中虛。上爻變震木。是刑具中的枷象。上互坎爲耳、上一陽在互坎上、故滅耳。是言以刑具加於頸上。甚至連耳也遮滅了。上九陽剛極亢、罪大惡極。始終不改。所以至於何校滅耳。是眞凶極。

象曰。何校滅耳。聰不明也。

何校至於滅耳。是爲他聰不明。聰、作耳字解。若使聰而能明。聞過便改。又何至如此呢。商鞅不聽趙艮的勸導蕭至忠不受宋璟的諍諫。故均及於難。

䷕ 離下艮上　以六二上九爲卦主

賁、序卦「嗑者合也。物不可以苟合而已。故受之以賁。」賁、是文飾。人的聚合。秩序禮節。是必須文明的。物的聚合。行列次第。是必須整齊的。賁所以次噬嗑。卦山下有火。林木廬舍聚集一山。下有離火照耀山上。光彩鮮明。如同裝飾。故爲賁。

賁。亨。小利有攸往。

卦內離外艮。陽得陰助。實有亨通的道理。天下事根本不固。不能成立。然一味質樸。无有文飾。根本雖固事也難通。禮云「無本不立。無文不行。」故有國家、必須文以儀制。有賓主、必須文以禮貌。有家人、必須文以倫序。是凡有質的、必須有文。有文事纔能亨。故曰賁亨。然既亨何以曰小利有攸往呢。是因文飾一道。不過加以文采。本質是不能變的。若文飾過盛。專尚虛文。反把本眞戕害了。故賁道、不過于行事小有利益。萬不利于太過。故曰小利有攸往。

彖曰。賁亨。柔來而文剛。故亨。分剛上而文柔。故小利有攸往。剛柔交錯。天文也。

本卦係由泰卦而來。上卦本坤。而上六的陰柔來爲九二。陽剛的文飾。是文雖柔而質剛。位又中正。故亨。下卦本乾。而九二的陽剛。分爲上六。陰柔的文飾。是文雖剛而質柔。位又不中不正。故小利有攸往。柔來文剛。分剛文柔。如日月星辰。往來錯雜。此明彼滅。故爲天文。

文明以止。人文也。

文明以止。是君臣、父子、兄弟、夫婦、朋友、禮節詳明。各安本分。居止有常。此便爲人文。

觀乎天文。以察時變。觀乎人文。以化成天下。

天文、是日月星辰的錯列。寒暑陰陽的改換。觀其運行。可以考察出四時的變遷來。人文、是人間倫常的秩序。觀其體節。不亢不卑。中規中矩。人盡如此。教化自然成功了。

象曰。山下有火。賁。君子以明庶政。无敢折獄。

明、離象。庶政、是繁瑣小事。如錢穀出納等小節目。是最容易明瞭的。折獄就不然。輕重出入。動關民命。事體就不比庶政容易明瞭了。明庶政、就是小利有攸往。折獄是爲大事。无敢折獄、是非不折獄。只是不敢輕易折獄。因卦義主文飾。如訴訟兩造多有飾辭。眞情便不易得。所以尤須格外愼重。

初九。賁其趾。舍車而徒。

初九在下、陽剛得正。是隱君子。賁其趾、是喻在下而有文彩。舍車而徒、是舍了車馬的榮耀。甘願徒步而行。安步當車。一舉足便看出斐然成章的光景來。卦上互震。下互坎。震爲足。趾象。坎爲輿。車象。初變艮。上卦艮。止而又止。舍象。又升車必居上而乘下。初在極下。无有可乘的理。故舍坎車而從震趾。取徒行義。看小象乘字更顯。

象曰。舍車而徒。義弗乘也。

義弗乘、是言初在下无有可乘的。

六二。賁其須。（須與鬚同）

在頤爲鬚。在口爲髭。在頰爲髯。鬚不能自動。是鬚雖美、總得附屬在頤上。爲頤上的文飾。本卦與噬嗑上下一倒轉也。有頤象。本爻變下互兌口。口上的鬚爲文飾品。故云賁其鬚。

象曰。賁其須。與上興也。

與是相與。興是興居或興起。二、陰柔中正。有文彩不自顯露。因三爻陽剛得正。爲正人君子。所以與他興居一致。與鬚隨人頤的興起而爲興起似的。故云與上興。

九三。賁如濡如。永貞吉。

濡作柔潤解。三、居下卦以上。文飾已盛。三、又在下互坎的中心。坎爲水。又上下都柔。柔都文剛。膏厚流光。故云賁如濡如。然三、若從此一味華美。不守正道。華而不實。僞而亂眞。過文爲害。故聖人戒以永貞。欲其常守正而勿偏纔可以吉相許。

象曰。永貞之吉。終莫之陵也。

文過倘或失正。上陵下卑陵尊。是難免的。既能永貞。陵亂秩序的情事。終可无有了。陵、作欺侮解。

六四。賁如皤如。白馬翰如。匪寇婚媾。

賁如皤如、就如人說話賁如麼、皤如了。那種聲口。四、與初本爲正應。理應早成婚媾。因爲九三所隔。好事多磨。把少年紅男綠女文彩很盛的時候。竟躭誤過去了。然四、與初本係正頭夫妻。雖爲三隔。終必相親。四、求初的心本很急切。一有機會。立即乘馬如飛而至。目前雖能成婚。而非有人爲寇。何至將到白頭纔成婚配。皤、作白解。上互震爲馵足。爲的顙、故曰白馬。坎爲亟心的馬。翰如象。翰作鳥疾飛解。此爻不言賁而言白。是因下離已終。文飾過盛。便要反本了。四、與初成婚。也因物極必反。三、終不能永遠爲寇。

象曰。六四當位疑也。匪寇婚媾。終无尤也。

以陰居陰。故當位。疑、是疑初九或因其與三相親而失節。而六四終守婚媾的正約。不爲九三所誘。故終无尤。尤、作過失解。

六五。賁于丘園。束帛戔戔。吝。終吉。

六五柔中爲卦主。是能用賢以飾政教。希望成爲文明治化的。賁于丘園、如詩云、「孑孑干旄。在浚之郊。」求賢的故事。束帛戔戔吝、如人送禮物。必曰薄敬。薄敬、就是吝字的解釋。然聘賢人而親至丘園。致禮物、而辭尙謙遜。」湯賁莘。」文王賁渭。」不但一時的吉事、終久可以利賴的。上卦艮山、五在艮中。半山爲丘、故云丘。艮爲果蓏、上互震、爲林、園象。五變巽、爲女工、爲繩。故曰束帛。陰性吝嗇、故曰戔戔。戔戔、小少意。

象曰。六五之吉有喜也。

于文勝的時候、而能具禮求賢、光賁丘園。斯可爲世道喜。

上九。白賁无咎。

易窮必變。文窮反質。上九賁極反本、復歸无色。正如人能補過、即爲无過。故爲聖人所深許。

象曰。白賁无咎。上得志也。

上何以得志呢。下卦第二爻的陽剛、分而來文上爻的陰柔、故二爲柔而上爲剛。乾坤一變。賁道斯成。賁道成、上故躊躇而滿志。

䷖ 坤下艮上　以上九爲卦主

剝。九月卦。五陰在下、一陽在上。陰盛陽孤、勢將剝落完盡。是爲剝義。極高的山、今全著地、似乎傾塌。是爲剝象。序卦、「賁者飾也。致飾然後亨則盡矣。故受之以剝。」大凡物理盛極必衰。賁卦文飾彩繪。日久必須剝落、剝所以次賁。

剝。不利有攸往。

剝、作剝落剝奪剝削等解。卦五陰在下。上只一陽。羣陰盛長、一陽孤立。是如君子勢孤。若有動作。必爲小人所害。又、卦體、內坤外艮。坤順、艮止、理宜順時而止。故不利有攸往。易爲君子謀如此。

彖曰。剝剝也。柔變剛也。不利有攸往。小人長也。順而止之。觀象也。君子尙消息盈虛。天行也。

夬五陽一陰。彖傳謂剛決柔。剝五陰一陽。彖傳謂柔變剛。決、是君子去小人。宣布罪狀。名正言順的口脗。變、是小人去君子。鬼鬼祟祟。暗地擘布的意思。只此一字、聖人扶陽抑陰的旨趣。活現紙上。不利有攸往。是因小人勢力。正在膨脹、君子只宜隱居。且觀玩卦象、內坤順。外艮止。不順時而止。是絕不能見容于時的。然天下也萬不能常如此。五陽消了、而消極必息。五陰盈了、而盈極必虛。故剝極必復。者是天道一定的運行。而君子出處也便以此爲尙。與天道爲一致的行動。孔子云、「道之將行也與。命也。道之將廢也與。命也。」君子所尙。自是與天合德的。

象曰。山附于地。剝。上以厚下安宅。

山本高出地上。今反附著于地。是剝落象。然在上治民。就如山在地上。厚其地、山便不頹。厚其民、上便不危。欲得安宅。必須厚下。玩坤艮象、而得此義。

初六。剝牀以足。蔑貞凶。

蔑、作滅解。坤能載物。變震爲木、爲足、在下、牀足象足、又喻作根本。天下勢若處屋。屋上覆。牀下承人中處。害牀的先害其足。害國的也是先害其足。君子便是國家的足。小人滅正道。消君子者是從根本上害起。正道滅。凶莫大于此。一柔進、初變一剛。故曰剝足。

象曰。剝牀以足。以滅下也。

從下滅起。漸進而上。

六二。剝牀以辨。蔑貞凶。

辨、是牀幹。牀有幹。國也有幹。大臣便是一國的幹。二、大臣位。今兩柔而變兩剛。是國家的大臣。君子退而小人進了。九齡罷相。林甫登庸。正道已无。凶將立至。

象曰。剝牀以辨。未有與也。

陽與陰相應。是爲正當的應與。陽與陰相比也可爲有與。今二、陰柔。上下无一陽爲應與。既爲小人。又无相與的隨時糾正。所以便一壞到底。永不知改過。

六三。剝之无咎。

三雖陰而能出乎其類、獨應上九。且以陰居陽。能獨斷獨行。脫離惡黨而從正人。故曰剝之无咎。此言雖處于剝。其本身也可无過。

象曰。剝之无咎。失上下也。

上下五陰。三居其中。不合同類相親。獨合一陽爲應。既得上九一陽。當然失上下四陰。失四小人。得一君子。是以无咎。

六四。剝牀以膚。凶。

先剝足。繼剝辨。茲竟剝膚。陰長已盛。是漢王莽、董卓、唐林甫、國忠、權盛无比的時候。凶于而國。蔑貞自不必說了。

象曰。剝牀以膚。切近災也。

剝已及膚。將至滅身。大災切近。再防恐怕也來不及了。

六五。貫魚。以宮人寵。无不利。

六五柔而得中。居尊位而能總羣陰。故聖人特爲其開一遷善改過的門路。以冀扶陽而抑陰。六五以陰居尊。是爲后妃的身分。后妃有率領宮人備選的責任。茲六五果能領袖羣陰。魚貫來邀寵幸。是不但把羣陰害陽的心。完全制止。並令其從此一體尊陽。自然就无有不利了。本爻變巽爲魚、魚、陰物、又爲繩、艮爲手、執繩、故象貫魚。艮爲宮闕、巽爲長女、坤爲衆、故象宮人。

象曰。以宮人寵。終无尤也。

六五能率衆陰受上寵愛故終无尤。

上九。碩果不食君子得輿。小人剝廬。

上九當五陰並進。衆陽均被剝落而一陽獨存。是如歲寒百果搖落以後。只餘下一個較大的果子。還未爲人所食。果中的仁。是延傳生機于不盡的。此一碩果若被食盡。生機也就盡了。然此時君子至孤。而猶曰得輿。得輿、便安。小人極盛而猶曰剝廬。剝廬、便不安。此何說呢。蓋陰極陽生。亂極思治。消息盈虛。是乃天道。君子雖孤。而天運循環。安天下的。終必屬于斯人。小人雖盛至惡貫滿盈。設計愈工。終至己身不保。害人的反自害。小人究何苦來。本爻變坤爲大輿、故曰得輿。全卦上一陽覆五陰。廬象。被陰剝去、便无房頂不成廬了。故曰剝廬。

象曰。君子得輿。民所載也。小人剝廬。終不可用也。

世亂非君子不治。君子是人民所欲爲執鞭。載以安車。請出來安國定邦的。故曰民所載。小人若不害君子。國家安。小人一身也安。今欲把君子剝盡者。便如自己拆去房舍。无所覆芘了。害人反自害。小人的心斷乎要不得。故曰終不可用。

䷗ 震下坤上　以初九爲卦主

復、序卦、「物不可以終盡。剝窮上反下。故受之以復。」上陽剝盡。下陽復生。纔窮于上。便反乎下。萬物生機。終不至于斷絕。復所以次剝卦。一陽生于五陰以下。陰極陽復。如夏時歲十月純陰。冬至一陽便復生于地中。故爲復。

復。亨。出入无疾。朋來无咎。反復其道。七日來復。利有攸往。

復、因陽氣已反。自能亨通。陽既復生、而反入于內。陰必被迫而出于外了。陽入陰出。便是泰卦的小往大來。不必求速。自有此一定的出入。故曰出入无疾。疾、作速解。一陽進而羣陽自來。如泰初九、「拔茅茹以其彙」。朋類同來。陽便不孤。何患有過。故曰朋來无咎。五月以前本係純陽。至十月便成純陰。至十一月冬至。又一陽生。循環无已。其道反反復復。在此七個月間。陽去復來。故曰反復其道。七日來復。此時否極泰來。君子道長。論語云、「邦有道不廢。」故曰利有攸往。自五月一陰生。至十一月一陽生。本七個月。何以不言七月而言七日呢。此如詩豳風所說、「一之日、」「二之日、」「三之日」的日字、就是說一月中的日子。二月中的日子。三月中的日子。此七日來復。就是說經過七個月的日子。又一陽來復了。

彖曰。復亨。剛反。

剛陽反生于下。自能亨通无疑。

動而以順行。是以出入无疾。朋來无咎。

卦下震上坤。震動坤順。剝以順而止。復以順而行。道消道長。君子處无不順。故出入无疾。朋來无咎。

反復其道。七日來復。天行也。

天道運行。消便息。終便始。朝夕寒暑。此往彼來。无有停止。反復其道。七日來復。天道運行正如此。

利有攸往。剛長也。

剛陽長。萬物生。君子道長。天下平。利有攸往、正是國有道。君子可以出而仕。

復其見天地之心乎。

當純陰的時候。天地生物的心。幾至滅絕。至此一陽復生。其心遂可以復見。並看出貴陽賤陰。是天地的心。長君子。消小人。是天地的心。天地心本不可見。聖人于復而見。又鄭重提出以示人。有天下的可不求天地心以爲人心麼。能體其心便聖。失便愚。得其心便治。咎便亂。聖愚治亂。全在此心。

象曰。雷在地中。復。先王以至日閉關。商旅不行。后不省方。

雷陽地陰。冬至的時候。陰氣雖凝冰于地上。而一陽已潛動于地中。斯時故萬物皆寒。井水獨溫。先王値此至日。重在培養此幾微的正氣。使其潛滋暗長。不驚不擾。于是日所有動作。特別注意。如守關的平素。萬不能終日閉門。先王于是日令其一律閉關休息。不使商旅通行。以示安靜。君后若當省視四方的時候。于是日也停其省視。免得上下迎送擾亂。蓋冬至一日。一陽初復。生機薄弱。也欲加意養護。惟恐稍有戕賊。先王體天心以爲心。故于是日、凡事皆出以靜謐。

初九。不遠復。无祗悔。元吉。

吉凶悔吝生乎動。下卦震主動。初九爲卦主。若動而有過。過而不復。或過、爲日已遠而纔復。已將至于凶。又何止于悔。今初九、一動知有不善。立時即復。君子如此修身。吉莫大于此。是萬不至有悔的。孔子謂顏子「有不善未嘗不知。知之未嘗復行。」爲能當此爻義。蓋顏子的不遠復。在于能知。其能知便如冬至一陽生的動機。陽一生、是天地復。知一至、是君子復。祗音其、作至、又作大解。

象曰。不遠之復。以脩身也。

六二。休復。吉。

六二柔順中正。乘初。見初爲不遠復的大賢。能謙下而與爲親比。復道于斯爲美。故吉。休、作美解。

象曰。休復之吉。以下仁也。

復初爻、就是剝上九的碩果。被剝于上而復生于下。便是果仁的作用。所以取此仁字。顏子復禮爲仁。初陽復、便復歸于仁。仁爲人的心德。爲善的根基。爲天心生物的本原。六二能下比于初。故曰休復吉。

六三。頻復厲无咎。

三以陰居陽。不中不正。又在震上、動極、是能復而不能固守的。復而不守。隨失隨復。隨失固厲。隨復也可免咎。

象曰。頻復之厲。義无咎也。

六四。中行獨復。

四處上下四陰中間。不從四陰、獨於初九一陽相應。是與衆人同行。而獨能從善的。故曰中行獨復。剝卦六三的身分。與此相同。

象曰。中行獨復。以從道也。

中行獨復、是言雖混處四陰中。獨能從初九有道的君子。惟初陽氣甚微。四又柔弱過甚。故未以吉許。而也不至有悔有咎。

六五。敦復。无悔。

六五中順而處尊位。是德性敦厚。實心實意的復善。而絲毫无悔。不遠復、是復善能速。敦復、是復善能固。故初九无祇悔。而六五直言无悔。不遠復、是在自修的時候。敦復、是已至成德的時候了。五在坤中。坤厚、故說敦。

象曰。敦復无悔。中以自考也。

能以中道時常切實的考慮。自能動作都不離乎中道。所以无悔。

上六。迷復。凶。有災眚。用行師。終有大敗。以其國君凶。至于十年不克征。

陰險小人所居極亢。是終迷而不知復道的坤爲迷。故云迷復。迷于復道。那得不凶。災從外來。眚由己作。六既迷復。天災人禍都臨到頭上來了。如商鞅盧杞一流。終以其邪僻的謬行爲是。不知悔悟。一錯到底。至見災眚齊來。忿欲舉兵以平難。然師出无名。不但不能取勝。連國君也要被累受害。就算用兵至于十年。也是不能勝人。上六因與復道相反。其凶遂至于此。

象曰。迷復之凶。反君道也。

君是主宰。本卦惟一的主宰。是復善改過。上六迷復。是與本卦主要的道理正相違反。那能不凶到極點呢。

䷘ 震下坎上　以初九九五爲卦主

无妄序卦、「復則不妄矣。故受之以无妄」。復是改過復善。既經改過復善。自然事事合理。不至妄爲。无妄所以次復卦。乾上震下。震主動。動以人欲、便妄動。以天理、便无妄。卦象卦義。均極顯然。

无妄。元亨利貞。其匪正有眚。不利有攸往。

誠爲天道。如牛育萬物。運行四時。毫无差錯。便是无妄。人能无妄。是與天地合德。所以元亨。然效法无妄的天道。利在貞正而堅固。蓋正便誠。邪便妄。匪正而動。動必有眚。而不利有攸往。然非无妄不利于往。不正而妄。纔不利于往。若堯舜禪位。湯武興師。是動以天。子噲遜位。苻堅興師。是動以人。動以天。便正而无妄而元亨。動以人。便不正而妄而有眚。

彖曰。无妄。剛自外來而爲主于內。動而健。剛中而應。大亨以正。天之命也。其匪正有眚。不利有攸往。无妄之往。何之矣。天命不祐。行矣哉。

內震外乾。震以初爲主。初一陽、是乾向坤一索得來的。故曰剛自外來而爲主于內。震動乾健。是動以天。九五以剛健中正振于上。六二以柔順中正應于下。其動无妄。所以大亨。大亨是因動以正。動以正便是動以天。何謂動以天。是天命其動而方動的。天命何由而知呢。如武王誓師曰、「天命文考。肅將天威」。然武王又何由知此天命呢。是于人民所欲而知道的。書云「民之所欲。天必從之。」八百國。三千臣。合力同心。都欲伐商。者還不是動以天麼。如苻堅于內外无事的時候。偏欲興師伐晉。舉國諫阻不聽。者便是動以人。在不宜動時。偏違正而妄動。宜其有敗亡的災眚。蓋无妄而有所往。便无往而不利。若妄而有往。便爲天命所不祐。天命不祐。那是一步也不能行的。末四句就是說、果无妄而往。何往也可。若妄動、天命必不祐。天命既不祐。那還能行麼。之、作往字解。

象曰。天下雷行。物與无妄。先王以茂對時。育萬物。

天下雷行。萬物都有生氣。試觀雷一發聲。蟄蟲也動了。草木的萌芽、也發生了。无論何物。都能與時生長變化。絲毫是无妄的。先王每於此時。盛意使萬物都發育他那生理。不教他稍受戕害。者就與天心相合了。如月令孟春。祭祀「犧牲不用牝。」牝。是母獸。又禮記、「樹木以時伐焉。禽獸以時殺焉。」都是茂對時育萬物的故實。茂作盛解。

初九。无妄。往吉。

九本乾體。初居震始。震主動。是本乎初心。動合天理。眞能无妄的。如此以往。何往不吉。

象曰。无妄之往。得志也。

以无妄的行爲。修身、身修。齊家、家齊。治國、國治。人能无妄。又安往而不得志。

六二。不耕穫。不菑畬。則利有攸往。

六二在內震中。爻柔而中正。是至誠而動的。上與剛而中正的九五爲正應。是人君很倚畀的賢臣。六二也能赤心保國。當然可食祿以代耕了。所以不用耕種。自能收穫。不用開墾。自有良田。利有攸往。是斯人一出。利己利人。无往不利。穫、是秋收。菑、是開墾一年的土地。畬、是開墾三年的土地。

象曰。不耕穫。未富也。

未富、是常有謙虛抱歉的意思。未富與謙卦六五不富二字同。

六三。无妄之災。或繫之牛。行人之得。邑人之災。

六二、九五、中正相應。故二利有攸往。五勿藥有喜。六三、上九、都不中正。故三有災。上有眚。六三變離爲牛、互巽繩、艮鼻、艮手、繫象。震爲行、又大塗。三人位、行人象。或、卽邑人。六三陰柔不中正。故有此象。牛有所繫。想不到就能丟失。然以連接外卦的乾金。巽繩、震木、都被尅制。所繫便解脫了。繫脫、爲行人得去得牛的是无妄的福。失牛的是无妄的災。

象曰。行人之得。邑人災也。

九四。可貞无咎。

四、以剛居柔陽剛而居乾體。不是妄動的。因其可貞固而守此道。故許以无咎。顏回守中庸、拳拳勿失此爻近是。

象曰。可貞无咎。固有之也。

至誠无妄。不是從外邊加入的。是自己固有的。三能保守得住就是了。然保守勿失。便是難事。

九五。无妄之疾。勿藥有喜。

九五以中正居尊位。下卦六二也以中正爲正應。可謂无妄至極。无妄至極而猶有疾。此如大舜時的有苗。孔聖人時的桓魋叔孫武叔。便是大舜孔子的无妄之疾。在大舜孔子都不理他。他也就不能爲患。那就是勿藥有喜。若或一遇此等情事。便洸不住氣。就要動作。動就是妄。本是无妄之疾。一經藥石雜投。那就是庸人自擾了。

象曰。无妄之藥。不可試也。

无妄之藥。不試而病也可全愈。一試怕更惹起病來。故曰不可試。

上九。无妄行有眚。无攸利。

上九既不得位。更已失時。不動便罷。若恃剛强勉而行。定有災眚。斷无利益。所以善學易的。全要把可行可止的候時認識明白了。纔有利而无害。

象曰。无妄之行。窮之災也。

无妄而行。宜无災眚。但處在窮極的時候。一步不能前進。進行一步。便是妄動。災即難免。

䷙ 乾下艮上　以六五上九爲卦主

大畜、序卦、「有无妄然後可畜。故受之以大畜」妄去實存。畜聚便富。大畜所以次无妄。卦艮上乾下。天在山中。所畜至大。畜有蘊畜、畜止、兩義。蘊畜、取天在山中象。畜止、取艮止乾象。

大畜。利貞。不家食吉。利涉大川。

物莫大于天。而在山中。艮在上、而止乾于下。皆爲至大的蘊畜、與畜止。在人爲道德經濟。充積滿積。所畜也是很大。无論人物、凡畜聚很大的、皆是大畜。然人所蘊畜、宜得正道。故云利貞。正道既充積于內。自宜在上位以享天祿。爲天下造福。是不獨一身吉。天下也无不吉。天下无論有何等艱險。皆能順利以濟。不足爲患。若在治平的時候。那更不必說了。

彖曰。大畜剛健篤實輝光。日新其德。

德剛健、便有邁進而无止息。德篤實、便有蘊畜而无窮竭。盛德充滿于中。其輝光自能發見于外。如孟子所說、「根于心生于色」。那便是內充實而外輝光。日新又新。德與日進。此所以爲大畜。

剛上而尚賢。能止健。大正也。

剛上、指上九。陽剛在君位以上。是待賢人以賓師的禮貌。如武王尊望爲尚父。康王尊畢爲父師。便是。尚、讀作上。能止健。是民間如有強暴不法的人、能制止他。尊賢才。除強暴。然後天下纔能同歸于大正而治道以行。

不家食吉。養賢也。

養賢也、就是尚賢。從剛上說、爲尚賢。所以隆重禮貌。從不家食說、爲養賢。所以厚給俸祿。

利涉大川。應乎天也。

凡卦有乾體。因乾健且能知險。故多說利涉大川。此卦六五下應九二。是大君應乾而行。乾便是天、所行能應乎天。无論有何等的艱險。也能平安過去。

象曰。天在山中。大畜。君子以多識前言往行。以畜其德。

天與地一氣貫通。天下有地。地下有天。山是出頭的地。所以天如在山中。雲雷都從山出。也像天在山中。山中蘊畜如此充實。所以爲大畜。君子觀大畜以畜其德。所以成爲君子。其畜法。在于日言堯舜所言。日行堯舜所行。默識心通。不厭其多。識其在彼。實踐在我。賢希聖。聖便可以希天了。言、取下互兌象。行、取上互震象。

初九。有厲。利已。

乾三陽爲艮所止。故內外卦取義不同。內卦被止。外卦止人。初九陽剛。是欲上進的。然六四在上不讓前來。初萬不能與得位的六四相敵。若强欲前進。定有危厲。此時若能自動的、就止而不進。是最相宜。初爻與四本爲正應。若在他卦。彼此是相援助的。在本卦越相應、越有阻力。所以爲大畜。若上與三都是陽爻。就爲合志。是因著陽通有上進的性質。故能同志而不反對。

象曰。有厲利已。不犯災也。

舜禹以伯益一言。卽能中止征苗。是受止而能已的。故不犯災。苻堅以舉國相諫而不中止伐晉。是受止而不已的。自取敗亡。是眞犯災了。

九二。輿說輹。

輿、是行的。說輹、便不能行了。九二爲六五所畜止。因處得中道。能自止而不進。故曰輿說輹。二變下互坎爲輿。多眚、是輿說輹象。說讀作脫。

象曰。輿說輹。中无尤也。

因二所處得中。故无過失。尤、作過失解。

九三。良馬逐。利艱貞。日閑輿衛。利有攸往。

乾、爲良馬。上互震、爲善鳴的馬。善鳴的馬在前。良馬在後。有追逐象。三無正應。不受阻止。又互震動。故利有攸往。三剛健。上也剛健。是同志上進的。然善走防跌。不可看得太容易了。如或失了正道。定要壞事。更須每日熟習駕御與防衛驚逸的法子。當行走時、別出差錯。那纔能彀有利而无害。閑、是熟習。衛、是防衛。

象曰。利有攸往。上合志也。

所以利有攸往。是因與上九志趣相合。纔能如此。他卦陰陽正應爲相得。在此卦偏爲有阻力。他卦陽與陽應爲不相得。在此卦偏爲得志。此大畜與他卦不同處。不如此、不能爲大畜。

六四。童牛之牿元吉。

童牛、是乳牛。牿、是加在牛角上、防其觸人的橫木。以位言、四下應於初。是畜初的。初、陽居下。力量還小。此時防制。較爲容易。如天下的惡人。在初起事的時候。勢力尙小。人數也少。制止他還不費事。若姑息養奸。到了勢力大的時候。再想制他。那便難了。所以如牛在童時就加以牿。日後便省卻許多的事。故爲元吉。

象曰。六四元吉。有喜也。

天下不循良的人。于其惡意初起。勢力未盛的時候就制止他。在上的不勞。在下的免罪。所以可喜。

六五。豶豕之牙。吉。

六五是制止九二的。二已上進。不若制止初九的容易了。二變、下互坎、爲豕。豕割去生殖器爲豶。豕牙極剛而好害物。割去其生殖器。其性立即改變。其牙自然也就安靜。不至傷物了。如君子知天下的惡人不可力制。於是乎勸他習耕習織。敎他有了吃穿。不至凍餓。人、飽暖再敎以廉恥。人既有了廉恥。那還能作惡麼。此爲根本上制止惡人的方法。也正如豶豕之牙。是不專制他的牙。而從根本上除去他的慾源。是得制惡的要道。那得不吉。

象曰。六五之吉。有慶也。

制惡有方。上不勞。下不傷。並能化俗。者是根本上的吉道。可以爲天下慶幸的事。

上九。何天之衢。亨。

何、作負荷的荷字解。讀去聲。天衢就是國家四通八達的要路。本卦尙賢、養賢。賢人所以不家食而能擔負人民的重任。所以涉大川而能擔當國家的艱險。凡此重任艱險都負荷在上九一人身上。從前阻力橫生。今便四通八達。故有何天衢的光景。毫無障礙。天路亨通。非此爻不能當此辭。

象曰。何天之衢。道大行也。

畜極必通。如伊尹耕野。太公釣渭。是已畜到極處。至身爲王佐。出其所畜的道德經濟。把天下的大事。都能擔荷得起來。國運亨通。指揮如意。尙賢養賢。其道大行。其效至此。

䷚ 震下艮上　以六五上九爲主

頤、序卦、「物畜然後可養。故受之以頤」。物既畜聚。必定得施以相當的養育。不養、物就不能存在生息。頤所以次大畜。卦上艮下震。上下二陽。中含四陰。上止下動。外實中虛。是頤象。人口所以飲食人體賴飲食以養。是頤義。

頤。貞吉。觀頤。自求口實。

頤、是口旁兩頰。故取養意。養道有二。一是養德。一是養身。此二事都不可不正。正纔得吉。觀他所養的道理。如係聖賢的大道、就正。如係異端的邪道、就不正。口實、是人口中實在的評判。自求口實。如重道義而輕口體。口實就好。重口體而輕道義。口實就不好。觀頤、就是考察自己所養的正不正。自求口實、是好不好都由自取。吉凶禍福、也沒有不是自取的。

象曰。頤貞吉養正則吉也。觀頤。觀其所養也。自求口實。觀其自養也。

貞吉、是所養的正便吉。觀頤是看他所養的如何。自求口實、是不必觀人對我言論如何。要看自己自養便可以知個大概。如孟子所說。「養其小體爲小人。養其大體爲大人」小人大人。全在自養。

天地養萬物。聖人養賢以及養民。頤之時大矣哉。

天地養萬物、公而无私。何等正大。聖人養賢、以及萬民、就是國家養賢。全是爲民。如不養賢、專恃聖人一人的計畫智慮。爲民造福。萬不能周密。所以必養賢人使分掌庶事。給萬民謀生計。策治安。方能普及而可使萬民安樂。頤道的大處如此。

象曰。山下有雷。頤。君子以愼言語。節飲食。

上艮下震。山下有雷。震爲春、是萬物于以生。艮爲止、說卦傳、「成言乎艮。」是萬物于以成。斯爲天下的大養。故爲頤。君子觀此卦象。震動而不止。有言語飲食象。艮止而不動。有謹愼節制象。隨想到言語出于口。顯其身。還足以禍其身。故欲愼其出。飲食入于口。養其體。還足以病其體。故欲節其入。

初九。舍爾靈龜。觀我朶頤。凶。

朶作垂解。朶頤是見食垂涎象。頤大象離。離象爲龜。龜爲地下有靈的動物。其在地下靜養。可以不食而長生。初九陽體剛明。在互坤爲地以下。故曰靈龜。是初九明智、本足自養。毋庸外求。然其才雖如此。而以陽居動體。又在頤時。食爲人的大欲。因上與四爲正應。便欲相從。見其求養得食。遂頤動垂涎、不能自守。志在上行。也要與四行動一致。求人給食。是自放棄了靈明的資質。轉爲六四所哂笑。爾指初。我、是四自謂。謂爾何以竟舍了爾的長處。而見我求養、轉垂涎呢。自處不當。安得不凶。

象曰。觀我朶頤。亦不足貴也。

初九陽剛在下。本有很寶貴的資質。而不知自重。偏作向人乞憐的樣兒。是在飲食上注意的人。甚是賤相。實不足貴。

六二。顚頤。拂經。于丘頤。征凶。

顚、如山顚。叫作山頂的項字。拂、是違悖。丘、是山阜。六二陰柔。无自養的能力。然震性燥。不免妄動。不向很親比的初陽求養。偏妄想向上求養。是舍近求遠。未免違悖常道。大概求人贍養。最宜在同類的地方。或係同宗。或係同業。纔容易得些關照。今二居然違悖經常的道理。竟向有勢力的地方去求。豪門托鉢。（下卦震・震爲盂・故言鉢・）不見哀憐。遠（二距上甚遠・故言遠・）求道奔波。空遭白眼。（卦大象離・離爲目・二爻一變便爲兌・兌爲白色・故取象白眼。眞是凶象。

象曰。六二征凶。行失類也。

求同類爲正當的行爲。自得關照。今違常而求外人。故曰行失類。

六三。拂頤。貞凶。十年勿用。无攸利。

三與上爲正應。然上在外卦。既非同體。上爲剛陽。又非同類。頤道本宜求同體或同類。今三違悖頤道。恃與上爲正應。偏欲前往相求。雖然不失爲正。也是凶道。十年勿用。十年取久遠的成數。說勿用。就是如何請求。終歸勿用。徒勞妄動。于養道並无絲毫益處。

象曰。十年勿用。道大悖也。

因與頤道大相違背。所以說相求雖至十年。也是勿用。大悖便是拂頤。

六四。顚頤。吉。虎視眈眈。其欲逐逐。无咎。

虎從艮取象。四變離爲目。故言視。眈眈。是近處看。而往遠處著想。凡物常不食。而內能靜養的。爲龜。初九的長處在此。偏舍了他。故凶。虎是照例向外求養的。今向上一求。上便施布恩惠以養他。故吉。爻辭的精細如此。四與初爲正應。虎行垂首下視。欲求其養。恐初在下无力養他。所以眈眈審視。見求養的都上極高的那兒去。所以他追逐着脚蹤。也就來了。因他所求得正。所以无咎。

象曰。顛頤之吉。上施光也。

四求養于上。上便施惠以養他。故曰上施光。

六五。拂經。居貞吉。不可涉大川。

六五、居在尊位。按經常的道理說。本爲敎養人民的主體。今因柔弱不能自立。遂不能不違悖常道。把敎養的責任。求在上位的賢臣。替他主持一切。故曰拂經。此時自己也只好安居。受那賢人的敎養。以培植德性學業、固守正道。以備將來親掌大權。勉致有失。故曰居貞吉。然當柔弱不能自立的時候。要想遽秉政權。把那敎養的全責。及一切處患難濟艱險的大任。都自己擔負。分雖應該。而能力薄弱。暫時是萬萬不可的。故曰不可涉大川。如商太甲、周成王、在初登極的時候。恰是此等身分。

象曰。居貞之吉。順以從上也。

居貞何以吉、其吉全在順以從上得來。若太甲不順從伊尹。成王不順從周公。那便凶了。那能吉呢。

上九。由頤。厲吉。利涉大川。

九以陽剛居上。者便是聖人所養的大賢。使養萬民的。有此大賢。凡天下待養的。都由他一人安排一切。故曰由頤。由、作從解。上九的責任如此重大。惟恐撫字未周。時以危厲存心。不敢安逸。故曰厲吉。然能如此負責。无論如何艱險。自然可以安穩過去。故曰利涉大川。

象曰。由頤厲吉大有慶也。

聖人養一賢。萬民由是无不得養。頤道大成。慶在賢。尤慶在聖人能養賢。

䷛ 巽下兌上　以九二九四爲卦主

大過序卦、「頤者養也。不養則不可動。故受之以大過。」大畜是生聚。頤是養育。生聚而後。施以養育人民繁滋飽食。自必有相當的動作。且必有出乎尋常的大舉。大過所以次大畜、及頤卦。卦上兌下巽。木本在水上。今轉被水沒滅了。又陽大陰小。本卦陽過乎陰。爲大者過。以上皆具有大過的象與義。

大過。棟橈。利有攸往。亨。

大過棟橈、是大厦將傾了。下橈將倒、是本弱。上橈將折、是末弱。値此時而曰利有攸往亨。是何故呢。是因天下有極難爲的事。纔可以把天下大過人的賢才施展出來。大過人的賢才。一經施展。无論何等爲難的事。便无有支持不住的。故曰利有攸往亨。棟、是屋脊的梁木。木曲爲橈。橈、又作摧折解。

彖曰。大過。大者過也。

陽大陰小。卦陽過乎陰。故曰大者過。

棟橈。本末弱也。

本、謂初六。末、謂上六。陰柔弱。故曰本末弱。

剛過而中。巽而說行。利有攸往。乃亨。

此節釋明卦義。言剛雖過而二五都得中。是居處不失善道。下巽上兌。柔順和說。是行事能洽輿情。由此以往。无不利。更无有不亨通的。說作喜說解。

大過之時大矣哉。

大過的時候。无有大過人的才。斷不能作大過尋常的事。時勢緊張。千鈞一髮。其關係重大。无有再過于此時的。

象曰。澤滅木。大過。君子以獨立不懼。遯世无悶。

澤能滅木。可爲大過。君子觀象取法。進就獨立作事。毫无畏懼的精神。退就隱遯巖谷。毫无鬱悶的狀態。周公東征的膽識。顏子陋巷的娛樂。有此光景。

初六。藉用白茅。无咎。

初六陰柔而居巽下。是能謹慎任事的。大過卦義。主作大事。從古作大事的。不但有大智大勇。其作事更特別小心。不小心、雖有大智大勇。也是不能成事。所以聖人在初爻便發明此義。初陰柔、是能謹慎的。又爲巽主。是愼而又愼的。譬如將一件東西、安穩放下、未嘗不可。若更在下邊墊好、不教那東西著地也就很愼重了。墊物用茅、柔潔最宜。今所墊的不但用茅。且用白茅。潔而又潔。愼而又愼。人作大事能如此小心。那是不會有半點過錯的。巽柔木、爲白、白茅象。

象曰。藉用白茅。柔在下也。

陰柔居在巽體以下。故能如此敬愼。

九二。枯楊生稊。老夫得其女妻。无不利。

九二以剛陽而居謙柔。下比初六。此大臣能虛心下士而得助的。用此道、當大厦將傾的時候。廢可以興。衰可以扶。如木枯根生。身老妻壯。調劑適宜。大厦自可不傾而復起。故曰无不利。蕭何必薦韓信、鄧禹必薦寇恂、是得一良將。如枯木生根蒂。老夫得女妻。是以无有不利。枯、是乾（乾音干）。枯稊。是根。巽木白而高。近澤。故象楊。居澤下、故象稊。互乾爲老夫。上兌爲少女。

象曰。老夫女妻。過以相與也。

老夫女妻。陰陽親比。得此助手。相與自過平常分。故曰過以相與。

九三。棟橈。凶。

三以陽居陽。過剛必折。故棟橈。凶。

象曰。棟橈之凶。不可以有輔也。

剛強太過。凡事逞能。不肯讓人幫助。因著他自滿。也无有願意幫助他。的棟梁摧折。无人共扶。三的病在此。二與三相反。其好處就在可以有輔。

九四。棟隆。吉。有它吝。

隆、是隆起。就是不橈。四地位近君。陽居柔位。既不過剛。也不過柔。是國家的棟梁。而能支持大局的。故吉。但四與初爲正應。陰陽的關係。心中難免不相繫戀。然在辦大事的時候。必「公而忘私。國而忘家。」无有其他分心的事。那纔能轂事。一若一面辦理國家大事。一面戀戀其他的私情。那便有疵累。而不能全吉了。故曰有它吝。按上下二體說。下卦、上强下弱。根本不牢。三在下卦以上。故棟橈。上卦、上弱下强。根本既固。四居上卦以下。故棟隆。四三、在中。正是房梁的地位。故六爻中、獨此兩爻稱棟。

象曰。棟隆之吉。不橈乎下也。

四居上卦以下。上卦上弱下强。故曰不橈乎下。

九五。枯楊生華。老婦得其士夫。无咎无譽。

五本中正。居尊位。應該作一番過人的事業。然下无正應。无人輔助。作事固難。而上與過時的陰爻相親比。以大有爲的資格。竟被一老婦所狎呢。如枯楊生華。生機發洩已完。那還有甚麼出息。雖无咎戾聲名却也平常。

象曰。枯楊生華。何可久也。老婦士夫。亦可醜也。

枯楊不生根而生華不久便要一枯到底了。以很可有爲的丈夫。偏教一老不正經的婦人呢住。名譽有礙。實屬醜行。此卦重在剛柔相濟。不取得位。如二與初比。二以剛居柔。初以柔居剛。都未甚過。所以枯楊生稊。老夫女妻。无不利。五與上比。五以剛居剛。上以柔居柔。都是太過。故枯楊生華。老婦士夫。實屬可醜。華、取在上邊的意思。

上六。過涉滅頂。凶。无咎。

兌澤在上。既可滅木。人若涉水。一定要遭滅頂的大禍。此喻處在過極的時候。國事已无可爲。若鞠躬盡瘁。終思維持國是。以冀挽回國運。如漢末禰衡。明末東林黨。更要激出變故。不能救亡。轉致速亡。本爻上六兌主和悅。因大局既不可救。又思自己才弱。也不能救。遂從容和順。自處局外。如東漢的申屠蟠郭泰一流人物。雖處在過涉滅頂極凶的時候。而自己依然從容自得。天下後世。也无有說他不對的。然實在也不能算有罪過。又按澤滅木取象、如涉大川、必至滅頂、就如國家將亡。忠臣要挽國運。必至殺身。如文信國史閣部諸公。雖身遭大禍。可謂極凶。而浩氣常留于天地間。那能有咎呢。此解尤爲直捷。

象曰。過涉之凶。不可咎也。

過涉的凶險雖至殺身。如禰衡諸人。其心總在除奸。千古艱難惟一死。縱于中道稍有出入。那還能說他有過麼。

☵☵ 坎下坎上　以九二九五爲卦主

習坎、序卦、「物不可以終過。故受之以坎。」凡大過尋常的舉動。必須經過相當的艱險。纔能成功。坎所以次大過。習、是重習、演習、蓋險事非預先演習。臨事不能有穩健的處置。故曰習坎。全易上下都重的共八個純卦。如乾健。坤順。震動。艮止。離明。巽入。兌悅。都是吉德。獨坎險而又險。聖人不取。故特加一習字。名曰習坎。是使人見而知戒。勿輕嘗被陷的意思。卦中一陽、上下二陰。一陽陷在二陰中。象險義。險重爲六爻險而又險。

習坎。有孚。維心亨。行有尙。

陽實在中。故有孚。孚、是誠信。至誠可通金石。行蠻貊。无論有多大險難。只要至誠、便无有能阻擋得住的。故曰維心亨。行有尙。尙、作嘉尙解。

彖曰。習坎。重險也。

上坎下坎。故曰重險。

水流而不盈。行險而不失其信。

水只是平的。一盈便流。故曰流而不盈。盈科而後進。此科盈。便又行到彼科。斷未有此科不盈。就越過此科。行到彼科去的。故曰行險不失其信。

維心亨。乃以剛中也。行有尙。往有功也。

此節說出險。因著陽剛在中。能動便能出險。故曰心亨。險惟能行纔能濟。故曰行有尙。行有尙、便是往有功。

天險不可升也。地險山川丘陵也。王公設險以守其國。險之時用大矣哉。

文王發明習險的大義。孔子此節是發明用險的大義。習險、是練習著遇險而能從容過去。者是立身的大本。用險、是利用險阻作爲屏障。者是保衛的大權。如天高不可升。地有山川丘陵的梗阻不可越。者是天地自然的險。王公守國知必有險。纔有保障。于是法天險的不可升。遂設高卑貴賤的等級。法地險的梗阻不可越。遂設城池關壘的屏藩。設險可以保守全國的治安。險固足以陷人。而也有如此大好的作用。是不可但知其一不知其二的。

象曰。水洊至。習坎。君子以常德行。習教事。

洊、有漸、與再兩解。水洊至。是水流上坎既盈。漸漸再至下坎。前逝後增。无有停息。如此脩德。如此教民皆如川流方增。耐常而无倦。孟子所說，「盈科後進。有本者如是。」故君子取法。以常德行習教事。

初六。習坎。入于坎窞。凶。

窞、是坎中的小穴。險中的險。陰柔居重坎下。故有此象。初不中不正。是行險僥倖的小人。不但不能僥倖萬一。其入險轉更深了。如宦官盛而朋黨興。黨人死而宦官也就相隨以滅。凶是无所逃的。

象曰。習坎入坎。失道凶也。

凡人作事。離了正道。斷乎不行。初六既失正道。那得不凶。

九二。坎有險。求小得。

九二類乎羑里的事。以剛德行中道。九二究有何罪。偏爲上下二陰所陷。此爲君子的大不幸。而九二以剛居柔。不以剛爭。而以柔處。遂可小濟。暫囚而不至于殺，便是小得。此小得、能求得到。那便有設法轉圜。徐圖出險的餘地了。

象曰。求小得。未出中也。

離了中道行事。便要有失。九二不但无失。而且可求小得。者都是在中道範圍以內作事的好處。

六三。來之、坎坎。險且枕。入于坎窞。勿用。

三陰柔不中正。處在下卦以上。緊連上坎。是一險將終。一險又來。故曰坎坎。進退都險。避无可避。只可沈住氣。暫且小息。故曰險且枕。枕、是靠物休息的意思。此時不宜輕動。若輕易動作。不但不能出險。入險轉更深了。遇險的時候。前後都不可輕易進退。急躁冒失。是勿用的。來之作兩讀。就是來也是坎之也是坎之。作往字解。

象曰。來之坎坎。終无功也。

進退都坎。若冒失了、入險更深。恐怕終久不能成出險的大功。

六四。樽酒。簋貳。用缶。納約自牖。終无咎。

處重險而得正。以柔居柔。上承五。五也得位。剛柔兩得。兩爻又都无正應。是能開誠布公。相與親比。互以至誠約結。商量出險的。雖不過用酒一樽。肴二簋。且盛以瓦器。所約結的也自明通。而準可生效。如此同心共濟。終能攜手出險。可以无咎。牖、是窗。以喩結約明通。而可以遵守。

象曰。樽酒簋貳。剛柔際也。

剛柔、指五四兩爻言。五无正應。與四密比。一陽一陰。交際自親。相約出險。手續雖簡單、而以交際親密。自明通而可以攜手。故曰剛柔際。

九五。坎不盈。祗既平。无咎。

前皆言水性的險處。此獨言水德的美處。水德常平而不盈。人能如此。那有過咎呢。九五剛健中正。故于此爻稱水德。

象曰。坎不盈。中未大也。

守中道而不自大。者便是水的美德。中未大、便是坎不盈。

上六。繫用徽纆。寘于叢棘。三歲不得。凶。

上以陰柔、處險極的地位。又无出險的能力。如人犯用繩拘繫囚在獄中一般。古法、只要不犯死刑。无論何等重罪。如能悔過。至多三年、準可免罪釋放。上六昏闇不明。不知悔過。便繫三年、也不得出。凶眞難免了。繫是縛。徽纆是繩索。此爻變巽、爲繩。爲長。徽纆象。上互艮手。繫象。坎爲叢棘。

象曰。上六失道。凶三歲也。

昏闇不知悔過。是失出險的正道。雖凶已三歲。也是不能免罪釋放的。

䷝ 離下離上　以六二六五爲卦主

離、序卦「坎者陷也。陷必有所麗。故受之以離。」離、作麗解。麗、是親附。坎陷水中。必須有個著落。不然究陷到何處爲止。離所以次坎卦。一陰麗于二陽當中者。是火的性質。必附麗薪木。纔能發生作用。无薪、火无從燃。薪傳二字。就是從此說起。此爲卦義。火體是中虛的。爲日、爲電。都是中間虛明。此爲卦象。

離。利貞亨。畜牝牛。吉。

離爲火、是通明的。然人要察察爲明。便要發生流弊。故明便應該養正。纔能亨通。故曰利貞亨。又過明必要剛決。其明也行不下去。故剛明必須養以柔順。纔能相稱。故曰畜牝牛吉。牛性柔、牝牛、是柔而又柔。蓋火性炎上而燥。必由正道畜順德。纔可以消躁性。此皆指二五而言。畜、是養。

彖曰。離。麗也。日月麗乎天。百穀草木麗乎土。重明以麗乎正。乃化成天下。

五、爲天位。日月麗乎天。是上離。二、爲地位。百穀草木麗乎土。是下離。重明、是合上下二體說。上下君臣都麗乎正道。便可以離的文明。化成天下了。

柔麗乎中正。故亨。是以畜牝牛吉也。

柔麗乎中。指六五。柔麗乎中、且正。指六二。其亨通的由來。以及養柔德。如畜牝牛而得吉道。皆從二五兩爻說。

象曰。明兩作。離。大人以繼明照于四方。

兩作、就是說不止一次。兩作二字、義極簡明而微奥。如上下重明。前後通明。日月互明。都是絕大的作用。大人觀象。就自明其德。今日明明日也明。繼續不止。不但自己明。教化的天下、也无有不明。照于四方、是大人的明无不照四方也就都能明了。孔聖人所說明明德於天下。就是此意。譬如現在推行自治。從一模範區起此處成立彼處也相繼成立。越推越廣。將來四方无不成立。聖人立言、萬古不能出其範圍。誰說古今的道理不相通呢。

初九。履錯然。敬之无咎。

錯、有錯雜、交錯、兩義。更有進退不定的意思。陽本好動。居離體以下。如朝日初出。人纔起床。步履交錯。欲動還无一定的主義。然當日出而作的時候。「一日之計在於寅」務須恭敬謹愼。纔能一天脚步不亂。本明德以作事。自然就无一點過失。

象曰。履錯之敬。以辟咎也。

步履交錯欲動、而敬愼不敢躁進。者正是求著避免過失的意思。因居明體而能剛健。所以知躁進必有過咎。而能避免。不然、就要妄動得咎了。

六二。黃離。元吉。

黃、中色。離中一爻。正是坤土。故色黃。二、居中得正。正是柔麗乎中正。黃爲很文美的正色。文明中正。是極盛的美觀。故取象黃離。當文明之世。居大臣之位。而能以謙柔之德。行中正之道。此其所以能得莫大之吉。而足以爲一卦之主。周公「袞衣繡裳。公孫碩膚。」有此光輝。

象曰。黃離元吉得中道也。

黃離、絢爛光輝。天下文明如日正午。此等好處。全由六二居中得正而來。

九三。日昃之離。不鼓缶而歌。則大耋之嗟。凶。

下離已終。正象日昃。日昃、是日將沒的時候。盛極必衰。本是常道。此時重在安靜守常。才能維持現狀。若一看時勢將衰。就手忙脚亂。改了常度。一定越弄越糟。三、過剛不中。當著這個時候。沈不住氣。如盲人騎瞎馬。靡有一定的主義。一時樂了、就要鼓缶歌唱一回。一時憂了、又傷心年老、嗟嘆一回。樂也失常。憂也失常。斯眞凶象。八十歲爲耋。大耋之嗟、就是自傷年紀已老。將不久于人世了。初、日出。二、日中。三、日昃。都是按著爻位立說。

象曰。日昃之離。何可久也。

日昃、是日既傾昃。夕陽西下。就算稍稍的還有一線的光明。那還能久麼。

九四。突如其來如。焚如。死如。棄如。

前離既終。後離續來。若以和平人主持其間。用薪傳火。薪漫漫的續。火徐徐的明。明明不息。火也不猛。纔得中道。纔能常明。今四性剛。不中不正。正在新火舊火接續的時候。不漫著養那星星的火勢。竟採用暴烈的手段。冒冒失失的一剔。騰。立時就大灼起來。傳火的薪柴。也就立見燒完成灰。而火也就要隨著滅了。薪成了灰。无一點用處。也就要棄了。大概萬物發洩的快。消滅的也快。者都是因爲四不中正。性情剛暴。故如此取象。如語尾聲。

象曰。突如其來如。无所容也。

陽剛不中正。昏暴到了極點。所以有突如其來、不能容身的現象。不是人不能容。是自己鬧的走到絕路上去。商鞅末路。纔知立法不良。无所容身。家也就不保了。

六五。出涕沱若。戚嗟若。吉。

六五居尊位而守中。有文明的美德。也算不錯了。然性極柔弱。下无應援。而獨附于兩陽。當中。是環境很不易處。危懼至極。往往至于出涕。至于戚嗟。然居尊位、且本有文明的資質。今知爲君的難處。而能憂懼如此。此正是太甲悔過自怨自艾、（自艾是自治）的光景。自是吉道。離目、上下互卦大象坎、爲水、涕沱象。上互兌口、火有聲。戚嗟象。又離爲槁木、爲竹、竹木初燒、必有汁液、且有聲音、也是涕沱戚嗟象。若、也是話尾。

象曰。六五之吉。離王公也。

六五爲文明主體。處尊居中。身爲王公。見事明。慮患深。故能得吉。

上九。王用出征。有嘉折首。獲匪其醜。无咎。

王、指五。用、是用上九。有嘉、是有令嘉獎。也是嘉上九。折首、獲匪其醜、是可嘉的事實。首、是叛黨的首領。醜、是叛黨裏的小嘍囉。離火是有威的。又爲甲冑戈兵。變震動是出征象。然爲大將的討伐有罪。把他那爲首的斬獲。也就完了。若是不分首從。一齊斬殺那就算辦理不善。還有什麼可嘉的呢。今上九處理得法。擒賊擒王。但把罪魁斬了。其餘被脅從的小醜。槪不治罪。如此恩威並用深合六五柔和仁慈的心思。實在无有一點過錯。所以在上的得了此等報告。一定是有嘉獎的。

象曰王用出征。以正邦也。

征、就是正。孟子云、「征之爲言正也。」寇賊亂邦。是已出了正軌。六五明于用人。上九能以征伐。非六五能明。不用上九。非上九有能力。不會分別首從。五用上九出征。並非窮兵黷武。爲的是把者一邦的人事都正過來。全敎他入了軌道。出征的本意。爲此。故曰王用出征以正邦也。

周易話解下經

䷞ 艮下兌上　以九四九五爲卦主

周易分上下經、確有深意。不是隨便的。所以孔子于序卦傳。序述上經各卦終了以後。戛然頓住。又發出有天地然後有萬物一段大議論來。敘到應該露出卦名來的地方。但言夫婦而不言咸。如上經但言天地而不言乾坤。此因天地爲萬物的父母。所以上經對于乾坤非常鄭重。夫婦爲人類的父母。所以下經對于咸也非常鄭重。咸兌上艮下。少女少男。婚配相當。感情初結。人道開始。是爲卦義。兌爲澤。艮爲山。澤在山上。山澤通氣。是爲卦象。

咸。亨。利貞。取女吉。

咸、有交互相感的意思。凡人若能相感。便情通理順而能亨。然相感若不以正。如夫婦非以禮合。朋友非以義合。君臣非以道合。那就入于惡道了。此咸道能亨。所以利于貞正。相感既合正道。如艮少男在下。兌少女在上。男志篤實。女意和悅。男先以大媒重禮求親。女見媒禮周備。毫不苟且。而且年歲相當。歡然應允。此爲正式婚姻。用此等辦法娶女。自是吉道。

彖曰。咸。感也。

咸、就是感。所以感的爲心。无心不能感。故咸加心而爲感。然有心爲感。恐是一面的。不能咸感。故感去心使爲咸。惟于感无有成見。然後无所不感。本卦聖人以咸名。而彖傳以感釋。其旨趣纔能互明而不偏。

柔上而剛下。二氣感應以相與。止而說。男下女。是以亨利貞取女吉也。

本卦兌上艮下。兌柔艮剛。故爲柔上而剛下。二氣、就是陰陽上下二體。初爻陰。四爻陽。初、四、便爲正應。二爻陰。五爻陽。二、五、便爲正應。三爻陽。上爻陰。三、上、便爲正應。一卦六爻。陰陽都是正應。陽感陰應。陰感陽應。感應相與。自然而然。故爲二氣感應以相與。艮爲止。兌爲說。男女相說。若不以禮制止。女應乎男。若不自重身分。那就難免不有鑽穴踰牆的情事。必止于禮。應以正。相說于无言。纔爲眞感。故爻義皆取其靜。亨而利于貞。便是此義。以此義用于取女。自无不吉。

天地感而萬物化生。聖人感人心而天下和平。觀其所感。而天地萬物之情可見矣。

把感道推論起來。天地的二氣交感。便能化生萬物。聖人以自己至誠的心。感天下人民的心。詩云、「羣黎百姓。徧爲爾德。」天下自然便都能和平了。從天人兩方所感、察看起來。有何等的感。便有何等的應。如天氣下降。地氣便能上升。君禮賢臣。而賢臣便出死力。即觀陰雲釀雨雪。先主訪孔明。天地萬物交感的情狀。便如在目前了。

象曰。山上有澤。咸。君子以虛受人。

澤性潤下。土性受潤。澤潤是先感。山虛能受感。虛是空虛、受是從善。寂靜不動。一感便通。是全在乎能虛。若有先入爲主的意見。横亘于胸中。是把感通的靈機先已塞住。再聞善言見善行。心中便容納不下了。那能受呢。總而言之、虛纔能受。受纔能感。不能感、是因不能受。不能受、是因不能虛。君子體咸卦的精義。故能以虛受人。

初六。咸其拇。

拇是足大指。艮爲指、在下、故象拇。咸、上下六爻。象人一身。故六爻通在人身上取象。初在下、與四爲正應。然微弱而處于初。未能大感。那能動人。如拇、雖行動必須用他。然他不能主動。主動的不動。他欲動也。是一步不行。艮體本止。因咸爲交感。故都有動意。然卦雖主相感。而爻皆宜靜而不動者便是以虛受人的意思。此爻雖不說吉凶。因欲動未能。仍歸于靜。便不至于凶。

象曰。咸其拇。志在外也。

初與四感應相與。是他的心志、所感在外。外、指四在外卦言。

六二。咸其腓。凶。居吉。

二、以陰居下、與五爲正應。應靜守以待九五相求。纔合正道。若相感情急。便欲往就。便與咸道不合。一定有凶。而二、自處中正。深明此義。很能安居待時。故吉。腓、在足上膝下。俗名腿肚子。

象曰。雖凶居吉。順不害也。

腓動便凶。而二居中得正。能順時而安居。不至害于躁動。故曰順不害。

九三。咸其股。執其隨。往吝。

三、處下體以上。因互巽、故言股。三、雖艮體。然以陽居陽。又有正應在上。不是甘心靜止而不動的。四、爲心位。心動形隨。三、股位。與四近而相承。故他所應守的本分。在執隨從的義務。躁動妄往。是爲吝道。

象曰。咸其股。亦不處也。志在隨人。所執下也。

咸其股、是欲動了。雖居艮體。也不能靜止而安處。然股動、也是不能自主。心動股隨。在四下而執行隨從的義務。故曰所執下。

九四。貞吉悔亡。憧憧往來。朋從爾思。

九四、居股上脢下。又在互卦三陽的中心。故取心象。是爲卦主。咸感貞正。便能吉而无悔。正與卦辭相合。憧憧、是忙碌象。憧憧往來、朋從爾思、是言處此地位。一心牢守正道。便能吉而悔自亡。若心忙意亂。思來想去。但從朋類上著意。是狹義的感應。便不能正大光明了。孔子云。天下何思何慮。可見感應宜出于自然。思慮最忌乎自擾。

象曰。貞吉悔亡。未感害也。憧憧往來。未光大也。

守正便不能感受損害。若憧憧往來、是滿腹都是陰私。那能窮神知化。成光明的盛德呢。

九五。咸其脢。无悔。

脢、是背上脊肉。與前心相對。人所不能見的。在人身上。毫无作用。本无情感可言。不知此爻却有極大的關係。因四五雖同爲卦主。而五居尊位。更爲主中主。此爻剛健中正。合柔順中正的六二、爲正應。是聖人在上。更有賢臣輔佐著。那還不足感人心使天下和平麼。聖人感人心、不但眼前的人、或良民、能敎他受感。就是那偏遠地方的人。或背叛的頑民。如人背後的脊肉。一面也不能見。毫无情感的。也能把他感化的一致和平。皆大歡喜。兌悅、故云、纔算達到目的。决无虧悔。

象曰。咸其脢。志末也。

末、是末後的結果。就是感人心使天下和平。用志在此末後的結果。就得了者個結果。所以无悔。

上六。咸其輔頰舌。

口兩旁有輔頰。輔在內。頰在外。爲其夾輔牙齒。故名輔頰。上陰柔、兌卦主爻。是欲以言語感人的。不以至誠感物。只憑口舌取憐。者是小人女子的狀態。蘇秦張儀一流人物。有凶无吉。自不待言。咸六爻、都從人身取象。上卦象人上體。下卦象人下體。初在下體以下爲拇。二在下體當中爲腓。三在下體以上爲股。此下三爻的次序。四、在上體以下爲心。中、後爲脢。前上、爲口。此上三爻的次序。艮卦也是取象人身。但咸爲感。艮爲止。感便動。止便靜。咸不如艮。吉多凶少。可見靜者多妙。動易有咎。輔頰舌、從兌取象。

象曰。咸其輔頰舌。滕口說也。

滕口說、是張口大說。旁若无人的樣子。但以口說媚人。正與咸道相背。那能感人呢。滕、騰、古通用。

䷟ 巽下震上　以九二爲卦主

恒、序卦、「夫婦之道不可以不久也。故受之以恒。」恒是常久。咸爲初嫁娶的夫婦。夫婦已成。終身配耦。故以恒繼咸。咸以男下女取象。男下女、是結婚的大禮。恒以男外女內男上女下取象。男外女內。男上女下。是居室的大倫。少女少男。是嫁娶的時候。故兌艮爲咸。長男長女。是治家的時候。故震巽爲恒。男動于外。女順于內。此爲夫倡婦隨。治家的常道。斯爲本卦的象與義。

恒。亨。无咎。利貞。利有攸往。

恒、是美德。論語云、「得見有恒者斯可矣。」可見恒有亨道。可以无咎。然必利于正。如君子恒爲善。纔能无咎。若小人恒爲惡。又焉能无咎呢。是恒而亨。恒而无咎。全由于貞正。然恒道並不是固守一隅、不知變動的那種說法。既有恒、纔能无往不利。若固守一隅、那便不是恒道了。此卦辭可分論理與作事兩層解。利貞、是論理。爲永遠无有改易的恒道。利有攸往、是作事。爲永遠可以推行的恒道。卦辭故兩言利。又從卦德上說、女靜于內。故利貞。男動于外。故利有攸往。

彖曰。恒久也。剛上而柔下。雷風相與。順而動。剛柔皆應。恒。

震上巽下。故曰剛上而柔下。雷鳴風發。互助聲勢。故曰雷風相與。順而動。順指巽。動指震。順理而動。順時而動。都是處世的正軌常道。剛柔皆應、是言上下六爻。初與四、二與五、三與上。陰陽剛柔。皆正相應。男正位乎外。女正位乎內。夫倡婦隨。天經地義。斯爲恒道。

恒亨无咎利貞。久于其道也。天地之道。恆久而不已也。

恒固能亨。且能无過。然利在貞正。其道纔能持久。天地運行。也只是一個正。纔能恒久運轉而无有已時。

利有攸往。終則有始也。

利有攸往。是言以恒道進行作事。終久靡完。如禾稼結實。樹木結果。便爲一年終了。然到明年把果實種上。復長復結。有始便有終。既終又有始。者纔是利有攸往。萬古不窮的恒道。

日月得天而能久照。四時變化而能久成。聖人久于其道而天下化成。觀其所恒。而天地萬物之情可見矣。

日月行天。四時成歲。與聖人以久道化成天下者。都是經常的大道。恒道關係最大。萬古是者個天地。萬古是者個恒。萬古是者些萬物。萬古是者個恒。觀其所以恒。便看出天地萬物的性情來。看出天地萬物的性情來。也就明白恒道的作用。合他那許多的好處了。

象曰。雷風恒。君子以立不易方。

雷助風聲。風助雷聲。天道萬古不變。君子取法。其要在立定脚根。如父主嚴。母主慈。男在外。女在內。

人道也是萬古不變。故曰立不易方。若立身的方位錯亂。那還能恒久麼。

初六。浚恆。貞凶。无攸利。

浚是深求的意思。下卦巽爲入。故言浚。初爲巽主。四爲震主。長男長女爲正式的夫婦。婦求夫本爲常道。而巽性好深求。如中饋的酒飯魚肉。深求豐盛。所用的衣服飾品。深求華美。而震性決躁。在初合的時候。那能件件應允。如再固求。難免不生衝突。故不免于凶。而毫无所利。此如賈誼初見漢文。便痛哭流涕。請改制度。交淺言深。那如何能不受讁謫呢。

象曰。浚恆之凶。始求深也。

初相聚合。便有深求。交淺言深。絕對不行。

九二。悔亡。

所居得正。纔爲常道。二爻陽居陰位。既不得正。就非常理。本應有悔。然二有中德。與五爲正應。五也合中中與中應。是動靜都能得中。古聖賢相傳的心法。只有一個中字。二既得中。其因不正所應有的悔。也就可以解除了。此爻義甚明瞭。故不再著一字。

象曰。九二悔亡。能久中也。

人能恆久履于中道。自然悔就无有了。悔是從所居不正上說。悔亡是從能合中道上說。

九三。不恒其德。或承之羞。貞吝。

三居上下的當中。雷風接觸。斷斷續續。巽又進退不果。皆是无恒的現象。孔子云、「人而无恒。不可以作巫醫。」此等人一定要受羞辱的。如鄭朋兩從。呂布屢叛。終至无所容身。无恒的壞處。一至于此。雖以陽居陽。不失貞正。而剛躁太甚。也救濟不過來。其羞吝斷乎難免。

象曰。不恒其德。无所容也。

无恒德的人。朝秦暮楚。終至无所容身。羞吝還是小事。

九四。田无禽。

恒道以中正爲本。四、以陽居陰。不正。居上卦以下。不中。不中不正。難乎有恒。者等人求學不法聖賢。治國不愛人民。作事无有是處。就如田獵、意在得禽。而偏向无禽的地方去獵。如此作事。雖也用力不少。究竟何苦空自擾攘一回呢。四變坤爲地。田象。又爲衆、在震體、動衆、田獵象。應爻巽、爲鸛、又爲伏、爲入、故无禽。

象曰。久非其位。安得禽也。

久處于不中不正的地位。如狩獵不得其地。安能得禽呢。

六五。恆其德。貞婦人吉。夫子凶。

夫强于婦。君剛于臣。是爲正道。今五爲大君。且爲長男。而竟陰其性。柔其體。君不能爲主。而順從九二的强臣。丈夫不能自立。而順從巽體的健婦。以順爲恆。在婦人爲正德。爲吉道。若爲大君。爲丈夫的。也以柔順爲恆。凶于國。害于家。是一定的。魯哀晉元。可爲殷鑒。

象曰。婦人貞吉。從一而終也。夫子制義。從婦凶也。

婦人守貞。終身順從一夫。永无二心。在妾婦最稱賢德。五是夫子的身分。看明大義。該當如何就作。臨時適宜的制裁。那纔合乎身分。若以夫子的身分。也作妾婦的行爲。无丈夫氣。故凶。六五變兌少女。故言婦。夫子、指震說。

上六。振恆。凶。

振、是抖擻撼動的意思。上六陰柔。本不能固守恆道。而且居在恆極震終的地位。恆極便要反常。震終就要過動。如宋時王安石變更舊制。越弄越糟。是爲振恆。烏得不凶。

象曰。振恆在上。大无功也。

在上位、擘畫不善。胡亂更張。上不利國。下不利民。安石、靖康的大禍。全是者樣鬧出來的。謂爲大无功。還是從輕處說。總看恆卦六爻。但取得中、不取上下相應。因不中。便不能恆。如初在下體以下。四、在上體以下。都未及乎中。遂拘泥而不知變動。故初、浚恆。四、田无禽。三、在下體以上。上、在上體以上。

都過乎中。遂好變而不知守常。故三、不恆。而上、振恆。只二、五、都得中。能知恆道。而二、剛居柔位。以剛中爲恆位不當。故僅能悔亡。五、柔居剛位。以柔中爲恆位不當。故但許爲婦人的吉道。一卦无全吉的一爻。可見恆道眞難。

䷠ 艮下乾上　以初六、六二爲成卦主、九五爲主卦主、

遯、序卦、「恆者久也。物不可以久居其所。故受之以遯。」凡物經久必有變動。由聚而散。是爲遯義。卦上乾下艮。乾性進。艮性止。愈去愈遠。是爲遯象。

遯。亨。小利貞。

遯、是陰長陽消。君子遯藏。故爲遯。然君子心在天下。不在一身。君子遯藏。君子道亨。而天下便不亨了。君子此時雖志在必遯。而也不悻悻以去。以此時二陰雖長于內。尙漸而未驟。四陽猶盛于外。其勢或可小有救正。使其不至于大壞。如孔子去魯。而遲遲其行。孟子去齊。而三宿去晝。皆是希望小小救正于天下事。但能有所補益。便不願潔身以去。故曰小利貞。若內卦長到三陰。便成否卦。那就直言不利君子貞。而不言小利貞了。

彖曰。遯亨。遯而亨也。剛當位而應。與時行也。

小人道長的時候。君子退避。大道却能亨通。剛當位而應。是指九五以陽居陽爲當位。且與以陰居

陰的六二爲正應。良朋商酌。明哲保身。携手同行。急流勇退。者便是能與時行。

小利。貞。浸而長也。

羣陰漸長。比較否卦不利君子貞。固然還差一點。然其勢力也要漸漸的膨脹起來了。君子于此時、若大張旂鼓。掃除奸黨。勢必激成禍變。如明末東林黨似的。眼前就恐至于不可收拾。此時若在暗中小有規畫。徐圖救正。小人勢力雖然漸長。不至教他看著我爲眼中釘。或可以稍維現狀。者是看著能盡一分力。便盡一分力的意思。故爲小利貞。

遯之時義大矣哉。

君子忠于國家。明知小人勢盛。難與抵抗。也要竭盡心力。冀維現狀。就如王允謝安。有一分力、便盡一分力。不肯遽然罷手。雖云小利貞。其希圖挽救時局。大義凜然。故爲聖人所深許。遯睽兩卦彖辭。一曰小利貞。一曰小事吉。人若不加思索。因其小便要不甚注意了。而聖人都贊其大。是敎讀者知雖全著一小字。其中却具有很大的作用。不宜輕視的。

象曰。天下有山。遯。君子以遠小人。不惡而嚴。

卦名有取象的。有取義的。如地中有山。便是謙。象天下有山。便是遯。義其義所在。是因二陰漸長于內。四陽將消于外。第三爻一變便爲否。其義爲陽避陰。君子避小人。故曰遯。遯、是退而避。退、而避。不必山林巖穴。然後爲遯。大遯遯于朝。小遯遯于野。孔子與陽貨同國。孟子與王驩同事。故曰君子以遠小人不惡而嚴。孔子答陽貨曰吾將仕。孟子與王驩朝暮見者。敎人一點看不出如何遠小人。惡小人來。然見貨必瞰其亡。見驩未嘗與言行事。者還不是很嚴麼。惟不惡。故不害。惟嚴。故不汙。

初六。遯尾。厲。勿用有攸往。

他卦以下爲起點。遯是往前去在前的便爲先。故初爲尾。尾在後。處應遯的時候。遯而落後。便有危厲。然初下是卑賤的。卑賤的人不注意。此時宜不動聲色。暫且照舊。也不礙事。若既落後。沈不住氣。急于再有動作。怕更惹出事來。故勿用有攸往。

象曰。遯尾之厲。不往何災也。

一看不好、先遯固佳。然既落後。暫不躁動。也可免災。昔朱文公欲上書參劾韓侂胄。占得此爻。遂作罷論。

六二。執之用黃牛之革。莫之勝說。

二居臣位。與五爲正應。柔順中正、在應遯的時候。而以有維持國事的責任。不肯輕去。其堅執固結的心志。好似用黃牛皮革牢牢縛住。絕對不能解脫。此是貴戚。或世臣的身分。如箕子「我不願行遯。」是自己執志已堅。決不爲保身而棄國。故不言遯。說、讀作脫。

象曰。執用黃牛。固志也。

黃牛革堅固已極。六二維持國事的志願。正與相等。是得中守正的大臣心事。

九三。係遯。有疾厲。畜臣妾吉。

遯宜決斷。不宜稍有係戀。九三爲二陰所逼迫。是非遯不可的。然九三上无正應。下與六二最相親比。因係戀情深。當去不去。此如人有疾病。已入膏肓。殊爲危厲。蓋係戀私恩。是待遇小人的事。以此畜養臣妾便吉。若在決定去就大計的時候。也要如此瑣褻。便危乎其危。

象曰。係遯之厲。有疾憊也。畜臣妾吉。不可大事也。

應遯的時候。而有係戀。危厲不安。便要疲憊。而喪失其精力了。像者種私暱的心。待遇臣妾還好。若作大事。是斷乎不可的。下艮手、互巽繩、係象。艮爲閽寺、巽女、故言臣妾。

九四。好遯。君子吉。小人否。

好遯、是因從所好而遯的意思。當小人道長的時候。恐怕正道被屈。不能從吾所好。所以飄然遯去。不但守道。且可保身。當然是君子的吉道。也正與遯而亨的意思相合。如汶上的閔子騫。正爲好遯而爲君子吉。若揚雄仕莽。蔡邕仕卓。身敗名裂。那便是小人否了。

象曰。君子好遯。小人否也。

爻辭謂君子吉。小人否。象但言君子好遯。既好遯便與彖辭遯而亨相合。其吉自不待說。小人反是。

九五。嘉遯貞吉。

九五剛健中正。去就出處。是能合時的。雖有係應。然六二也能以中正自處。絕不以兒女私情相牽掣。所以九五能如孔子去國。可速便速者。纔算得能與時行。所以孟子贊孔子爲「聖之時者也」。當遯而遯。自是可嘉。自然能吉。五爲君位。因遯非人君應有的事。故不主人君說。若如祿山作亂。玄宗奔蜀。兀朮擾華。高宗南渡。那還可嘉麼。

象曰。嘉遯貞吉。以正志也。

君子的志嚮。只在進以禮。退以義。不在寵利上著想。伊尹嘗說。「罔以寵利居成功。」此等志嚮。何等正大。九五正此物此志。

上九。肥遯无不利。

肥是圓滿自得的意思。與疾憊相反。上九陽剛獨斷。超然世外。天子不得而臣。諸侯不得而友。遯跡山林。心廣體胖。斷无不利可言。孔子不脫冕而行。孟子浩然有歸志。正合此爻。

象曰。肥遯无不利。无所疑也。

外居極上。內无係應。超然遠引。毫无疑慮。故曰无所疑。本卦下三爻爲艮、主止。故初、无往。二、執革。三、係遯。上三爻乾、主行。故四、好遯。五、嘉遯。上、肥遯。經義何等明瞭。

䷡ 乾下 震上 以九四爲卦主

大壯、大爲陽。小爲陰。本卦四陽盛長。故爲大壯。卦震上乾下。剛而動。也是大壯。序卦、「遯者退也。物不可以終遯。故受之以大壯。」遯、是陽衰而遯。爲夏時六月卦。本卦是陽盛而壯。爲夏時二月卦。有一衰便有一盛。盛者是盈虛消長的道理。大壯所以次遯。

大壯。利貞。

陽盛爲大壯。大壯若不正。便要恃血氣的剛猛。有武斷的行爲。絕非正道。君子不爲。故聖人簡捷示以利貞。

彖曰。大壯大者壯也。剛以動。故壯。

乾剛震動。故曰剛以動。无慾爲剛。動而无慾。便理直氣壯。故爲大壯。若動以私心作事。便爲「色厲而內荏」（厲・是剛：荏・是柔。）那能爲大壯呢。

大壯利貞。大者正也。正大而天地之情可見矣。

大而能正。正而愈大。天地的情況。不過如是。然天地的情況。本不可見。以正大而便可見。四陽盛强。二陰微滅。大盛小衰。剛進柔退。强長弱消。者便是天地自然的情況。不知天地。試觀大壯。

象曰。雷在天上。大壯。君子以非禮弗履。

雷震天上。是何等聲勢。故爲大壯。君子觀象。因思壯在乎正。而正必須把私心治去。一切都歸到禮上。自己履行的事。无有非禮的。纔能理直氣壯。至大至剛。中庸上說、「中立不倚强哉矯。」又古語、「自勝爲强」。自治去私。非禮弗履。非君子有大壯的心。不能有此大壯的事。

初九。壯于趾。征凶。有孚。

下卦乾體。陽剛主進。以在下。故曰壯于趾。初以陽居陽。雖係得正。而在下用壯。如賈誼欲去絳灌。南蒯欲去季氏。此等躁進。其凶是實在靠得住的。故曰征凶有孚。

象曰。壯于趾。其孚窮也。

居下用壯。恃强胡行。窮困而凶。信乎難免。

九二。貞吉。

爻貴得位。大壯偏以陽居陰位爲吉。是怕陽剛再一得位。便過于壯了。故二與四都曰貞吉。

象曰。九二貞吉。以中也。

二居中位。又以陽居陰。剛柔調劑。得中不過乎壯。所以貞吉。

九三。小人用壯。君子用罔。貞厲。羝羊觸藩。羸其角。

乾本至健。又以陽居陽。是過于壯了。小人而壯。一定要好勇鬭很。恃强陵人。无事不用其壯。若在君子。「有若無實若虛」。雖有過人的大勇。也如弱不勝衣。毫无勇力似的。故曰小人用壯。君子用罔。罔、作无字解。此爻陽居陽位。本得正。然剛壯太過。雖正也不足恃。如羝羊最爲剛很。遇藩籬在前。也必恃强抵觸。結果不但不能觸進。轉把他的角也困住了。用壯的危厲如此。羸作困解。本爻互兌變兌。故曰羊。乾純陽。故曰羝羊。（羝羊：是公羊。）震爲竹葦藩象。兌陰爻在上、作兩開勢、角象。

象曰。小人用壯。君子罔也。

小人壯盛。便要用其壯以陵人。君子雖有大勇。反似无有縛雞的力量。君子小人的作用。迥乎不同。

九四。貞吉悔亡。藩決不羸。壯于大輿之輹。

處在大壯的時候。必能謙而有禮。纔爲善道、四以陽居陰。不過乎剛、自貞靜而得吉。悔也可亡。其最大的好處。是羣陽並進。前遇二陰。不能阻止。就如藩籬已撤。道路大通。車馬馳騁。輪輹堅固。何等暢快。震爲大塗。此爻變坤、爲大輿。

象曰。藩決不羸。尙往也。

九四以剛居柔。與九二同。但言貞吉悔亡。其義已盡。而爻象下復著數語。此何說呢。者是聖人恐人以居柔就不必前進。遂至委靡不振。故更示以尙往。

六五。喪羊于易。无悔。

衆陽盛強于六五以下。而六五能使衆陽伏首安居。喪失其勇。正賴六五以不剛不柔的德化。故能調劑得宜。而无悔。喪羊于易、就是使衆陽容容易易的把他那好勇的氣燄喪失了。六五陰居陽位。得中居君位。故能化下。卦體大象似兌。所以多以羊取象。卽以羊喻陽。

象曰。喪羊于易。位不當也。

六五以陰居陽位。雖不當。而以柔居剛。在大壯時不至過剛。所以爲相當。德過于位。位顯其德。故能喪羊于易。

上六。羝羊觸藩。不能退。不能遂。无攸利。艱則吉。

上、壯終動極。故也象羝羊觸藩。羊角觸入藩籬。前進不能過去。後退也卡住了。是退也不能如意。進也不能遂心。可謂失利極了。然六雖壯極動極。而其質本柔。柔便能彀知艱。知艱便當思退。便不至如商鞅李斯騎虎難下。大禍臨身了。故曰艱則吉。

象曰。不能退。不能遂。不詳也。艱則吉。咎不長也。

因好勇而不詳察。便鬧得前來不得。後去不得。若知艱而處事詳細。自然就不能長有過咎了。

☲☷ 坤下離上　以六五爲主

晉、是升進。且有近于明盛的意思。卦離在坤上。是日出乎地上。越升越明。故爲晉。序卦、「物不可以終壯。故受之以晉。」是因物既盛壯。自將有邁進而无止息。晉所以次大壯。

晉。康侯用錫馬蕃庶。晝日三接。

康。是安。康侯、是能安邦定國的大臣。錫、是賞賜。蕃庶、是衆多。上互坎、故象馬。坤爲衆。故言蕃庶。晝日、離象。離三、下互艮手。故曰三接。此是大臣能以安邦定國。而大君寵錫。不但衆多。且在一日內。就一而再。再而三的。聯翩接受。是眞可謂優待功臣。不愧明君了。此馬字、作籌馬的馬字解釋。籌馬、是記數的東西。錫馬蕃庶、就是說所賜的爲數很多。

彖曰。晉。進也。

晉、是進。然與升漸兩卦前進的意思不同。此是日出地上。光明上進而盛大。升漸雖有進意。而无光明盛大的旨趣。

明出地上。順而麗乎大明。柔進而上行。是以康侯用錫馬蕃庶晝日三接也。

明出地上、是指上離下坤說。以人事論、是世道維新。治教文明的光景。順、指臣言。以坤爲臣道。故云。大明。指君言。以五居離中。爲君位。故云。者是爲臣的小心承順。依附著明君作事。君也能柔順謙下。居在上位。以駕馭能安邦定國的大臣。時已文明。臣能承順。大君心滿意足。論功行賞。所以錫馬蕃庶而賜與豐。晝日三接而禮遇頻。

象曰。明出地上。晉。君子以自昭明德。

日掩便暗。心掩便昏。明出地上。是日无有掩的。自昭明德。是心无有掩的。堯克明俊德。湯日新又新。是自己把所掩的障礙物。全都掃除。使其德日進于光明。故日出如濯錦。德照如懸鏡。自昭明德、便是大學上所說的「明明德」、昭就是明。

初六。晉如摧如。貞吉。罔孚。裕无咎。

初居晉下。是始進的時候。晉如、是欲升而進。摧如、是被沮而退。纔欲進身、勿論遂意不遂意。終以守正為吉。罔孚、是尚未為人所深信。然能進以禮。退以義。進退的地步。綽有餘裕。也可无過。如孔子曰。「我待價者也」。是罔孚而不遽進的綽有餘裕。如孟子去齊。是罔孚而便退的綽有餘裕。

象曰。晉如摧如。獨行正也。裕无咎。未受命也。

獨行正道。不肯枉己徇人。故不免欲進被阻。未受命、是因初與九四為正應、然以初在極下。與六五並未發生君臣的關係。无官守。无言責。進退裕如。故毫无過失可言。若一經九四汲引、得與六五發生關係。既受君命。那便不能自由了。

六二。晉如愁如。貞吉。受茲介福。于其王母。

六二柔順中正居大臣位。有此美德。不愧康侯。且以進爲憂。而不以進爲喜。是能先憂後樂的。然其所憂有二。一、是恐五性柔寡斷。不能專任。一、是恐如鼫鼠模樣的九四。橫加陷害。有一于此。便將有始无終了。纔進身時、便有此愁。其進身如此貞正。安得不吉。其得享受錫馬三接的大福、於其君上。是應該的。二變坎、又互坎、爲加憂、爲心病、故言愁。介是大。王母、是祖母。指六五。因五以陰柔居尊位。故云。

象曰。受茲介福。以中正也。

九二身分中正。大明在上。相與同德。先憂後樂。正是康侯的志事。其受福是當然的。

六三。衆允。悔亡。

三以陰居陽。不中不正。本應有悔。然在坤體以上。是順極了。且與六五同爲陰爻。是能偕同下二陰同心上進。以順麗乎大明。此議一倡。衆皆允從。其志得行。所以悔可以亡了。此爻大處說、如二老歸周而天下從。小處說、如一隗入燕而羣賢至。

象曰。衆允之志上行也。

志上行、便是順而麗乎大明。

九四。晉如鼫鼠。貞厲。

陽居陰位。不中不正。竊位近君。前畏六五大明的洞鑒。後忌三陰上行的排擠。故有鼫鼠當白晝惟恐人見畏首畏尾的醜態。如此行爲。還想固守祿位。貪不知足。危厲是當然的。鼫與碩同。是大鼠。

象曰。鼫鼠貞厲。位不當也。

不賢而在高位。德不當位。故曰位不當。

六五。悔亡。失得勿恤。往吉。无不利。

五以柔居尊位。本當有悔。以身爲大明。而下皆歸附。故得悔亡。下既同相順附。上自推誠委任。使人各盡其才能。任賢不貳。用人不疑。不以目前得失爲心病而憂恤。如此以往。自能得吉而无有不利。

象曰。失得勿恤。往有慶也。

不以目前的得失爲事。虛中納賢。定能成文治的大功。而前途必有吉慶无疑。

上九。晉其角。維用伐邑。厲吉无咎。貞吝。

角、剛而在上。上九剛極。故象角。晉其角、是進極。將失于躁急。剛極將過于强猛。此最危厲。然若用在克己的工夫上。過剛猛進。以伐去其私心。不但不危。轉是吉道。蓋克己必剛決守道。纔堅。必急進遷善纔速。譬如居家。誥誡子弟。管束僮僕。居官、剔除弊竇。嚴禁請託。非極大魄力。斷不能吉而无咎。若非克己、而剛猛躁進。雖皆出于貞正。也不能爲世所容。而得免羞吝。伐邑、是克己。伐、是克。己、是私心。

象曰。維用伐邑。道未光也。

私心滿腹。道何能光。道欲其光。故用伐邑。

䷣ 離下坤上　以上六爲成卦之主、六二六五爲主卦之主、

明夷。利艱貞。

夷、是傷。爲卦坤上離下。日入地中。明已見傷。其義與晉正相反。序卦、「晉者進也。進必有所傷。故受之以明夷」。明夷所以次晉。晉卦是明君在上。羣賢並進。明夷是昏君在上。明哲見傷。

時雖昏暗。君子自處。利在艱難。堅固守正道而勿失。

彖曰。明入地中。明夷。

以卦象、命卦名。

內文明而外柔順。以蒙大難。文王以之。

內文明、指離。外柔順、指坤。蒙、作遭受解。卦象、日被掩而傷明。若能被掩而不傷。纔爲用明夷的善道。當時商紂暴虐。備極昏闇。而文王當此。便用此一卦的精義。以自處。內如離的文明。用以美其德。外如坤的柔順。用以服事殷。持此二義。故雖蒙受羑里的大難。而紂終未能施以極端的慘酷。便得安然无恙。此文王的處明夷。

利艱貞。晦其明也。內難而能正其志。箕子以之。

晦其明、是有明哲而不露。前云大難、是關係天下普通的大難。此云內難、是關係一家親切的內難。正其志是不失其正。而又不顯其正。是即晦其明也。正是利艱貞。箕子爲商紂的近親。外而徉狂。內而明哲者便是箕子的處明夷。

象曰。明入地中。明夷。君子以蒞衆。用晦而明。

明所以照。君子无所不照。然用明太過。便不免失于察察。而无含宏的度量。故君子觀明入地中的卦象。于蒞衆的時候。不過事明察。以傷其明。却用晦以韜其明。若專運聰明。故顯智慧。衆民惟恐不能逃其密網。姦詐愈生。那便防不勝防。失了蒞衆的道理。更不算得能明了。蒞衆便是臨民。

初九。明夷于飛。垂其翼。君子于行。三日不食。有攸往。主人有言。

下居離體。當能洞明時機。在明夷的初步。便格外謹慎。如鳥不敢高飛。垂斂其翼。以向下。仍恐橫遭傷害。所以不待大難臨頭。便要遠避。然心既決而行宜速。雖至三日不食。亦長往而不顧。此係君子對于時局。獨具隻眼。衆人絕對不能認識。所以當時主要的人物。對于君子此去。不免多所疑怪而有後言。

象曰。君子于行。義不食也。

惟義所在。可不食不可不行。伯夷太公避紂時。有此情況。

六二。明夷。夷于左股。用拯馬壯。吉。

二居離中。柔順而明。自處當能完善。然在明夷的時候。傷害終是不能免的。而以君子自處有道。還不至過受傷害。股在脛上。既不甚重要。且手足以右爲重。夷于左股。是雖有傷害。行動還不礙事。二變乾爲良馬、故取象馬壯。拯是救。此爻文明柔順。正合文王的身分。文王囚于羑里。傷未至極。便是夷于左股。散宜生等獻珍物美女。便是用拯馬壯。文王不但得脫。從而得專征伐者還不是吉事麼。

象曰。六二之吉。順以則也。

文王有爲君的大德。且有事君的小心。是能順君臣的天則以行事。故詩人歌曰、「順帝之則。」今孔子贊曰、「順以則也」詩人與孔子皆深知文王而如見其心。

九三。明夷于南狩。得其大首。不可疾貞。

以剛居剛。又在明體以上而屈在昏闇以下。且正與上六闇主爲應。故有南狩、以至明除至闇、獲得首惡的情形。然三雖剛明、爲臣。上雖昏暗。爲君。如天命未絕。就是一天的時間。還是君臣。此時處分首惡。不可太疾。纔合正道。此正是武王順天應人革命的步驟。

象曰。南狩之志。乃大得也。

南狩之志何志。便是恭行天罰。便是勝商殺紂。去其大惡元憝。惟以臣伐君。終覺不順。故猶豫九年。不可急疾。此皆南狩之志。紂終不改。此終不得不大行其志。大得志。仍是不得已的事。

六四。入于左腹。獲明夷之心。于出門庭。

坤爲腹。此爻變震。且互震。震在左。故云左腹。闔戶爲坤。門庭象。變震動。故出門庭。明夷之心。便是商紂殘害賢良的心。此爻從出門庭看。應指微子。當時右爲上。故右前左後。上六昏闇至極爲紂。五在前爲箕子。四在後爲微子。故言左腹。微子箕子同是貴戚。爲紂左右的心腹大臣。凡紂一切用心造意。都能看得親切。无非是殘虐百姓。傷害賢良。君心如此。國家不亡何待。微子欲以一人保存香烟一脈。只好出門庭而遠遯。

象曰。入于左腹。獲心意也。

既得其心意所在。知國事決不可爲。微子所以決心遯去。立出門庭。

六五。箕子之明夷。利貞。

五本爲君位。何以聖人使箕子當此位呢。是因六五以柔居剛。既能不剛不柔。且合中道。所以紂不足以當此爻。而當以箕子。箕子與紂同姓。此時非爲奴以晦其明。非守正不與同惡。不足以免害而明其志。故指定六五爲箕子之明夷。

象曰。箕子之貞。明不可息也。

明可以晦。不可以息。晦其明、正所以延其明。就是文王所說利艱貞。孔子所說正其志。都是爲的明不可息。

上六。不明晦。初登于天。後入于地。

以陰居陰。當明夷至極。昏闇无以復加了。故既曰不明。又曰晦。紂初嗣位。聞見甚敏。材力過人。如此便足以照臨四國。故曰初登于天。未久便昏暴失德。而爲獨夫。遂至首領不保、故曰後入于地。

象曰。初登于天。照四國也。後入于地。失則也。

本卦與晉相綜。晉日出地上。其光明足以照臨四國。何等輝耀。一綜而爲明夷。明入地中。頓失舊規。故曰失則。六二小象曰順則。所以爲文王。此失則。非紂而誰。

䷤ 離下巽上　以九五六二爲主

家人、序卦、「夷者傷也。傷于外者必反其家。故受之以家人。」凡人在外受傷。必須回家調治保養。家人所以次明夷。卦外巽內離。爲火盛風生。風自火出。有由內及外的意思。六二柔順中正。在內卦。爲女正乎內。九五剛健中正。在外卦。爲男正乎外。離在內。爲內明。巽在外。爲外順。此爲家人的卦象與卦義。

家人。利女貞。

家人、家人是一家的人。治家利在女正。女正、家道便无有不正的了。蓋齊家自夫婦始。舜「觀刑于二女。」文王「刑于寡妻。至于兄弟。」利女貞、是從家道的根本上說。

彖曰。家人。女正位乎內。男正位乎外。男女正、天地之大義也。

陽居五、在外。陰居二、處內。男女各得正位。尊卑內外的大道。正合天地陰陽的大義。

家人有嚴君焉。父母之謂也。

父道固主乎嚴。母道尤不可不嚴。若母對兒女、專以愛憐姑息爲事。要甚麼給甚麼。必定是要慣壞了。所以爲母的更要慈中有嚴。所以父母可均稱爲嚴君。

父父子子。兄兄弟弟。夫夫婦婦。而家道正。正家、而天下定矣。

一家的正不正。全在乎女。女正、利益便大了。所以文王說利女貞。是從根本上立言。女一正而父子兄弟夫婦。便无有不正。家道正、就以此道推行于天下。天下天下的家道无有不正。那天下還有不定的情事麼。此是孔子由本及末。推廣立言。

象曰。風自火出。家人。君子以言有物。而行有恆。

巽爲木、爲風、今舍木取風義。離爲日、爲火、今舍日取火義。火本生于木。木爲火的父。風還出于火、火是風的母。如家人夫婦父子相生无巳。風自火出。就如敎自家出。家自身出。故君子正其言行、以正己身。遂由家而及天下。然言必有物、言而无物便无事實。行必有恆、行而无恆便无常度。一身若言无事實行无常度。還想正家。斷乎不能。

初九。閑有家悔亡。

敎子嬰孩。敎婦初來。者是因其志氣純一未變。正其基而定其趨向。一日能正。便終身能正了。初有家的時候、就爲此防閑的遠慮。雖一家羣居容易有悔。今以防閑甚早。任何悔事也便能消滅了。

象曰。閑有家志未變也。

六二。无攸遂在中饋貞吉。

六二柔順中正。是正位乎內的。遂、是直接專主的意思。无攸遂。是凡閨閫以外的事。都聽命于丈夫。概不直接專主。中饋、是庖廚。婦人惟酒食是議。二能固守正道。日在中饋專司酒食。如此克盡婦職。不侵夫權。自无不吉。

象曰。六二之吉。順以巽也。

孔子贊六二爲順以巽。順、便安而不僭。巽、便卑而不傲。此二女事大舜。太姒事文王的規範。褒姒妲己反是。

九三。家人嗃嗃。悔厲吉。婦子嘻嘻。終吝。

此家人是主乎一家的人。九三過剛不中。故不免嗃嗃。嗃嗃、是嚴厲的聲音。嚴雖近乎傷恩。或至有悔心中危厲不安。然家道嚴肅。倫叙整齊。也不失治家的吉道。若家門以內。終日嘻笑无節。雖似和氣。而閨閫以內。毫不靜穆。終是吝道。

象曰。家人嗃嗃。未失也。婦子嘻嘻。失家節也。

六四。富家大吉。

四、在他卦爲近君的大臣。在此卦正爲妻道。夫、是主教一家的。婦、是主養一家的。者便是老子所說「教父食母」的那個道理。婦人治家。重在能積蓄而致富。如周室基業。造端于歷代聖母。富而吉。吉而大。大而竟至富有天下。婦人能以富家。當以周室爲最了。巽爲利市三倍。故言富。

象曰。富家大吉。順在位也。

順在位、就是父慈、子孝、兄友、弟恭、夫義、婦聽、順情順理。在其位、各安其位。便能得富家大吉。並不是有其他出奇立異的辦法。

九五。王假有家。勿恤。吉。

初九言有家。是家道初立。九五言有家。是家道已成。假、讀作格。作至字解。恤、作憂字解。九五剛健中正。是能正乎外的。在君位、故稱王。王假有家。如文王求后妃未得的時候。寤寐輾轉。憂思甚切。及至淑女來歸。成家成室。賢婦爲興家的根基。小而琴瑟鐘鼓。大而家齊國治天下平。從此不用憂恤。自然无往不吉。

象曰。王假有家。交相愛也。

交相愛、是五愛二的柔順中正。足爲內助。二愛五的剛健中正。足爲法則。以文王論。太姒爲婦。王季太任爲父母。武王周公爲兩子。正所謂父父、子子、兄兄、弟弟、夫夫、婦婦、此舉家都交相愛。還不止于二五兩爻。故孔子曰「无憂者其惟文王乎」惟能交愛。所以勿恤。

上九有孚、威如。終吉。

至此家道已完全成立。便應該規定遠大的計畫了。大凡齊家以誠爲根本。以嚴爲作用。不誠便上下相欺。不嚴便禮法不存。是治家遠大的道理。在乎有孚信有威嚴。有孚威如、便可終保一家。可遠可大。而无有不吉。

象曰。威如之吉。反身之謂也。

外表雖然有威。必須反身自問。心內是否有孚。果能內有孚而外再威如。纔能爲治家遠大的吉道。反身自問。是必要的。

䷥ 兌下離上　以六五九二爲主

睽、作乖異解。兼有疑惑的意思。卦上離下兌。火炎上。澤潤下。二體相違。不能湊合。又中女少女同居一室。共事一夫。其志斷不能相同。都爲睽義。序卦「家道窮必乖。故受之以睽。」家道窮、是在所必有的。无論何事、斷无有長盛的道理。家道一衰。便要發生乖異的事情。睽所以次家人。

睽。小事吉。

爲卦上火下澤。性相違異。中女少女志不同歸。故爲睽。小事吉、是因睽爲人情時勢偶然的事。人若能彀委曲周旋。徐徐轉移。也未必永睽而不能復合。小事如屯九五小貞。不動聲色。稍稍布置。便也得吉。

彖曰。睽。火動而上。澤動而下。二女同居。其志不同行。

二女同居的卦很多。何以獨于睽革兩卦、說其志不同行、其志不相得呢。是以此兩卦无長嫡的名分。中女少女同事一人。勢必釀出二女奪夫的情事。乖違變異。无怪其然。

說而離乎明。柔進而上行。得中而應乎剛。是以小事吉。

易對柔主。多所不取。獨離居外體君位。每加稱贊。如大有、旅、噬嗑、晉、鼎、皆因離能明照。炎上雖其本性。然柔而得中。虛心不自尊大。故得見稱。本卦當睽乖的時候。六五以柔居尊。有和說麗明的好處。

又得中道。而與九二陽剛爲正應。有此才德。復得應援。遇有小小乖離的事情。漫漫處理。也便能過得去。而可以化凶爲吉。

天地睽。而其事同也。男女睽。而其志通也。萬物睽。而其事類也。睽之時用大矣哉。

推物理相同的關係。其作用有非睽不可的。者是聖人合睽的大思想。大手段。世俗人、見同的便爲同。異的便爲異。是不明物理的緣故。如天高地下。其象本睽。然陽降陰升。化育事同。男陽女陰、其體本睽。然同居一室。交合志通。飛潛動植。其形本睽。然配合牝牡。感受陰陽。生理相類。若天地不睽。何能造物。男女不睽。難成人道。萬物不睽。漫无區別。物質自睽。物理自合。聖人處睽異的時候。能合睽異的作用。其事至大。故極言其理而深爲贊歎。

象曰。上火下澤。睽。君子以同而異。

火性炎上。澤性潤下。故爲睽。君子觀象。于大同中而知有當異的。大槩同的是理。異的是事。如禹稷顏回同道。而出處異。微子箕子比干同仁。而去留死生異。又如孔子一人。其去齊魯異遲速。孟子一人。其對餽送異辭受。凡此皆是同而異。就是一人亦難免有此情形。君子又何必好同惡異呢。

初九。悔亡。喪馬勿逐自復。見惡人无咎。

居初處下。睽乖未甚。且上无正應。是本來未合。又焉有睽。故悔亡。處睽乖的時候。大槩越激越甚。譬如喪馬愈逐當愈奔若安靜誘引不久便自己就回來了譬如惡人越拒絕他越要出壞道若寬裕優容如孔子見陽貨自然就可以免咎不求同不立異合睽以此道為最善

象曰見惡人以辟咎也

拒絕惡人過于嚴厲定要惹禍所以惡人欲見便與相見避免咎戾非此不可

九二遇主于巷无咎

九二以剛中而居說體上應六五六五當人心乖離的時候柔弱已甚正欲得人輔佐二以說體兩情相合正所謂得中而應乎剛故曰遇主于巷二五同心擘畫睽自能合故无咎

象曰遇主于巷未失道也

本卦離為戈兵下互也為離兌為毀折上互為坎陷巷不是君臣相遇的地方今遇于巷不算失道壓然當天下睽乖的時候滿地戈兵中原險陷毀折的現象觸目皆是此時不但君擇臣也擇君忽焉渭濱相逢茅廬見顧從此君臣相得斯可以合睽乖而除戾氣況二五又為正應援助理所當然故周公斷為无咎孔子斷為未失道讀易故宜玩象

六三見輿曳其牛掣其人天且劓无初有終

六三不中不正上應上九本欲與合然當睽乖的時候處在不中不正的兩陽中間剛要向上九那

兒去。只見前後兩陽都來了。後邊的曳車尾。前邊的掣牛韁。鬧得六三前來不得。後去不得。帽子丟去。頭頂著天。而且鼻也撞傷。好像受了截鼻的刑法一般。然者初次欲與上合。教他們攪的。雖去不成。而正頭夫妻。萬不能永睽而不合。終成眷屬。理有固然。

象曰。見輿曳。位不當也。无初有終。遇剛也。

以陰居陽。本來非正。又在二陽中間。因位不當。所以有曳輿掣牛等等的阨運。无初有終、是因不正而求合。必越鬧越離。合以正道。自无終睽的道理。遇剛、便是六三與上九相合了。爻有兩喻。輿曳．牛掣．而象傳偏舉其一。是擇其重者而言。他卦類此。

九四。睽孤。遇元夫。交孚。厲无咎。

四當睽時、居不當位。又无正應。且在二陰中間。睽離孤處。甚難為情。故曰睽孤。其遇元夫。是因孤立甚苦。急于尋同聲氣的相求與合。見初與已皆以陽處于卦下。又處于相應的地位。當睽乖的時候。更各无聲援。遂互相引為同調。交相信孚。且初能寬裕優容。不立同異。有元夫的德行。元、是善。夫、是大丈夫的夫字。得遇此等良朋。睽既可合。危也能安。從此就可立于无過的地位了。

象曰。交孚无咎。志行也。

志行、是二陽同德而相與合睽的志願能行了。睽、是乖。極孤、是睽極。然要二德交孚。睽便能合。孤便有朋。志可行而睽可濟。其好處還不止限于无咎。

六五。悔亡。厥宗噬膚。往何咎。

六五以陰柔當睽離的時候而居尊位。有悔可知。然下有九二剛陽的賢人。相爲應援。朝夕輔翼。故悔亡。宗、是親黨。指九二。噬膚、是噬齧肌膚。喩親黨痛癢相關。言能深入。蓋當睽時、非深入難以相合。五、雖陰柔。二以剛道相輔佐而能深入。得此救濟。前途自无何等過咎。此如成王幼穉。而世稱至治。劉禪昏弱。而勢近中興。是由周公孔明朝夕納誨。所入甚深。故能得良好的結果。

象曰。厥宗噬膚。往有慶也。

由此以往。可以合睽。不但无咎。且能有慶。

上九。睽孤。見豕負塗。載鬼一車。先張之弧。後說之弧。匪寇婚媾。往遇雨則吉。

上九有六三爲正應。本不爲孤。因居離上。已過于明。過于明、故過于疑。過于疑、故无往而非疑。見豕負塗、疑其故意穢己。載鬼一車、疑其有意祟己。先張之弧、疑其爲寇而害己。後說之弧、又疑其可親而非害己。疑心羣起。若不可解。六三又安得相與親近。上九所以爲孤。然惟至明纔好生疑。也非至明不能釋疑。其初雜然起疑。其後渙然冰釋。以上九的陽。遇六三的陰。陰陽相和。在天可以爲雨。在人可以釋嫌。至此乖睽盡化。轉能得吉。負、是負戴。塗、是泥。上互坎爲豕。又爲隱伏。爲輿。是豕負塗載鬼。一車象。坎又爲弓、爲狐疑、張弧說弧、全是狐疑不定。坎爲盜、故言寇。變震、爲雷澤歸妹、婚媾象。坎爲水、故言雨。說讀作脫。

象曰。遇雨之吉。羣疑亡也。

暌時无所不疑。暌極而合。上下釋然。故曰羣疑亡。

䷦ 艮下坎上　以九五爲主

蹇、序卦、「暌者乖也。乖必有難。故受之以蹇。」人事暌乖必有蹇難。蹇所以次暌。卦坎上艮下。坎險艮止。險在前而止。不能進行。故爲蹇。

蹇。利西南。不利東北。利見大人。貞吉。

西南坤方、爲地。體順而平。東北艮方爲山。體止而阻。在蹇難的時候。宜處平易。不宜蹈險阻。處平易、難便可解。蹈險阻、難將更甚。若救濟天下大難。必賴聖賢。故云利見大人。欲救大難。必牢守正道。纔吉。若遇難頓易其操守。雖能苟免也。非善德行義知命的。斷然不爲。

彖曰。蹇。難也。險在前也。見險而能止。知矣哉。

蹇、與屯困同爲難。而理解各異。屯的難、是因草昧未通。困的難。是因力盡道窮。蹇的難、是坎險在前。艮阻在後。動輒得咎。較屯困爲尤難。然天下不患有險境。惟患人不智。然也不是有若何奇妙的方法。纔算智。只要見險能止。絕不冒險犯難。便能遇險不險。就爲智者。

蹇利西南往得中也。不利東北其道窮也。利見大人往有功也。當位貞吉。以正邦也。蹇之時用大矣哉。

遇蹇難的時候。往平易的路子上去作事。進退合宜。便得中道。若處蹇再往東北險阻的地方去作事。是難上加難了。不但无利其道必窮。天下有大事必有大人。往纔有功。大人、是正己而物正的。然居不當位。雖有功而效也不大。所以大人必須當位。纔能以自己貞正的大德。成大功效。而可以大正邦家。蓋蹇時非小難。濟蹇尤須德位相稱。于大難臨頭時。纔顯出人的大作用來。

象曰。山上有水。蹇。君子以反身修德。

地上有山。既險。山上有水。尤險。君子處此艱險的時候。非德不免。非德不濟。反身修德、不怨天。不尤人。如此自能遇難成祥。天人都不辜負君子。

初六。往蹇來譽。

大難初作、是爲不幸。然在下位卑。无救難的責任。是不幸而幸。然見難、若不安于下、而猶有所往。定要遇險。此時若閉門靜守。一无所往。還可以保美譽而得佳評。然獲譽于亂世。不若无譽爲安。而名可聞、身不可見。如申屠蟠管寧一流人物。也自无艱險可言。來、對往說。前進爲往。進而退回爲來。

象曰。往蹇來譽。宜待也。

往將遇險。不如靜待。可往再往。那便合宜。

六二。王臣蹇蹇。匪躬之故。

初、上、三、四、聖人皆不許其往。惟六二、九五、无有不許其往的辭意。是因六二爲王臣。九五爲大君。君臣若不往以濟難。誰還能濟難呢。且六二柔順中正。與九五爲正應。斯時九五正在險中。六二志在匡救王室。能自涉艱險、拚命求濟。雖非爲本身的事故。而大義所在。斷不畏難苟安。其舍身勤王。眞不愧爲大臣。

象曰。王臣蹇蹇。終无尤也。

力求濟難。心已捐生。是終无過尤可言的。初、以不往爲有譽。二、以匪躬爲无尤。是在有位无位上處斷。

九三。往蹇來反。

三、陽剛居正。處下體以上。六二柔順、必相依附。三能俯與親比。是二所最希望的。三與上雖爲正應。然上、陰柔无位。不能援手。故往上去很難。不如反回、轉爲六二所喜。從此不往而反。三藉二的巽順。二藉三的剛明。同體協力。當此蹇難的時會、雖未必能成濟蹇的大功。而聊得小康。也是處險的正道。

象曰。往蹇來反。內喜之也。

內、是內卦的六二。二陰樂于從陽。得三來反、與親比。故喜。

六四。往蹇。來連。

六四近君、應該濟蹇。但四陰柔。才力薄弱。若獨往濟蹇。實恐更陷于蹇。故云往蹇。六四與九三相比。很是親密。六二與初六同類。也正相連向上親附九三。是六四與六二初六。均以九三的關係。行動一致。一連而无不連、因往蹇而來連。大衆連合。齊心濟蹇。无論甚麼艱蹇。當然可以救濟成功了。

象曰。往蹇來連。當位實也。

四、以陰居陰。表裏如一。實心連結。洵爲合力濟蹇的善道。當位不說正而說實。是因上下相交。誠實是最重的。

九五。大蹇。朋來。

五、居君位而在險中。是爲大蹇。此時六二以柔順中正相應。是得朋來相助爲理。力量當然不小。然得此朋來而不言吉。是何故呢。是以陽剛中正的君。遭此大蹇。非有陽剛中正的臣。以相策畫。不能宏濟艱難。二爲中正。然才力文柔。恐未能建非常的大功。若如武王得尙父。牧野鷹揚。肆伐大商。何等剛武。所以一舉而天下定。今六二雖是良朋。未免有力與心違的缺憾。所以周公對于九五的朋來。不肯輕以吉許。

象曰。大蹇朋來。以中節也。

五德中正。二也中正。雖在大蹇。均不能變易節操。所以无論如何艱難。六二也是不能避的。

上六。往蹇來碩。吉。利見大人。

已在卦終。往无處去。蹇必更甚。故須來反。與有碩德而居尊位的九五。商量濟蹇。纔能成大功而得吉。大人、指九五。碩、作大字解。

象曰。往蹇來碩。志在內也。利見大人。以從貴也。

上六應三而親五。是志在內。貴、指九五。說三在下、位卑力薄。難以濟事。欲濟大難。自非從貴不可。

坎下震上　以九二六五爲主

解、序卦、「蹇者難也。物不可以終難。故受之以解」萬事无終難的道理。難極必解。解所以次蹇。卦震上坎下。震動坎險。動出險外。是險阻已平。爲患難的解散。又震爲雷、坎爲雨、雷雨交作。是鬱滯大開。爲陰陽的解散。

解。利西南。无所往。其來復吉。有攸往。夙吉。

天下有難。每有太過的行爲。天下无難。每有不及的行爲。太過、便自擾。不及、便偸安。蹇而解。是大難解散。有如西南坤方。靜謐而安平。順利。害已平而无所往。故宜來復。與民休息。自爲吉道。若如高帝已定天下。而又伐匈奴。是不知來復。其行爲未免太過。便失吉道了。至難已解。而利尚未興。自宜有攸往。且宜早有攸往。纔吉。若如高帝一得天下。便自滿足。安于秦陋。不肯上求二帝三王的治理。者便是不及的行爲也。失吉道。故云其來復吉。有攸往夙吉。夙、作早解。

彖曰。解。險以動。動而免乎險。解。

坎險震動。是險以動。動而出乎險外。是險已免除了。故爲解。

解利西南。往得衆也。其來復吉。乃得中也。有攸往夙吉。往有功也。

解難的道理。利在廣大平易。蓋民衆无有不以廣大平易爲可喜的。故曰解利西南。往得衆也。難解以後。從此便歸來安居。與民休息。斯得中道。故曰其來復吉。乃得中也。從此往文治一方面行去。規畫進行。及早設施。期臻上理。便易成功。故曰有攸往夙吉。往有功也。

天地解而雷雨作。雷雨作而百果草木皆甲拆。解之時大矣哉。

既從人事說解。更推論解道到了天地上。愈見其關係很大了。如天地交感、二氣解而作雷雨。雷雨既作、由是形形色色的、都相隨而解散。所有百果草木都甲拆了。甲、是萌芽。拆、是開放。就是月令上所說、「句者盡出。萌者盡達。不可以內」的那些物象。天地成化育的大功。全關係者應時的一解。

所以孔子特贊其大。

象曰。雷雨作。解。君子以赦過宥罪。

天地以冬日閉塞已久。至春便以雷雨大其舒散。而人間最閉塞難堪的。莫如監獄中的犯人。君子體天地的心以爲心。于是及時興思。監獄中有因无心的過失而犯罪的。情有可原。便赦免了他。其有心作惡而犯罪的。憐其愚昧。寬宥他一點。從輕懲治。此赦過宥罪。疏通的辦法。正與雜卦傳所說解緩的意思相合。无心的過失爲過。有心的過失爲罪。

初六。无咎。

難既解。柔在下。上又有正當的應援。自能无咎。

柔居剛位。與四相應。剛柔適宜。上下交得。處于此際。其義自然可以无咎。

象曰。剛柔之際。義无咎也。

九二。田獲三狐。得黃矢。貞吉。

二、地位。故曰田。下互離。爲干戈。上互坎、爲狐。離三。數是田獵、及三猶象。坎爲矢、變坤、色黃、黃矢象。田、爲除害的事。狐、媚獸、多疑。象小人。黃、中色。矢、中直。象君子。此便是六五所說的君子小人。九二陽居陰位。剛柔得中。辦事果決而不激烈。上應六五。信任甚專。在國難初平時、九二有舉直錯枉的大權。退小人而進君子。是最要緊的。當此時、紀綱若不整頓。是前亂初平。以後又伏下亂根了。故以田獲三狐得黃矢、去小人進君子爲比。九二作事如此貞正。自是吉道。

象曰。九二貞吉。得中道也。

六三。負且乘。致寇至。貞吝。

坎爲輿。三居上。乘象。又爲盜、故說寇。負戴是小人的鄙事。乘輿是君子的安車。今六三一身、肩負多物。而坐在君子的安車上。此種不倫不類的情形。所以寇盜一見便知道他的來歷不好。一定要前來爭奪。不肯放過的。平情而論。寇盜爭奪。實爲不倫類的情形所自招。故曰負且乘、致寇至。此如鄧通爲漢文帝所寵愛。擢爲大中大夫。小人竊據高位。便是負且乘。後被景帝鈔沒其家產。便是致寇至。然其官職爲天子所任命。不爲不正。終至褫職鈔家。何等羞辱。故曰貞吝。

象曰。負且乘。亦可醜也。自我致戎。又誰咎也。

負且乘、是可醜的事。賊寇、便是自己的醜態招來的。其過又在誰呢。三、陰柔居陽位。又在下卦以上。不中不正。故爲周孔所深斥。戎就是寇。

九四。解而拇。朋至斯孚。

而、作汝解。震爲足、拇在足下、六三適在震下、故象拇。當國難初平的時候。四居近君的地位。爲國家的大臣。而二、爲五的正應。也爲國家的大臣。且全卦只四與二兩陽爻。是四與二同官同等。又復同德。本可彼此相信。同心辦事。但四比于三、三爲不中正的小人。居間作梗。二被攔阻、不能前來。此時惟有把六三逐去。中間无物作梗。良朋惠然肯來。相見以誠。同舟共濟。斯爲吉道、自不待言。

象曰。解而拇。未當位也。

四、以陽居陰。故未當位。因未當位。故以解拇爲戒。

六五。君子維有解。吉。有孚于小人。

卦凡四陰。而六五當君位。其同類的三陰。定想攀龍附鳳。然君子處此。必須有斷然的手段。把者一班小人。盡數解決。纔得吉道。何以謂有孚于小人呢。是必使小人相信、所用的一定是君子。所解的一定是小人。小人從此也就要改心易慮。不再爲小人了。論語上所說、「舉直錯諸枉。能使枉者直。」那便是有孚于小人的意思。有孚于小人的效驗。

象曰。君子有解。小人退也。

君子果能去邪勿疑。雖小人也相信君子有此決斷。從此洗心滌慮。不思倖進。就要自退了。

上六。公用射隼于高墉之上。獲之无不利。

公是王公指六五說。隼、鷹類性陰很。飛極高。喻上爲陰爻。墉、是牆垣。也指上爻說。斯時大難已平。而居高位。合在宮牆以內的人。尚有應該剪除的。于是王公特用上六射于高墉以上。而上六藏器于身。待時而動。一矢射去定能擒獲。此時外患既平。內難並除。自然无有不利了。隼、是喻宦官貴戚一流人物。

象曰。公用射隼。以解悖也。

國家大難。全由小人悖逆而作。今既射隼。悖逆既解。國家又何患不平呢。

周易話解下經卷三

䷨ 兌下艮上　以六三上九爲成卦主、以六五爲主卦主、

損下益上。

損序卦、「解者緩也。緩必有所失。故受之以損。」凡事若疏緩。定有損失。損故次解。卦艮上兌下。山體高。澤體深。下深上必更高。此象爲損下益上。又澤在山下。其氣上通。能潤草木百物。是此義也。爲損下益上。

損。有孚。元吉。无咎。可貞。利有攸往。

損、損是減損。損其太過。使合于理。斯爲損義。損道以有孚爲主。必有孚纔能大善而吉。毫无過錯。然損道更必當其可而正。纔可進行而有利益。若不當損而損。那便不可爲正。也不能无往不利了。

曷之用。二簋可用享。

兌口。坤腹、震足、又爲竹。簋象。享、是下奉上。下兌二數。故言二簋。損有損過就中。損華就實。兩義。禮以儉爲本。二簋可以奉享。是本儉以爲禮。損道作用。本在乎孚誠。而不在乎豐備。

彖曰。損。損下益上。其道上行。

損下益上。如人臣致身事君。庶民服役奉公。必如此然後上下交而志同。上行、是下能益上。道便上

行。若上能益下。道便大光了。此上行二字、與謙卦地道卑而上行義同。

損而有孚元吉无咎可貞利有攸往。曷之用二簋可用享。二簋應有時。損剛益柔有時。損益盈虛與時偕行。

禮云、「當其可之謂時。」當損不當損。是有時的關係。聖人无所容心。如「國奢示以儉。國儉示以禮。」便是二簋應有時。如「沈潛剛克。高明柔克。」便是損剛益柔有時。如「凶年不祭肺。」施于豐年爲吝嗇。「治平國用中典。」施于亂國必廢弛。故損益盈虛與時偕行。固時制宜。毫不欺飾。是爲損道。故文王重有孚。孔子重偕時。

象曰。山下有澤。損。君子以懲忿窒欲。

山下有澤。氣通上潤。損下增高。所以爲損。君子觀象、效兌的和悅。戒其忿怒。效艮的知止。塞其私欲。懲窒、便是損。忿、欲、便是所應損。

初九。巳事遄往。无咎。酌損之。

損的主旨。在于損下益上。如人臣欲自損以奉上。本无不可。然各有職責。若廢事而往。難免无過。必把本身的事辦完了。赶速前往。纔得无咎。蓋奉上也是照例的事。自損也不可太過。過將失于諂媚。節損務在適可。雖在下位。也須斟酌身分。不可太自貶損。

象曰。已事遄往。尚合志也。

尚、與上通。四賴于初。初益于四。與上合志者。便是四欲損疾。而初遄往。也是因爲正應。所以如此合志。

九二。利貞。征凶。弗損益之。

九二剛中。當損下的時候。利于自守正道。不可妄進。若妄進、一變所守。急于圖功。其凶在所難免。然但重自守。似乎无益于上了。那知因此或能觸起君上尊賢樂道的心思。杜住士大夫鑽營奔競的惡習。其益上也不在少處。是不損下也能益上。子房後爲帝王師。回憶博浪一椎。當年猛進。應悔其凶已甚了。與此爻義近似。

象曰。九二利貞。中以爲志也。

志以中爲美。志定所守。纔能定。二中以爲志。所以不損下而便能益上者也。是中的美處。

六三。三人行。則損一人。一人行。則得其友。

本卦從泰變來。下卦本乾。而損乾上一爻。以益于坤上者也。就是彖傳所說的損下益上。損剛益柔。下乾三陽。既損上爻。卽如三人同行。而損一人。坤上既得乾上一爻。相益。其坤上一爻。遂降下補入乾上。是上下兩卦各得正應。一陰一陽。皆得爲密交良友了。凡天地生物。以一陰一陽相對待。纔能成功。是二數爲牢不可破的。不容有第三者雜乎其間。孔子恐人不能明瞭。更在繫辭內暢言天地男女生物的道理。以說盡此爻損益的正義。總結歸于致一。是陰陽各應專一。配合成雙。一室同夢。爲生育當然的事。若臥榻以旁。再有一人鼾睡。是有莫大的妨礙。必須要損去的。此損益有天經地義的關係。盡宣於此。

象曰。一人行。三則疑也。

一人行、得友而爲二。三人行、損一而爲二。二爲生物的大本。若有三、便雜亂不能配合專一。就不免發生疑問了。

六四。損其疾。使遄有喜。无咎。

四以陰柔與初陽剛相應。在損時而應剛。是能自損以從剛陽。損不善以從善的。初對四能損其柔而益以剛。是益其善而損其不善。不善、便是疾。故曰損其疾。初能把他那不善。赶速損去。使其滿心歡喜。自得无咎。

象曰。損其疾。亦可喜也。

賴初九能損其疾而且速也。眞可喜。

六五。或益之十朋之龜。弗克違。元吉。

兩龜爲朋。十朋、是極言其多。六五柔居尊位。虛己下人。謙受益。是乃天道。有益他的。天且不違。還有甚麼能違的呢。十朋之龜。從而不違。是當然的至善大吉。大舜舍己從人的盛德。六五庶幾无愧。

象曰。六五元吉。自上祐也。

六五所以元吉。是因其德能虛中受益。合于天道。故上天降福祐助。以成其德。

上九。弗損益之。无咎。貞吉。利有攸往。得臣无家。

上九居損卦終極的地位。是受益已極。便要自損以益人了。然居上益下。可以惠而不費。俗話說的公門裏好修行。是不待損己。就可益人。能如此便无咎。然也須分別當益不當益。當益的便益。纔合正道。可以得吉。從此一往。人都受益。自然都能服從。故曰得臣无家。得、是謂得人心。臣、如詩所說「率土之濱。莫非王臣」的臣。那樣解无家、是謂无有遠近內外的限度。簡言之、便是萬民臣服。四海一家。

象曰。弗損益之。大得志也。

上九於己无損。於人有益。結果圓滿。故曰大得志。

䷩ 震下巽上　以初九六四爲成卦主。以九五六二爲主卦主。

益序卦「損而不已必益。故受之以益。」盛衰損益如循環。損極必益。理有固然。所以繼損。爲卦巽上震下有烈風必有暴雷。雷越暴、而風越烈。雷風是兩借光的。卦義卦象。均爲兩益。

益。利有攸往。利涉大川。

利有攸往、是言益道于事无有不利。利涉大川、是說不但處常可以无有不利。就用以濟變。也能无有不利。

彖曰。益。損上益下。民說无疆。自上下下。其道大光。

益道能損上而益下。萬民喜說。自无邊際。在上的能謙退、而反居于在下的以下。益道如此、眞可算得正大光明了。按此卦、是從否來。上本爲乾。下本爲坤。乾的初陽下居坤初。(爲震)坤的初陰上居乾初。(爲巽)自上下下、是因乾初一陽降在極下。損上益下。本此立言。

利有攸往。中正有慶。利涉大川。木道乃行。

五與二剛柔中正。協力同心。自然无往不利。而有餘慶。二體皆木。輕浮在水不沈。且本卦大象。外實中虛象頗似舟。以益道濟變。如木以浮水爲常。用涉大川、是以其道踐于實行。纔知有百利而无一害。

益動而巽。日進无疆。天施地生。其益无方。凡益之道。與時偕行。

動而巽、卦德極美。日有進益。那有疆界的限制呢。天施地生。是卦象。巽風、是天施的。所以姤言施命。

震雷、是地生的。所以解言甲拆。如此天造物。地生物。其廣大的益處。也是无有方域的限制。益道貴與時偕行。時當益而益。无論人事。无論造化。時是不能違背的。

象曰。風雷益。君子以見善則遷。有過則改。

風雷助勢而爲益。是因風雷各具滿足的聲勢。故能如此互助。君子研求益道。知未能遽期益世。先須研究益己。自己的益處圓滿。纔能損己以益世。益己的何在。在止於至善。未能止善。必先遷善。見善能遷。然後能止。如有无心的過錯。一經知覺。立卽改而不吝。有此功夫。能遷善便能止善。能改過便能无過。如此自己的益處圓滿。損己以益世。也更圓滿了。

初九。利用爲大作。元吉。无咎。

初雖居下。然當益下的時候。受益當然不少。然若但受益无所報效。問心自不能安。若作點小事報效。又恐在上的說他无能。初九旣爲震主。又以剛居剛。決不甘心落後。有此大才。敢任大事。作爲順利。大吉无咎。是當得起的。

象曰。元吉无咎。下不厚事也。

厚事、重大的事。下本不當任厚事。所以得了好結果。纔得无咎。

六二。或益之十朋之龜。弗克違。永貞吉。王用享于帝。吉。

六二處中正而體柔順。是能謙下虛心的人。能謙虛以求益。誰又不願益他呢。或益之、是衆人益他。十朋之龜、弗克違、永貞吉、是鬼神益他。王用享于帝吉。如成湯用伊尹克享天心。太戊用伊陟而格上帝。是天益他。永貞吉、是以六二以柔居柔。恐其有始无終。故戒以常永貞固、纔能得吉。王指九五而言。

象曰。或益之。自外來也。

旣虛中能受衆善而固守。就如孟子所說「四海之內皆將輕千里而來告之以善」了。五爲正應。當益下的時候。對于六二更當有益。也可謂自外來。

六三。益之用凶事。无咎。有孚中行。告公用圭。

三、陰柔不中不正。不當得益的。然在益下的時候。雖在下卦以上。却還未離乎下。因其不當受益。故特別益以凶事。也於他大有益處。如警戒震動。當頭棒喝。從此遷善改過。也可无咎。有孚中行、是遷善改過以後的進步。有孚、是洗心滌慮。忠于國事而不欺。中行、是履正奉公、合於中道而不悖。然誠於中便能形於外。如用圭通誠以告于公。而公從此信任不疑。三從此也當受益无窮了。

象曰。益用凶事。固有之也。

固有、是本來就有的。第三爻的地位多凶。是凶事爲三所固有。以凶事益他。也是本來應有者。壓一回事。不是外人故意合他為難。孔子「三多凶」的那句話。是根據著周公的爻辭所說。全部六十四卦。只謙卦第三爻有一吉字。其餘皆无。三本多凶。故說固有。

六四。中行告公從利用為依遷國。

四、近君。為大臣。是承五的命令。籌畫益下的國、從下互坤取象。四爻互坤將終、故象遷國。遷國、即遷都。是最為有益于人民的事。九五居君位。得中道。因有遷國的必要。遂把者中樞行政的機要告知六四。四大臣、故稱公。已入巽體。性順。對於所告的无有不從。然遷國必須審度地勢。建都的地勢。是利于有所憑依的。必用有憑依的地方建都。纔能奠國基而資保障。如漢高帝先欲都洛。張良謂洛陽四面受敵。不如關中金城千里。遂徙長安。長安地勢三面可守。一面東制諸侯。是以依險阻為利。既可不費兵力。又可不費財力者便是得所依了。宋太祖也欲徙長安。因晋王固諫未遷。歎曰、不出百年。天下民力殫矣。(是民窮力盡的意思。)者是因著汴京四面受敵。无所憑依。故發此歎者都是利用為依遷國的明證。

象曰。告公從。以益志也。

四、本以益下為志。今五、以遷國的大計相告。遷國是益人最大的事。正合六四的心志。所以无有不從。

九五。有孚惠心。勿問。元吉。有孚惠我德。

九五陽剛中正、爲實行損上益下的明君。有孚、是信任六四。惠、是益下的恩惠。心、是益下的心志。德、是益下的德政。九五剛明果斷、用賢不貳。既將益下的事委任六四去辦。知其必能勝任。所以不用過問。就知所辦的无不盡善而得吉道。更相信他必能宣布所有的恩惠都是我的德意。决不能自己居功見好于人的。

象曰。有孚惠心。勿問之矣。惠我德。大得志也。

所委派的人、既與施恩惠的心志相合。而能深信不疑。又何必過問呢。且能把在上的大德宣布明白。益下的心志。更可大得圓滿結果了。

上九。莫益之。或擊之。立心勿恆。凶。

上九不中不正。剛而在上。又在益極將變的時候。不知謙虛。必至滿招損了。莫益、是求益不得。或擊、是以自滿而被攻擊。立心勿恆、是以其不中不正。无有恆心。既自滿而且不恆其德。那得不凶。損上九有損極必益的道理。故吉。益上九有益極必損的情事。故凶。謙受益。滿招損。玩損益兩上九。其理一點不差。

象曰。莫益之。偏辭也。或擊之。自外來也。

莫益之、是偏辭、言非正意、以見或擊之一句、纔爲正辭。自外來。是言吉凶由心生。而其徵象却自外來。

以上六爲成卦之主、九五爲主卦之主、

☱☰ 乾下兌上

夬、解作決、卦兌上乾下。以二體論。水在于上。勢必決下。是爲夬義。以爻論。五陽正盛。一陰將消。是爲夬象。序卦、「益而不已必決。故受之以夬」所以繼益。

夬。揚于王庭。孚號有厲。告自邑。不利即戎。利有攸往。

夬有決絕的意思。是對上一陰說。陰險小人有累世道。今值陽道大盛。決絕一陰。本不甚難。然必須把他的罪狀在王庭上明白宣布。更以至誠呼號朋類。讓大家知係迫不得已。哀矜勿喜。不可因小人將去得安忘危。並須宣告于邑人。不可因君子道盛。遂大張威武而興戎。以自取不利。如此便是用武不殺。治人罪而能得人不怨。且不以除惡而便思偸安。不以私人而忘其警戒。由此以往。自无不利。

彖曰。夬決也。剛決柔也。健而說。決而和。

君子以天下萬物爲一體。於小人本能包容而不仇視。但爲大局起見。恐其爲世道累。不能不去了他。所以用力雖健。立意雖決。也必出于和說。而不作忿懥的狀態。健、決、指乾。和、說、指兌。

揚于王庭。柔乘五剛也。孚號有厲。其危乃光也。告自邑不利即戎。所尙乃窮也。利有攸往。剛長乃終也。

雖只一陰、然居五陽以上。仍然有高壓的狀態。陰而乘陽。非理已甚。君子去他非敎他甘服不可。若不甘服。恐怕他還要滋事。所以必須把他的罪狀。揚於王庭。他俯首无辭。手續纔算完備。孚號有厲、是安不忘危。前途纔能大光。告自邑不利即戎、是誥誡邑人。宜勤以自治。不可專尙剛武。因武力必出於萬不得已。纔能一用。若不知自治而專尙剛武。是所尙的到了極端。便要自取許多的不利了。利有攸往、是得好好的往前去作。必至陰險小人去盡。陽剛長到純一不雜的地步。那纔可以結束而告終。

象曰。澤上於天。夬。君子以施祿及下。居德則忌。

澤在低處、便蓄積。在高處、便潰決。澤上於天、如此其高。安得而不決。君子觀其一決而澤便能及物。故不專心利己。而必施其惠祿以及於下。觀其過高必要潰決。故不敢自居德行過人。而爲人所忌。如或以居德犯忌。那便要聲名狼藉。一決而不易收拾了。

初九、壯于前趾。往不勝。爲咎。

九陽爻而乾體。是剛健在上的。今竟居下。且當應該決斷辦事的時候。此爻前進甚壯。趾、以初在下取象。前趾、是足向前進行。其前進的主意。是欲去決小人。但剛而不中。上又无正應以援手。但恃一人的血氣。急于前往。斷難取勝。倘或因此躁動、激出意外的事來。不更難辦了麼。躁動的過失。是不能辭的。

象曰不勝而往。咎也。

事先未慮到不勝。便恃血氣而往。故不能辭其咎。

九二。惕號。莫夜有戎。勿恤。

莫、讀作暮。當君子與小人決絕的時候。一時也不可疏忽。九二剛而居柔。又得中道。故能憂惕呼號。日加戒備。思慮周而同人衆。所以在暮夜的時候。賊寇突來。變生頃刻。也便可以從容過去而无患。仁傑存唐如是。

象曰有戎勿恤。得中道也。

得中、是不恃其剛而能戒備。所以有戎勿恤。

九三。壯于頄。有凶。君子夬夬。獨行遇雨。若濡有慍。无咎。

頄、是面上的顴骨。九三剛過乎中。是欲決小人、面上先露出剛壯的神色來了。如此沈不住氣。凶實難免。然君子決所當決。三在衆陽中。雖獨與上六爲應。而能不係私愛。上六就是親來求合。也如獨行遇雨。若被沾汚而反加慍恨。是能和而不同、心志堅決的。所以也得无過。頄音魁。

象曰。君子夬夬。終无咎也。

雖與上六爲正應。而心能決所當決。正是決而和。故終无咎。

九四。臀无膚。其行次且。牽羊悔亡。聞言不信。

臀、在股上腰下。九四以陽居陰。不中不正。剛決不足。欲止、如臀无皮肉。不能安坐。欲行、又毫无勇氣。扭揑不前。在者個時候、有人和他說、若自能振作。以隨從衆陽牽挽前行。悔便可亡。然四雖得聞此良言。若不聽信。便與夬道不合。悔便不能亡了。在他卦九居四、其失尚不至太甚。此正在用決絕手段的時候。不中正而居柔。其害遂至如此。羊、是羣行的。以喻羣陽。次且、是欲進不進的樣子。

象曰。其行次且。位不當也。聞言不信。聰不明也。

以陽處陰。失其剛決。次且不前。是位不當的害處。剛本能明。處柔便失其正。耳的感覺雖快。不能明決也就有負其聽了。

九五。莧陸夬夬。中行无咎。

莧、是馬齒莧。莧蔓生。是感陰氣最多的。莧陸、是生莧的陸地。五、雖陽剛中正而居尊位。然切近上六。卦只上六一陰。而和說與五密比。五爲決陰的主體。今若竟與親比。其過大極了。然五心志剛決。辦事中正。對於上六。雖在比鄰。然決計除惡。如除莧一般。不但把莧決除完事。並把生莧的陸地也決除清楚。斬草除根。決所當決。此等辦法。得合中行。是毫无過錯的。

象曰。中行无咎。中未光也。

陽與陰比。不能无累。是如李輔國。其初本一家奴。後來尊至尚父。至惡貫滿盈。代宗還不能明正其罪。乃遣令盜賊竊取其首。是殺他也爲中行。也可无咎。但遣盜竊殺。總未能算得光明。故曰中未光。

上六。无號。終有凶。

上六以一陰而居五陽以上。其先未嘗不自爲得意。不知五陽長而已必消。及見不能存在而後號咷。故聖人說无號。卽號也是終必有凶的。如李斯父子。臨刑時有此光景。

象曰。无號之凶。終不可長也。

陰盛剝陽。自鳴得意。今已將爲五陽決去。任憑聲嘶力竭。援手竟无一人。可見小人的勢力。是終不可長的。

䷫ 巽下乾上　以初六爲成卦主、九五九二爲主卦主、

姤作遇解。夬爲三月卦。決去上一陰、成乾。爲四月卦。乾六爻皆陽。无一陰。五月一陰生于下。爲姤。因久不見陰。突然相遇。故爲姤。序卦、「夬決也。決必有所遇。故受之以姤。」夬、決去小人。然小人雖去。

不能終无相遇的時候。姤所以次夬。

姤。女壯。勿用取女。

陰陽互相消長如循環。如剝爲陽消。然剝極不轉瞬一陽生而爲復。夬爲陰消。夬極不轉瞬一陰生而爲姤。一陽初生。聖人未敢爲君子喜。必曰朋來无咎者。是因爲一陽未易勝彼五陰。當一陰初生。聖人已爲君子憂。聲言女壯者。是因爲一陰已將敵對五陽。既曰女壯。又曰勿用取女者。是諄戒五陽勿以一陰甚微。便輕視而親暱他。遠著他尚恐受其害。若親暱如同室居住的夫婦。那便如幽王得褒姒。高宗立武昭儀。養鷙棄鶴。必爲禍水无疑。所以聖人著爲戒辭。

彖曰。姤。遇也。柔遇剛也。

柔遇剛。是一陰能應付五陽。如奸臣專制。牝雞司晨。都是在初遇的時候。便有意的。

勿用取女。不可與長也。

以一陰遇五陽。女不正。就萬不可長與同居。咸所以取女吉。是男下女。得婚姻的正禮。蒙的六三陰先求陽。及本卦一陰而下五陽。行爲都不合禮。故皆曰勿用取女。

天地相遇。品物咸章也。

五陽在上爲天。一陰在下爲地。天地相遇。是說天時已到五月。陰陽和暢。形形色色的品物。都長養茂盛章美極了。

剛遇中正天下大行也。

剛、指九二剛遇中正是九二的陽德、與中正的九五相遇。明良會合。萬事安康。道可大行於天下了。姤本不善而易道義理无窮。故相遇、又有相遇的善處。如但看卦象一陰五陽固然不善。然說到天地君臣的遇合上其中有極美的道理。如品物咸章。天下大行。者不全是天地君臣遇合的善處麼。

姤之時義大矣哉。

天地不相遇合、萬物不生。君臣不相遇合、政治不興。聖賢不相遇合。道德不亨。事物不相遇合、功用不成。姤遇的時候。姤遇的道理。關係大極了。繫辭故謂易道變動不居。

象曰天下有風。姤。后以施命誥四方。

風行天下。无不周備。君后觀象學易施行命令。布誥四方。也如風行地上一般。大凡命令布誥。關係治道。最爲重要。不敎不戒。固然不可。若敎戒不周。發生誤會。也與姤道相背。所以既須法其施命。更須效其周備。

初六。繫于金柅。貞吉。有攸往。見凶。羸豕孚蹢躅。

初六一陰始生。如豕在瘦弱的時候。人易忽略。不知其跳躍不良的性子。是必有的。必于其瘦弱的時候。先用大車上用的金柅。把他繫住。如是、其不良的性子。止而不能長進。即如一陰險小人勢力初寖。便制止住他。貞正的君子。纔可以安而吉。若不及早制止。或聽其有所往。一定是凶道。如漢文容忍吳王濞。明皇不殺安祿山。後來故大受其害。柅、是擋車的東西。普通的是木製。金柅、是特製極重的。羸、是瘦弱。蹢躅、是跳躑。

象曰。繫于金柅。柔道牽也。

柔道、便是羸豕。力雖微而其志總跳躑不善。防他跳躑。故繫于金柅以牽制他。故曰柔道牽。

九二。包有魚。无咎。不利賓。

包、是包容。賓、是客氣。魚、是陰物。巽爲魚。故云。自古小人爲亂。往往是君子所激的。二、曰包有魚的大意。是不把小人看作刺目的東西。而能大度包容他。那便无有過錯。若拿他當作賓客一班。與他客氣。他以爲遠他太甚。那便不利。就是論語上所說、「遠之則怨」的那種流弊。故曰不利賓。

象曰。包有魚。義不及賓也。

遠之則怨。是孔子所說、待遇陰險女子小人的難處。據此義而論。對于陰險的。是應該包容他。不能教他看出有外待的意思。來纔无有不利。

九三。臀无膚。其行次且。厲。无大咎。

三下不遇初。上无正應。當在遇合的時候。顧影自憐。所以行動不能安適。然既无所遇。便毫无牽連。也就无慮被陰邪所傷了。但三的本性。過剛不中。其行止仍覺危而不安。未免小有不合。然以於人无涉。於事无礙。可也无有甚麼大過。

象曰。其行次且。行未牽也。

上下都无牽連。所以徘徊觀望。有獨行踽踽的情狀。

九四。包无魚。起凶。

九四不中不正。與初爲正應。然初爲二所包容。已與二相親比。竟把九四脫開了。九四故云包无魚。因此四與二倘起了爭端。其凶就恐難免了。

象曰。无魚之凶。遠民也。

陰爲民。遠民、是因二與初近。二爲近民。四便爲遠民了。

九五。以杞包瓜。含章。有隕自天。

乾爲木果。爲圜。故曰杞曰瓜。杞、葉大。可以包物。五、變離。爲文章。乾爲天。故曰章曰天。九居君位。陽剛中正。而高居深宮。其不能與人民相遇合。如用杞包瓜。把至美的物品。含藏在中一班。然其施行命令。布誥四方。人民視同甘露佳果。恍如自天而降。其周徧也。彷彿天下風行。无物不相接觸而遇合似的。然此正是君與人民相遇合的辦法。但人民對于此等遇合、視爲如此滿意。非剛健中正而居君位的九五。萬萬不能。

象曰。九五含章。中正也。有隕自天。志不舍命也。

九五所含的章美。便是中正的美德。命、就是施命的命。五處深宮。既不能朝夕與人民相遇合。若再把命令文誥、擱舍不用。是人民既不能面見。再不能見命令文誥。如此隔閡。那便不合君后的政體。也便與姤道相背了。所以九五的心志。對于命令文誥。是隨時頒降。決不肯擱舍不用的。

上九。姤其角。吝无咎。

上變兌、爲羊。故說角。角、是剛而在上的。上九高亢而極剛。故取象角。其性雖剛。然以離初甚遠。不能制陰。是爲小疵。但治陰也不是他的專責。故也得无咎。此如避世的賢士。雖无心救時。人也不能很說他不對。

象曰。姤其角。上窮吝也。

雖處在窮高極上的地位。无有與陰初相遇的機會。然終以不能制陰爲可羞。

☱☷ 坤下兌上　以九五爲卦主

萃、序卦、「姤者遇也。物相遇而後聚。故受之以萃。」物相會遇。多至成羣。萃所以次姤。卦兌上坤下。

澤上於地。澤水匯聚于地上。故象萃。

萃。王假有廟。利見大人。亨。利貞。用大牲吉。利有攸往。

人的萃聚、貴在精神團結。然精神團結。如君王致祭宗廟。百官萃集。蹌蹌濟濟。肅肅雝雝。如詩經上所說、「奏格无言時靡有爭。」那種精神。便團結到極處了。凡人聚集太多的時候。必得有大員設法彈壓安撫。纔可无爭鬭作亂的情事。故利見大人。有大人以治化人。以義合財。以義聚。各守範圍。故能大通。而其好處、全在大人能「道之以德。齊之以禮。」故曰利貞。當萃時、是有民康物阜的光景。此時諸事從豐。纔爲順理。如君王致祭。物品、誠意、必須相稱。享用大牲。纔能得吉。而无往不利。若時當富厚、而凡事儉嗇。便不免有悔吝了。那能吉而且利呢。萃、大象坎。爲豕。兌爲羊。坤爲牛。大牲象。

彖曰。萃。聚也。順以說。剛中而應。故聚也。

坤順兌說。五剛中而下交二。二柔中而上應。內外君臣同心聚合。所以名萃。

王假有廟。致孝享也。利見大人亨。聚以正也。用大牲吉。利有攸往。順天命也。

王者萃聚天下的人心。无如孝享。盡誠爲致孝。備物爲致享。故曰王假有廟。致孝享也。其利見大人亨、謂聚以正。是何說呢。如武王率師與諸侯會于河朔。便是聚所爲的是同心合力。滅除罪大惡極的商紂。便是正。其用大牲吉。謂順天命。是何說呢。是因時當豐而豐。時當往而往。皆所以順天命的自然。而毫无勉强。此方爲萃聚的眞精神。不然、如秦始皇的封禪。及徙富豪十萬戸于咸陽。那還是順天命麼。

觀其所聚。而天地萬物之情可見矣。

乾造始。坤生成、天地的氣相聚合。纔爲天地。形相交。氣相感。萬物的氣相聚合。纔爲萬物。聖人觀察萃象。就把天地萬物。一切的情况。也便洞悉无疑了。

象曰。澤上于地。萃。君子以除戎器。戒不虞。

除是簡閱、除廢取新的意思。澤上于地。聚在一處。有萃聚象。君子讀萃卦、思及衆聚、便有爭鬬。財聚、便有搶奪。因萃而多故。所以必須簡治戎器。戒備不虞。戎器是武器。不虞、是未加隄防。忽然發生的變故。

初六。有孚不終。乃亂乃萃。若號。一握爲笑。勿恤。往无咎。

初與四爲正應。此心本能相孚。但有孚又貴有終。若有孚而不終。是自己擾亂其心志。而聚所不當聚。不如號呼仍求九四。九四本爲正應。今見初六事急改圖。知此後有孚不至无終。合正當的眷屬一相握手。自能好合。而笑樂。毫无憂恤了。如此以往。斷然可以无咎。

象曰。乃亂乃萃。其志亂也。

性本陰柔。急欲萃聚。方寸一亂。便要妄聚了。

六二。引吉。无咎。孚乃利用禴。

二、以陰居陰。柔順中正。上應九五剛健中正的人君。必待九五援引。然後相萃。那纔得正道。如湯于伊尹。先主于孔明。自然吉而无咎。孚是信。禴、是薄祭。君子進身、貴乎誠信相交。心志相接。若誠信既著。心志既通。便可不煩裝飾。道自得行。就如心志誠實。禴祭雖是至薄。也自能通于神明。

象曰。引吉无咎。中未變也。

必待援引而後萃合。毫不苟且。是以二雖在下。其中德終不改變。所以吉而无咎。

六三。萃如嗟如。无攸利。往无咎。小吝。

六三陰居陽位。不中不正。處當萃時、欲萃是其本志。但上无正應。无相萃的。必要所以欲萃如而又嗟如。毫无利益可言。然三與上雖非正應。无相耦的情分。若能往而相從。我性順而彼性說。必不至于見拒。故也可以无咎。但所萃的、並非剛明的人物。兩陰相聚。小疵也在所難免。

象曰。往无咎。上巽也。

上、柔說至極。三往而无咎。是以陰柔相遇。巽順的緣故。

九四。大吉。无咎。

大吉、作行爲盡善解。九四上比九五人君。得君臣相聚。下比下卦羣陰。得下民相聚。如此上爲君辦事。下爲民辦事。鞠躬盡瘁。君民无不稱善。自然可能无過。四、不在尊位而得衆心。若非盡善。又那能无咎呢。

象曰。大吉无咎。位不當也。

不在尊位而能合衆。非辦理盡善、便有過了。因其位不當。故發此義。

九五。萃有位。无咎。匪孚。元永貞悔亡。

九五、居尊位。爲卦主有聚集人民的權勢。當然可以无咎。然雖有其位。苟无其德。或有其德而不能常守。人便不能相信。未免有悔。必須反己自修。把剛陽中正元善的德行。永遠固守。悔纔消滅。而人始深信不疑。

象曰。萃有位。志未光也。

五、剛健中正。本无不光明的心志。然「禮義責備賢者。」恐其陰陽相悅。忘了正事。又恐其密比極和悅的上六。被其所惑。忘了正應。志不光明。那不是有累盛德麼。故以元永貞相戒。

上六。齎咨涕洟。无咎。

上六爲孤臣孽子一流。萃極將散。又無正應。孤身无依。誰與爲歡。齎咨、是嗟歎。涕洟是鼻涕眼淚。此爻也是因一變爲否。故有此象。然憂思既深。「危者能平」也可无咎。

象曰。齎咨涕洟。未安上也。

「孤臣孽子。操心危慮患深。」「慄慄畏懼」不敢自安于上。故齎咨涕洟。

䷭ 巽下坤上 以六五爲主、初六爲成卦主、

升、序卦「萃者聚也。聚而上者謂之升。故受之以升。」物聚必高。故爲升。所以繼萃。卦坤上巽下。木生地中。愈長愈高。是爲升象。

升。元亨。用見大人。勿恤。南征吉。

升、是進而上升。進自然可以大亨。然升不一。有位升。有德升。升位可行道。升德可進道。而升位必由王公。升德必由聖賢。升德不必論。而升位難免不遇權奸的大人。然本卦內巽外順。二與五正相應。自无附麗小人的情事。故不必憂恤。便无不吉。所謂南征、是因巽在東南。與坤同體。巽在下升與坤合。必須南行經過離位。故云南征。若東至震。便非升了。

象曰。柔以時升。

升、是自下升高。本卦與萃相綜。萃六二的柔爻。今升爲本卦的六五。是爲柔以時升。

巽而順。剛中而應。是以大亨。

內巽外順。無躁妄悖理的情事。又九二德剛而中。六五順以相應。汲引賢才。剛柔相濟。君子升進。故曰元亨。

用見大人。勿恤。有慶也。南征吉。志行也。

有慶、是因此一見道可大行。故云有慶。志行、是一征進、能如所願而行其志。所以勿恤而得吉。

象曰。地中生木。升。君子以順德。積小以高大。

本卦以地中生木而得名。棟梁大材、是由小樹漸積而成的。聖賢大德、是由小善漸積而進的。由小漸積而高而大。木如是。君子也如是。

初六。允升。大吉。

初居巽下體、巽為木、此便為根。本固枝榮。允能上升。所以大吉。又卦義柔順居初。密比九二。與剛中的賢人合志同升。大吉是當然的。

象曰。允升大吉。上合志也。

初六如樹木、根既深、其在上的枝葉自然日升一日。上下一體。其合志也是自然的。

九二。孚乃利用禴。无咎。

萃六二以中虛為孚。與九五應。升九二以中實為孚。與六五應。兩爻虛實雖殊。其孚无異。能孚便用禴薄祭也自有利益而得无咎。

象曰。九二之孚有喜也。

喜是喜其能升。誠信至極。君必信任。道可大行。所以有喜。下互兌悅。故云。

九三。升虛邑。

陽實陰虛。坤有國邑象。故云虛邑。三陽剛得正、而在巽體。上有援應。是往上升進。一順百順。毫无障礙。如入无人之境。故云升虛邑。又巽木將出地上。坤土柔而虛。木出地必毫无阻力。也是升虛邑的意思。

象曰。升虛邑。无所疑也。

九三以陽居陽。上有援應。是其對于升進。極有把握。故曰無所疑。

六四。王用亨于岐山。吉无咎。

四有柔順的德行。地位近君。是上能得君。下能進賢的大臣。如文王當時。順從天子。欲其歸于有道。引用賢良。欲其同襄政事。己便柔順謙恭。思不出位。用此德以致祭岐山神明。也能亨格。事无不吉。那得有過呢。文王爲西伯。故動云岐山。或西山。

象曰。王用亨于岐山。順事也。

享于神明。是事神明而能順神明。烏得不吉。烏得有咎。

六五。貞吉。升階。

五。以下有剛中的正應。故吉。然質本陰柔。故以貞爲戒。若不貞、便信賢不篤。任賢不終。安能得吉。階是所由而升的。任用剛中的賢人。相輔而行。如上階梯。自然一步比一步高。然五能先用九二。人知上能好賢。自能攜手同進。歷階而升。從此國事蒸蒸日上。也就如歷階而升了。

象曰。貞吉升階。大得志也。

倚任賢才而能貞固。如此而升。天下自可大治。故曰大得志。

上六。冥升。利于不息之貞。

冥、作迷解。坤爲迷、故云。以陰居在升極的地步。是心意昏迷。知進而不知止的。然進而不止。若用在正道上。如君子守正。終日乾乾。自彊不息。那便有利而无害了。者是聖人希望小人把貪求无饜的心。移到修德的正道上。進行不懈。雖柔必强。自將不迷而明了。故曰利于不息之貞。

象曰。冥升在上。消不富也。

已到絕頂、仍迷迷糊糊想著升進。求而不已。轉恐消亡。萬不能再有增益。不富、是无有增益的意思。

大凡物理盛極必衰。過高將跌。當止不止。將只見其退。那能再有進步呢。

䷮ 坎下兌上　以九二九五爲卦主、

困、序卦、「升而不已必困。故受之以困。」升是從下往上升。從下升上。非用心力不可。然常用心力。是必要困乏的。困所以次升。卦兌上坎下。水居澤中。是澤中有水。今在澤下。便乾枯无水了。是爲困義。又陽爻都爲陰所揜蔽。如小人揜君子。是爲困象。

困。亨貞。大人吉无咎。有言不信。

處困而亨、是能守正道的大人。纔能如此。所以吉而无咎。此言身雖窮困。而不愧不怍。心是亨通的。如羑里演易。陳蔡絃歌。都是處困守正的大人。故雖一時受困。脚步毫无錯亂。而終能得吉。若偶遇困窮。沈不住氣。便欲以口舌爭辯。當著者種時候。人是絕不能相信的。兌爲口。有言象。坎爲耳痛、耳不能聽、不信象。

彖曰。困。剛揜也。

卦所以爲困、是因剛爲柔揜的緣故。按全卦說、坎在下。兌在上。是坎剛爲兌柔所揜。按六爻說、九二、爲初六、六三所揜。四五爲六三上六、所揜。故曰剛揜。

險以說。困而不失其所亨。其惟君子乎。貞大人吉。以剛中也。有言不信。尙口乃窮也。

險以說。是君子固窮。樂天知命。困而不失其所亨、是大行不加。窮居不損。君子、便是大人。貞大人吉貞字、在文王卦辭連亨字讀。孔子慮人誤認貞字爲戒辭。故把貞字連下句讀。剛中、指二五兩爻言。能剛中便知明守固居易俟命。所以說貞大人吉。貞大人、是貞正的大人。尙口乃窮、是言不得意的人。雖說一個天花亂墜。越說人越不能相信。故聖人謂、此時若但恃口舌爭辯。那是更自取困窮了。

象曰。澤无水。困。君子以致命遂志。

澤、本是停水的地處。今无水了、是澤已乾枯。故爲困。君子若處在困窮的時候。只有把生命置諸度外。只求遂我心志罷了。大凡大難臨頭。在君子只論是非。不論利害。論輕重。不論生死。殺身成仁。舍生取義。都是君子所爲。幸而身存。也非所望。不幸身死。也是應該。身存、如張良鐵椎。蘇武漢節。是身死。如比干、文天祥、諸公是。

初六。臀困于株木。入于幽谷。三歲不覿。

株木、是无枝葉的樹木。下互離、爲槁木。初爻在離下。故云困于株木。坎隱伏、又坎窞、幽谷象。下互離爲目。被坎水揜蔽。故說不覿。離三數、故說三歲。初陰柔居下。雖與四爲正應。而四在困時。那有芘護他人的能力。故初六如坐困于株木以下。更如入于幽谷。若仍不思振作。就算再待三年。也是不能見天日而脫離苦境。

象曰。入于幽谷。幽不明也。

幽不明、是說入於昏暗、陷到困窮的地步上去了。若有一線的明機。何至如此。

九二。困於酒食。朱紱方來。利用亨祀。征凶。无咎。

二、以剛中的德行。當窮困的時候。固窮而守中道。无意中得爲人君所徵聘。故有困于酒食朱紱方來象。此時能以至誠相應。雖爲陰柔揜蔽。不免有凶。而終可以无咎。如孔子蔬食飲水。顏子簞食瓢飲。儒行幷日而食。都爲困于酒食。朱紱、是朱色蔽膝。帝王所服用的。方來、是賢德已著。帝王要來徵聘的時候。利用亨祀、是至誠致祭也。如利用禴的意思。此可喻孔明應徵的故事。朱紱方來、便似先主三顧。利用亨祀、便似應徵後竭誠供獻。報酬知遇。征凶、便似鞠躬盡瘁。死而後已。无咎、便似諸葛大名。終垂宇宙。

象曰。困于酒食。中有慶也。

有剛中的美德。其道自能亨通。而不終于窮困。所以有此朱紱方來的福慶。

六三。困于石。據于蒺蔾。入于其宮。不見其妻。凶。

六三陰柔不中不正也。欲揜剛而困君子。但居在坎陷的極處。所承所乘的。都爲陽剛。孤陰在于其間。上无正應。欲與四相親。而四巳有正應。對他心堅如石。毫无情致。不肯理他。是前去便被困了。想退而依據九二。而二慮爲所揜。如有棘刺。不能依靠。不得已轉回家來。想著見了妻室。說說爲難的狀況。接受他的安慰。希望心中鬆快一點。而到了室內。妻也不知那兒去了。此眞无地可容。走入死運了。欲拚人、反自困。此如管蔡陷害周公。燕上官陷害霍光的故事。可謂凶極。坎爲叢棘、蒺藜象。坎爲宮。上互巽、爲入。下互離目。變乾。入宮不見象。中男少女、故言夫妻。

象曰。據于蒺藜。乘剛也。入于其宮。不見其妻。不祥也。

乘剛、謂乘九二。不祥、就是繫辭所說。死期將至。三一變爲大過、棺槨象。故云。妻常在宮。入宮不見。不祥之兆。

九四。來徐徐。困于金車。吝。有終。

四、與初爲正應。不中不正。志在於初。故有來就的意思。徐徐、從上互巽、進退不果取象。金車、從兌金變坎爲輿取象。二陽、與初陰、密比。四、欲就初。爲二所隔。故謂困於金車。人當困時。不籌畫如何救困。專在男女私情上用心。是可羞的事。然四與初本爲正應。終必相合。二決不能久隔。故云有終。

象曰。來徐徐。志在下也。雖不當位。有與也。

志在下、下指初。說有與、是四陽、初陰、本有正當的應與。其志在下也、不是不應當的事。與四當位不當位、无有很重要的關係。

九五。劓刖。困于赤紱。乃徐有說。利用祭祀。

截鼻爲劓、是傷于上。去足爲刖、是傷于下。上下皆爲陰揜、受其傷害。劓刖象。五、君位。人君受困。由于无人來援。赤紱、是赤色的蔽膝。爲君服。紱、是行路用的。困於赤紱。便是君上被難。臣子不來。然五雖在困。而其德剛而中正。下有九二剛而得中的賢臣。道同德合。雖未能遽然前來。漫漫的必來援救。无論如何窘困自能轉困爲亨。而有皆大歡喜的那一天。故云乃徐有說。又凡祭祀的事。必致其誠敬而後受福。人君在困時、致其誠敬。爲天下求賢。得賢便能濟困。故曰利用祭祀。祭天爲祭。祭地爲祀。祭鬼神爲享。

象曰。劓刖。志未得也。乃徐有說。以中直也。利用祭祀。受福也。

爲陰所揜、故志未得。五、與二均有中直的道德。雖非陰陽正應。而在君臣朋友上、爲道同義合。畫策濟難。穩健自能成事。是以乃徐有說。從此處身接物。都用大誠大信。便能拔出窮途。長享福慶了。

上六。困于葛藟。于臲卼。曰動悔有悔。征吉。

上六陰柔、也欲揜剛而困君子。然以陰而處在困極。物極必反。事極必變。上六不但不能揜剛。欲動也如爲葛藟所纏繞。不能自由。且時常恐怖不能自安。此謂悔生乎動。故有此葛藟束縛。臲卼恐怖的狀態。然處此時、正要看人的覺悟如何。若從此知道剛難揜蔽、能有悔心。如此進行。還可得吉。此爻在上爲兌主爻。是尙口的。尙口乃窮。是上六發生出來的臲卼。音臬兀。

象曰。困于葛藟。未當也。動悔有悔。吉行也。

因有未當的行動。便生悔。從此如能有悔。能悔便能改。能改便得當。自是吉人的行爲。那便轉困爲亨了。

䷯ 巽下坎上　以九五爲卦主、

井、序卦、「困于上者必反下。故受之以井。」此卦係承升困兩卦立說。升極便困。困必反下。物在下的便是井。井故次困卦。坎上巽下。坎爲水。巽爲木。又爲入。木性入水且必出水。以木爲器。能入于水下、盛水以上乎水。確是井象。

井。改邑不改井。无喪无得。往來井井。汔至亦未繘井。羸其瓶。凶。

井的物性、永不能動。城邑可改。井不能改。汲他不至涸乾。不汲也不能滿溢。故曰无喪无得。井爲人所共用。此往彼來。故云往來井井。无喪无得、是其德有常。往來井井、是其用能周。常與周斯爲井道。井以濟用爲功。若幾至而未下繘於井。是設備不齊。空有此井而等於无用。或設備已齊、而人來汲井、偏把汲井的瓶損壞了。雖欲汲而无其器。是以汲井的人无用井也等於无用了。井的常道。本來无喪无得。今如以上二事、是井的作用。偏喪失了。似此都爲井的變。故安得不凶。繘、作繩解。巽爲繩、故云汔、作幾解。上互離中虛。瓶象。下互兌毀折。故曰羸。

象曰。巽乎水而上水。井。井養而不窮也。

凡井上汲水井上安設轆轤。用繩繫在上邊。繩下繫桶。入于水下。纔能取水上來。故說巽乎水而上水。此巽字專作入字用。井養而不窮。就是孟子所說民非水不生活、

改邑不改井。乃以剛中也。汔至亦未繘井。未有功也。羸其瓶。是以凶也。

井養人物、无有窮時。取用不竭。是井的常道。邑可改井不可遷。无喪无得、往來井井、是井的常理。二五兩爻。剛而得中。井道與卦德正合。井以養民爲功。然井无水。或有水亦未繘井。雖有井也是无功。瓶可汲井而瓶已羸。便不能汲了。那能不凶呢。

象曰。木上有水。井。君子以勞民勸相。

水下有木、是汲器入水。木上有水、是汲器出水。汲器入而水德行。汲器出而水功著。斯爲井象。勞、作勞賚解。勞民。君子所以法井德。勸相、君子所以法井功。勞民、是給與。勸相、是輔助。給與對水言。輔助、對器言。給與爲井的作用。使民感惠而來。輔助是井的公益。使人相依爲命。

初六。井泥不食。舊井无禽。

六以陰柔居下。上无應援。最在井底。沈滯滓穢。滿井皆泥。那能食呢。井中无水可食。是舊井久未淘治。便等廢棄。禽鳥也必不相窺。何況于人。凡禽、飛在有水的地方。定要兩目注于水中。自窺其影。今

因井中有泥无水。所以无禽來窺。

象曰。井泥不食。下也。舊井无禽。時舍也。

陰濁在下、人不食。禽也不窺。一時都視爲廢物。便羣相棄捨了。

九二。井谷射鮒。甕敝漏。

水是一樣的。其地有井與谷的分別。地既有分別。其功也自有分別。谷中的水。以注下爲功。井中的水。以汲上爲功。注而下、其功在魚鱉。汲而上、其功在百姓。九二才爲陽剛。本可以濟人養物。勝于初六。然上无應援、其位也僅在泥上井下。其所注射、也不過僅在于泥中的鮒鯽。不爲井而爲谷。不上出而下注。其功止可及于鮒鯽瑣細的東西。並較大的魚鱉也不能及。是並不如谷。止如一個漏甕下注。那能有濟人養物的大功、而可成爲井呢。二、下比于初六。初六陰潛而細微。是小人的資質。故象鮒鯽。二、既下比小人。在上位的便无人肯汲引了。谷水下注。敝甕漏水也下注。皆是不能上出的。所比匪人。有此情況。射、作注字解。鮒、是小鯽魚類。巽爲魚、故云。上互離、甕象。下互兌、爲毀折。敝漏象。

象曰。井谷射鮒。无與也。

二、以在下而上无應與。故下比而射鮒。若上有應與。一經汲引。便可成井道養人的大功。不至以有用的水泉。專注在那小小的鮒鯽身上了。

九三。井渫不食。爲我心惻。可用汲。王明。並受其福。

三、以陽居陽。與上六爲正應。而上六柔而无位。無力汲引。三、剛而得正。其才德本可以濟人利物。今以上无援引的能力。未得見用。如井水清潔。本可汲食。而竟无人來汲。所以心中未免惻然。然有可用汲的。只得舍正應的上六。而求同德的九五。五居王位。既有汲引人才的大權。更有鑑別人才的識力。若得其提汲上升。受福的又何止一方面呢。此言三如得五的汲引。可以上行。固屬受福。而五得三前來幫助養民。是民也受福。都因王者有知人之明。所以並受其福。惻、是憂慮。從變坎加憂取象。

象曰。井渫不食。行惻也。求王明。受福也。

行惻、是行路的人也爲惻然。王明上忽加一求字、是因五與三非正應。孔子以周公爻辭突說王明。恐人不知指五。故特加一求字。不求正應而求王明。易所以重在知時。如韓信舍項羽而事漢高。馬援舍隗囂而事光武。都是求王明。

六四。井甃。无咎。

甃、作砌壘解。就是修理。六四陰柔得正。位近九五。是能自修其井。以備瀦蓄九五的寒泉。上承君意。下修臣職。成濟養的大功。自然可以无過。

象曰。井甃无咎。修井也。

修井蓄泉。能盡己職。那得有咎。

九五。井洌寒泉食。

五以陽剛中正居尊位。其才其德。盡美盡善。洌、是甘潔。井泉以寒爲上。若既甘潔而且寒的井泉。自然可爲人食。于井道可謂毫无缺欠。以人事論。洌、是九五的天德光純。食、是九五的王道普徧。黃帝堯舜禹稷周孔立養立教。萬世仰仗。那便是井洌寒泉食極大的作用。

象曰。寒泉之食。中正也。

寒泉食、是九五的王道。中正、是九五的天德。

上六。井收勿幕。有孚。元吉。

上六井道已成。收、是收功。幕、爲井蓋。勿幕、是從坎上陰爻兩開取象。有孚、便是坎卦彖辭中的有孚。井以汲水上出應用爲功。而坎口不揜。是治井完成。一經開幕。寒泉甘洌。充實其中。取不盡用不竭。依爲生活。實惠及人。至善大吉。井道勿愧。

象曰。元吉在上。大成也。

大成、是井養的大功告成了。然雖有寒泉可食。若揜其口。人又烏得而食。若不孚信、有時而竭。澤不普及又烏得爲大成。今旣勿幕且有孚。實惠能及多人。井養的功纔算大成而毫无缺欠。元吉、以澤能周至言大成、以功无缺憾言。

䷰ 離下兌上 以九五爲卦主、

革、革是變革。兌澤在上。離火在下。火燃水乾。水決火滅。是爲革象。又中少二女。合爲一卦。而少上中下。志不相得。是爲革義。序卦、「井道不可不革。故受之以革。」井道久必汚穢。非革舊取新不能潔淨。故以革繼井。

革。已日乃孚。元亨。利貞。悔亡。

已日、已日是已到了非變革不可的日子。變革是不輕易的。若不到變革的日子。就輕易變革。人必疑懼、便要多事了。已到了變革的日子。再行變革。人才不相疑而相信。故說已日乃孚。乃字、有難的意思。革、革是因著弊壞。不得不然。舊汚除去。萬象更新。自然可以大通了。然變革以後。不守正道。以暴易暴。便要有悔了。所以一經變革。便利在堅守正道。方合去故（雜卦傳革去故也・）的大義。而免變動的後悔者也是古人最重改作的意思。

彖曰。革。水火相息。二女同居。其志不相得。曰革。

火燃水能耗乾。水決火必立滅。故曰水火相息。息、是消滅。二女同居。中女在少女以下。无嫡管束。其心是萬難相得的。如火上澤下。中在少上。不過一睽便了。此澤上火下。少在中上。所以較睽爲重。非變革不可了。

已日乃革。革而信之。文明以說。大亨以正。革而當。其悔乃亡。

革而信之、是實行弔民伐罪的事。東征西怨。南征北怨。都是相信的事實。離明。兌說。明便能識事理。變革的不苟且。說便是順潮流。變革的不冒失。變革本是容易有悔的事。稍一失當。便越弄越糟。今大亨以正。事理通順。人心和平。如此變革。允當其悔纔能消亡。而歸于无有。若如秦變法。趙胡服。莽革漢。靈寶革晉。那便不得爲革而信、革而當。其悔所以斷不能亡。

天地革而四時成。湯武革命。順乎天而應乎人。革之時大矣哉。

陽極陰生。是革陽。陰極陽生。是革陰。故陰往陽來爲春夏。陽往陰來爲秋冬。四時便成了。桀紂暴虐。天人共忿。湯武實行革命。實是順從天理。應合人心。可見革道于天地世運。都有最重要的關係。而尤莫大於得時。若稍失時。便難成功。

象曰。澤中有火。革。君子以治歷明時。

澤中有火。水盛便息火。火盛便息水。故有革象。君子按日月星辰以治歷數、而明定四時的次序。是時序爲必要的變革。蓋時序不革。不能成歲。君子治歷明時。四時纔能合序。由此而推。革道關係的重大。會心自當不遠。

初九。鞏用黃牛之革。

鞏、是束縛。堅固。黃中色。此革字、是皮革的革。變革事體極大。必合時得位。更有相當的才。審慎而動。纔能无悔。九在初、是時不當動。位在下、是地位不當動。才剛陽而居離體。未免火性太大而躁。是人又不宜動。此時必以中道堅固自守。如結結實實的用黃牛的皮革束住。暫勿妄動。纔能合法。桓玄篡位。自取殺身。便是妄動所致。

象曰。鞏用黃牛。不可以有爲也。

時、位、才、都不相當。故不可以有爲。

六二。已日乃革之。征吉无咎。

以六居二、柔順中正。又爲文明主體。上與剛陽的大君爲正應。中正文明。无偏无蔽。應上便有權勢。體順便无違悖。時、位、才、都相當了。者便是卦辭所說的已日乃孚。故曰已日乃革之。因二盡美盡善。故進行變革。无有不吉。並不能有一點過咎的。

象曰。已日革之。行有嘉也。

既已日乃孚。一經進行。其成就自是可嘉。故曰行有嘉。行、釋征字。嘉、釋吉无咎。

九三。征凶。貞厲。革言三就。有孚。

三居下卦以上。是位已漸高了。緊接上卦。權也有一點了。處離上、剛明至極。是也不爲无才。似乎可以行變革的事了。今曰征凶貞厲。是進行必凶。雖正也危。何以如此垂戒呢。是因九三不患不剛。患在太剛。不患不明。患在太明九三如此剛明過中。就恐其變革的過于冒失。將使天下人皆疑懼而心難誠服。必如革卦卦辭所言的三事都能成就而不相違背。然後才能取信于天下。所言的三事、是甚麼呢。就是大亨、大信、大正、那三事。大亨、人情便无不通。大信是對人不欺不詐。大正、是作事毫无邪曲。此三事都能成就。无論如何變革。自无往而不利了。王安石施行新法。惜未注意及此。

象曰。革言三就。又何之矣。

又何之、是又焉往而不可的意思。之、作往解。

九四。悔亡。有孚。改命吉。

下互巽、爲命令。此居巽上、又改入上卦。故云改命。革下三爻、有愼重改作的意思。上三爻、便革而當了。故于四、開口便說悔亡。有孚改命。就如離交于兌、是把夏令改爲秋令了。又如湯改夏的命令而爲商。武改商的命令而爲周。四爲改革的大臣。如伊尹太公。是有孚、是上有孚于五。下有孚于民。上下都能有孚。所以得吉。

象曰。改命之吉。信志也。

信志、便是有孚。革以有孚爲本。今上下都信其志。改命所以得吉。

九五。大人虎變。未占有孚。

九五以陽剛中正的才德。當兌金肅殺的時候。而爲順天應人的舉動。四與二、又能爲征吉改命的元勳。五既有其位。復有其德。人民引領。宇宙更新。大人虎變。革道庶幾盡善盡美。乾五曰龍。革五曰虎。是因揖讓爲文事。故稱龍。征誅尚武功。故稱虎。天下共信。后來其蘇。者便是未占有孚。未占有孚、便是「不疑何卜」

象曰。大人虎變。其文炳也。

文、是文章。炳、是光彩。以人事論、改正朔。易服色。制禮作樂。煥乎其有文章者。等彪炳可觀。无怪天下都願仰望其丰采。

上六。君子豹變。小人革面。征凶。居貞吉。

虎大、豹小。上爲陰。故曰豹。九五爲君、稱大人。此爲佐命的勳臣、故稱君子。上六革道已成。如漢蕭何陳平諸臣。其出身或爲吏胥。或爲屠販。此時都開國承家。列爵分土。班孟堅所說「雲起龍驤。化爲侯王」那便是豹變也。是因革命成功。九五既虎變而總理國成。上六便豹變而分掌國事。小人、便是百姓。革面、是換一付面孔。從前爲暴君汙吏的百姓。都是面從心違。如今旣經改革。皆心悅誠服了。湯出征而嫌後。武肆伐而倒戈。那都是革面的情況。征凶、是言此時的百姓。若別有所往。便爲梗化的頑民。故凶。若能安居以「徯我后」便正而吉。（徯、作待字講。）

象曰。君子豹變。其文蔚也。小人革面。順以從君也。

文蔚、是文彩薈萃。蔚爲大觀。順以從君。就是「不識不知。順帝之則」的情況。

䷱ 巽下離上　以六五上九爲卦主。

鼎、爲烹飪的器具。卦離上巽下。下一陰兩開、爲足。二三四陽、如中間滿貯物品而實、爲腹。五一陰分列左右、爲耳。上一陽、爲鉉。合爲鼎象。又按上下二體說。離中虛在上。下有足。並以木入火也。爲鼎象。彝有鼎義。序卦、「革物者莫若鼎。故受之以鼎。」鼎能變生爲熟。化堅爲柔。改腥膻爲馨香。都是變革物質的事。故以次革。

鼎。元亨。

卦辭與大有同。元亨以外無餘辭。解詳彖傳。

彖曰。鼎。象也。以木巽火。亨飪也。聖人亨以享上帝。而大亨以養聖賢。

象、是說本卦六爻有鼎象。巽爲入。巽火、便是入火。亨讀作烹。烹飪、就是蒸煮燔炙的那些事。象、是鼎的形狀。亨飪、是鼎的作用。聖人、指君說。聖賢、指臣說。古人有大德的都可稱聖。湯誥曾稱伊尹爲元聖。亨飪最大的用項。莫過于祭祀上帝、及欵待聖賢。享上帝、貴誠不貴物。故止曰亨。養聖賢、貴豐。故曰大亨。

巽而耳目聰明。柔進而上行。得中而應乎剛。是以元亨。

耳目聰明、便是明目達聰。爲養聖賢應得的報酬。離明巽入、有孔子所云耳順、聲入心通的意思。柔、指五說。此柔爻在革居下體、今在鼎居君位。故曰進而上行。五居上得中。下應剛陽的九二。故曰得中而應乎剛。以人事論。在上的能虛心以養聖賢。在下的能實心以報知遇。是以爲元亨。

象曰。木上有火。鼎。君子以正位凝命。

凝、是凝重。巽爲命令。故言命。木上有火、是火附于木。方顯出鼎的作用來。君子效其作用。遂正其位、无偏倚的動作。凝其命、必莊重其言辭。鼎安重不可遷移。君子鎭定不能動搖。古人所以說定國爲定鼎。

初六。鼎顛趾。利出否。得妾以其子。无咎。

否、讀作鄙。作汚穢解。初居下、鼎趾象。凡在烹飪以前。必先洗濯其器以除汙穢。初正在此時。將鼎洗淨。必顛倒令鼎趾向上。將其中汙穢傾出。纔能用。故云鼎顛趾利出否。但洗鼎的時候。鼎趾顛倒向上。好像上下倒置了。然因傾除穢物。故必須如此。也如置妾本非必要。然以妻無子。欲以妾生子。雖寵愛不免在妻以上。因理由正當。故也必須置妾。若專爲娛樂而置妾。與非因洗鼎而顛趾。便有過咎。今既皆有正當的理由。那就可以无過了。中女與長女同在一卦。上又互兌。故云妾中女少女。都在巽長女以上。有顛倒象。

象曰鼎顛趾。未悖也。利出否。以從貴也。

未悖、是說顛趾好像上下顛倒。然洗器的時候。應該如此。未爲悖理。貴對賤說。鼎中汙穢。便是賤物。以從貴是欲把珍品貴物用鼎烹調。不得不把賤劣的東西先行除去者便是從貴去賤。此中也有得妾以其子的意思。

九二。鼎有實。我仇有疾。不我能即。吉。

二以剛居中、能守其剛中的實德。雖比于初、而以其非正、不肯輕與交接。仇作匹配解。二陽、對初陰、故說仇。有疾、是說其非正。即是相就。不我能即、是因其有疾、不能教他前來就我。如此二能以剛中自守。不能與人苟合。所以能吉。仇作偶解。

象曰鼎有實。愼所之也。我仇有疾。終无尤也。

愼所之、是无往不愼。此言九二有陽剛的實德。故動輒愼重。既能如此謹愼。不至失身于陰黨。那是終无過尤的。昔管甯與華歆同學共席。有達官過門。歆出觀而甯不動。便是愼所之。甯與歆割席分坐。便可終无尤。

九三。鼎耳革。其行塞。雉膏不食。方雨虧悔。終吉。

三、變爲坎。上互便也成坎。坎爲耳痛。耳革象。坎險重重。行塞象。三變、下互離爲雉。坎爲膏。雉膏象。上互本爲兌。因三變不成兌口。不食象。三變上互坎水。下也爲坎水。方雨象。鼎所用以舉起挪移的。全在兩耳。三居巽上。上應離的上爻。木火都盛。到極處。鼎中正在沸騰。兩耳也便極熱。作用變革。不能舉移。故曰鼎耳革其行塞。然雉肉極美。雉膏更美。若火候太過。就是食品中極珍貴的雉膏。失飪、也恐不能食了。此時只好以水救濟。若如火將燎原。正遇天雨。立時便把那沸騰的勢子。能殺下去。始雖似要有悔。一經救濟。也就可以減免。而終能得吉了。虧、有減免意。

象曰。鼎耳革。失其義也。

義、是宜。宜、是恰當其可。烹飪時以木入火。无過不及。必得其宜。纔好。三因木火太過。便失了烹飪的火候。不能恰當其可了。

九四。鼎折足。覆公餗。其形渥。凶。

餗、是珍膳。爲實鼎的珍品。四居大臣地位。自當担任重事。任重事、便獨力難支。必用人幫助纔好。然四下與初應。初爲陰柔小人。是不可用的。而四偏用他。不但不能勝任。且必壞事。初爲鼎足。上互兌爲毁折。折足象鼎實近于鼎耳。是很滿了。鼎一折足。滿鼎珍膳立時傾覆。初六如此僨事。都因九四用人不當。公餗、是從享上帝養聖賢上立說。以明與家常便飯不同。爲大臣的、因所用非人。失敗至此。未免難以爲情。故其形渥。形渥、便是誠中形外。面赤汗流。愧悔无地。其凶自不待言。

象曰。覆公餗。信如何也。

信任太專。竟至失事。何以如此信任。問心也難自解。故曰信如何。房琯用李楫劉秩。王安石用呂惠卿類此。

六五。鼎黄耳。金鉉。利貞。

五在鼎上、陰爻兩開、耳象。鼎的舉措在耳。故耳正當君位。五有中德。故云黄耳。鉉、爲鼎的提繫。金、剛德。鉉位在鼎上。都指上九說。耳爲一鼎的主。耳虛中。鉉便可繫。鉉繫耳、鼎便可用。故六五虛中以得上九的幫助。而後鼎中的美味。享上帝養聖賢。以利天下。達聰明目。重器爛然。定鼎功成。更利用正道以固守。斯可以長治久安了。

象曰。鼎黄耳。中以爲實也。

六五虛中應剛。是以中爲實德。也就是坤卦六五美在其中的意思。

上九。鼎玉鉉。大吉无不利。

上九以一陽橫亙乎鼎耳、鉉象。金鉉是剛的。六五本其柔性。仰視上九。欽佩其剛。故稱金鉉。玉體是能剛柔而溫潤的。上九以剛居柔。而與六五柔體更相密比。是剛健溫柔。上九兼有。故曰玉鉉。玉豈可爲鉉。易只以便于取象。故不必實有其物。與困金車同。上九既能如此剛柔適宜。動靜不過。自能大吉而无所不利。上處境本已无位。而井鼎皆以爲吉。是因水以汲而出井爲功用。食以烹而出鼎爲功用。同一上出爲功用。所以井爲元吉。鼎爲大吉。然大有上九爻辭也與井鼎相同。其相同處、在井爲通養。在鼎爲養聖賢。在大有爲尚賢。所以辭也相同。

象曰。玉鉉在上。剛柔節也。

剛健溫柔、皆能中節。上居成功致用的地位。而能比德于玉。所以大吉而无有不利。

䷲ 震下震上 以初九爲卦主、

震一陽生于二陰以下有從地下一衝而出的勢子。其象爲雷。其義爲動。乾坤交而生物。此爲乾一索所得。故爲長男。序卦、「主器者莫如長子。故受之以震」鼎爲重器。不可无主。故以此繼。

震。亨。震來虩虩。笑言啞啞。震驚百里。不喪匕鬯。

震陽生于下。動而向上。有生生不已象。生生不已。自是亨道。易本能對于「危者使平。易者使傾。」

人能于平時安不忘危。此心常如禍患臨頭。虩虩恐懼。不敢輕慢。日用尋常。舉動有法。一笑一言。都啞啞然安適自如。平常能夠者個樣子。雖于頃刻間突然發生變故。就算霹靂一聲。震驚百里。然此心有主。態度安閒。迅雷的聲威雖大而遠。而主祭的手中所持祭器。斷不至委棄而喪失。居安思危。操持有素。聞驚不驚。以守宗廟社稷。庶幾无懟。虩、是壁虎。常有周環顧慮不自安的樣子。虩虩、是借用作恐懼的意思。啞啞、是和平安適的樣子。匕、是棘木作的。用以取鼎中實物。升于俎上的器皿。鬯、是盛酒的器皿。啞、音厄。

象曰。震亨。

震有亨道。自不待言。

震來虩虩。恐致福也。笑言啞啞。後有則也。

恐、是恐懼。恐致福。便是生于憂患。後有則、日用起居。不違理。不越分。凡此皆由恐懼而來。能恐懼而後自處有法。則有法則便安而不懼。處震的道理如是。

震驚百里。驚遠而懼邇也。不喪匕鬯。出可以守宗廟社稷。以爲祭主也。

雷震及于百里。遠者驚。邇者懼。聲威極大。然主器的誠敬至極。不能驚懼而有失。此等態度。若繼世出而爲君。自可長守宗廟社稷。永爲祭主。而无喪失之可言。震爲長子。故言主祭。

象曰。洊雷。震。君子以恐懼脩省。

洊、作再字解。有重襲的意思。因上下皆震。故爲洊雷。雷足以驚人。雷重發。聲威越大。驚人越甚。君子若當此時。不但不驚恐。且有相當的功用。孔子迅雷必變。便是功用。其變、便是改變常度。其一身的常度。有必須自脩的。便加意自脩。然自脩也難免有過當的地處。故必須隨時自省。然後可以无過。无論如何震驚。因其先事常常恐懼。臨事自能毫不恐懼了。

初九。震來虩虩。後笑言啞啞。吉。

初爲卦主。處于震下。而剛陽得正。是能先事戒懼的。故彖辭所言。此爻可當而无愧。

象曰。震來虩虩。恐致福也。笑言啞啞。後有則也。

六二。震來厲。億喪貝。躋于九陵。勿逐。七日得。

六二居中得正。是善于處震的。而下乘初九陽剛。是主震的。剛動奮而向上。最難抵當。故曰厲。厲有猛厲危厲兩義。億、是測度。貝、是財物。躋、是升。九陵、是岡陵最高處。逐、是追逐。此以震來既猛。怕不能當。只可把財物委棄一概不管。自己升至岡陵最高處。一身免禍。便爲得計。絕不戀惜財帛。妄事爭逐。二、能如此處變。中正自守。何等大方。然震不常震。忍耐七日。震終時過。所有貨物。便能復得了。此爻始如破甑弗顧。終能去珠復還。高祖避項羽。光武避更始。皆此爻意。卦只七位。七便改易。故言七曰。

象曰。震來厲。乘剛也。

當震而乘剛。彼猛而己危。所以不能抵禦。

六三。震蘇蘇。震行无眚。

蘇蘇、是恐懼不安的樣子。陰爲陽所震動。故恐懼不安。三去初雖遠而比于四。是下初的震動纔過。而上四的震動又來。對初既蘇。對四又蘇。故曰蘇蘇。上互坎多眚。三變便爲陽得正、且當位。前因坎陷難行。今一變便改陰柔而成陽剛。就可以行動自如。既能行動。更因坎體已變。便可无眚了。

象曰。震蘇蘇。位不當也。

三當重震相連。陰柔不中不正。處位不當。所以不免蘇蘇。

九四。震遂泥。

遂、是无有回反的意思。泥、讀去聲。作沈溺解。九四以剛居柔。不中不正。且陷于二陰中。處震不能自守。欲動不能興奮。是其才既无能爲。又被宴安的私欲陷溺、而不能拔脫。故曰震遂泥。此爻在互坎中心。故陷溺難反。宋高宗不能恢復中原。迎還二主。是此爻義。

象曰。震遂泥。未光也。

四陷于二陰中間。沈溺于私欲而不知反。是不能有光的。

六五。震往來厲。億无喪有事。

初九始震爲既往。九四洊震爲復來。六五居君位。以柔弱才。當洊震時。是往來皆厲。危懼已極。然五有中德。才雖不足以濟變。而憑此美德。便可自守。權衡億度。恐懼脩省。把目前所有的事。概能維持得住。不至喪失。者便是六五以有中德所收穫的。

象曰。震往來厲。危行也。其事在中。大无喪也。

六二以來厲而喪貝。六五往來皆厲。應該大有喪失的。然五有極美的中德。凡所有事皆不失中。雖行動皆有危機。也就不至大有喪失了。

上六。震索索。視矍矍。征凶。震不于其躬。于其鄰。无咎。婚媾有言。

上六以陰柔處震極。闇而好動。一遇變故。方寸已亂。故有索索矍矍象。索索。是神氣消索。矍矍。是瞻視不定。遇事心无主張。萬難濟變。若想進行。凶象立見。故曰征凶。然失敗至此。都因事先未能預防。若不等到了本身。在鄰近纔發現的時候。就防備起來。那便可以无咎。然因事大力薄。處理當然難以盡美盡善。外人雖不至苛責。而親戚眷屬。毫不客氣。責言是免不了的。是能事先預防。尚且如此。不然。更不知如何羣起交責了。

象曰。震索索中未得也。雖凶无咎。畏鄰戒也。

中是謂中心、未得、是因不得主張。方寸已亂。索索矍矍、正與笑言啞啞相反。畏鄰戒。是一見變動到了鄰近的地方。便恐懼脩省。先自戒備起來。能如此畏懼戒備。纔得无咎。不然、凶事是終不能避的。

䷳ 艮下 艮上 以上九爲卦主、

艮爲止。一陽止于二陰以上。陽從下升在極上而止。此爲艮義。又其象爲山。下坤土厚重爲山體。重濁在下而不動。一陽輕清尖銳矗于其上。此是艮象。兼有止義。序卦、「震者動也。物不可以終動。止之故受之以艮。」所以次震。

艮其背。不獲其身。行其庭。不見其人。无咎。

艮象人全部身體。其義爲靜止。靜止以能防物欲爲上。於止知其所止。是止便貴得所。應止的所在。以不見所欲爲至善。老子云、「不見可欲。其心不亂。」本卦既象人身。人一身不能自見的。只有脊背。凡可欲的東西。若如脊背永不相見。靜止的善道。纔易成功。若把容易動欲的事物。羅列在面前。就算強制著不爲所動。在人看著不近人情。未免不指爲奸邪。易至取咎。今既將可欲的止于不見的處所。便能防物欲于萌芽未生的時候。既能防于未萌。凡易惹人動欲的正身。是永不得見的。故曰艮其背不獲其身。物欲不見。神清氣爽。時而徘徊庭院也。斷然見不著有以物欲的私事、來相誘的。故曰行其庭不見其人。從此內欲不萌。外物不接。動靜各止其所。自能立于无過之地了。

象曰。艮止也。時止則止。時行則行。動靜不失其時。其道光明。

時止固然爲止。時行似乎非止了。然行而合時。且當于理。正是得止。止本是止于至善。至善合時。便是孔子「可以行則行。可以止則止」的步驟。莊子所說、「泰宇定而天光發。」艮道光明如此。

艮其止。止其所也。上下敵應。不相與也。是以不獲其身。行其庭。不見其人。无咎也。

艮其止、止其所也、上句止字、便是背字、所以下文從不獲其身說至无咎。不再說艮其背了。下句止字、是解艮字所字、是解背字。便是說止于所當止的去處。凡上下相應、必一陰一陽纔能相合。而朝夕把晤。今上下六爻、各相敵對、不相應與。故曰上下敵應不相與也。然八純各卦、六爻皆不相應。何以但于此卦說上下敵應呢。是因卦義既止而不交。六爻又對峙而不相應合。是與止意相符。故于此處發明此理。上下既爲敵應。物欲不能交相引誘。所以能如卦辭所說的靜也得止。動也得止。自能无咎。

象曰。兼山艮。君子以思不出其位。

內外皆山。故云兼山。兼是指重艮說。君子讀艮、知凡天下任何道理。都宜止乎其位。從名分上說、父子、兄弟、夫婦、朋友、各有位。從境遇上說、富貴貧賤、夷狄、也各有位。處于何位。思想便應在于何位。若處于此位、而作分外的妄想到了其他的位子上。那便是出乎其位。與艮止的道理相反了。君子法艮知止。斷不出此。

初六。艮其趾。无咎。利永貞。

艮體象人身。初在最下。趾象。趾、是先動的。當先動的時候。便止而不動。是不輕舉冒進。可以无過。然恐其止于初而懈于終。故戒以利永貞。利永貞、是利于常久貞正而堅固。

象曰。艮其趾。未失正也。

理所當止便止。為正。此正字、便是爻辭的貞。爻曰利永貞。象曰未失正。可見初六的艮趾。是理所當止的。

六二。艮其腓。不拯其隨。其心不快。

六二居中得正、是能止于至善的。上既无正當的應援。而與三密比。三居下卦以上。是主乎止的。然剛而失中。動靜斷難適宜。而又剛愎自用。恥于下問。二德雖中正、三不能降心相從。而二的行止以三為主。三為心位。二在趾上為腓。心動腓便相隨。易例以相近的下位為隨。二既不能以至善的大道、拯救三的不中。勢不得不勉強隨和。不拯而隨。是雖本欲艮其腓。而以言不聽。道不行。又不能不隨上而動。隨上而動．腓所當然．其中心所以不能暢快。腓字解詳咸卦。

象曰。不拯其隨。未退聽也。

退聽、便是下從下互坎爻辭不快。是從坎爲心病加憂立言。象說未聽。是從坎爲耳痛立言。

九三。艮其限。列其夤。厲薰心。

限、爲上下身的界限。就是腰胯。夤、爲膂。是脊骨。列其夤、作峙立不動、等于虛設解。前言艮背、是能動而故止。如人坐立安靜。而揖讓俯仰。禮節不廢。故可无咎。此言列夤、是由艮限、腰胯不能屈伸。而脊骨等于虛設。本爻爲一身之樞紐。不當止而止。如木雕泥塑。又如人患半身不遂。其危厲難安。那能不薰灼其心呢。

象曰。艮其限。危薰心也。

六四。艮其身。无咎。

六四以陰居陰。是止而得正的。如人的視聽言動。爲一身的作用。非禮勿視、勿聽、勿言、勿動、便是艮其身。能如此自能无咎。若九三艮限、是但知止而不知動。把視聽言動、都不用了。那還行麼。

象曰。艮其身。止諸躬也。

是能靜止其身而不躁動。故曰止諸躬。

六五。艮其輔。言有序。悔亡。

五以陰居陽。易至有悔。然五得中、而陰陽調劑得宜。知敗事皆生于言。因思與其言而不善。不如止其輔頰而不言。止而不言。並非不言。是審而後言。審而後言。是言有程序而不亂發。又何悔不能消滅呢。高宗三年不言。一言而四海皆仰望。威王三年不鳴。一鳴而齊國都震驚。止在言先。不輕出口。

止非緘默。重在有序。斯爲艮道。

象曰。艮其輔。以中正也。

五以得中爲最善。艮其輔、使其言有序。是其止能合于中。合中便爲正道。是以合中而處事。便得正道。故曰以中正也。本義謂多此正字。又有謂正字當作止字的。都因五不當位。不得爲正。故其說不一。不知能中便无不正。中固可以包括正字。而正却不能包括中字。他卦往往如此。

上九。敦艮吉。

上九剛實居艮終而爲卦主。其晚節的堅勁。如泰山喬嶽。其靜止萬不能搖。其高厚萬不能移。此伊尹將告歸。孔子不踰矩的境界。安得不吉。

象曰。敦艮之吉。以厚終也。

艮「萬物之所成終而所成始。」故言以厚終。終既敦厚。萬事都從此始。更顯出靜者多妙來了。

䷴ 艮下 巽上　以六二九五爲主

漸、是漸進而不急遽的意思。卦上巽下艮。山上有木。以漸而高。漸高是進有序。故爲漸。序卦、「艮者止也。物不可以終止。故受之以漸」止必有進。是屈伸久暫的定理。漸所以次艮。

漸。女歸吉。利貞。

女子謂嫁曰歸。女歸、是必須漸進的。媒證全。大禮備。纔能成婚。若歸不以漸。那便是奔了。漸進爲歸。速便爲奔。故女歸以漸爲吉。然本卦以長女而配少男。恐有嫌其少小的意思。而少男漸長漸大。長大自然能盡夫道。所以利于堅固守正以待。若不守正以待。只嫌其目前不盡夫道。恐怕就要發生意外了。

彖曰。漸之進也。女歸吉也。

君子難進。及進以禮。都是漸進的意思。世人往往不明漸進的道理。所以說、必須如女歸的那個樣子。纔算眞能漸進而得吉。

進得位。往有功也。進以正。可以正邦也。

九五剛健中正而居大位。六二以柔順中正大道、與爲正應。是文王后妃化始宮闈。由修身、齊家、漸而至于治國、平天下、那樣情事。故曰往有功。故曰可以正邦。

其位。剛得中也。

此以卦體言。指九五。

此就上下二體明漸進的美處。止、便能不暴。巽、便能用謙。以此漸進。自然不至發生阻力。動有困窮的情事。

止而巽動不窮也。

象曰。山上有木。漸。君子以居賢德善俗。

山上有木、是因山而高。且漸長漸高。不是從地下突然高起來的。故為漸。君子玩其義、知薰陶漸染。習俗移人。都是由漸而來。所以必須擇有賢德善俗的鄉里居住。以便耳濡目染。使舉家漸摩賢德。漸習善俗。漸成為模範家庭。方合卦義。孟子所說「引而置之莊嶽之間」意與此同。

初六。鴻漸于干。小子厲。有言。无咎。

鴻、是水鳥。此鳥往來有時。先後有序。于漸義為切。昏禮用鴻、取不另配的意思。于女歸義為切。故六爻皆取鴻象。干、是水岸。鴻離開水先進于岸。次進于磐。于陸。于木、于陵。于逵、一步高一步。確為漸進。初六陰柔而居艮初。由下漸進而上。故有鴻漸于干象。此喻少年新進。初出茅廬。上无應援。在己正危厲不安。在人還難免譏誚。然實非越級躁進。揆諸漸義。可云无過。故謂小子厲有言无咎。初與下互坎相近。故云干。艮少男。故云小子。

象曰。小子之厲。義无咎也。

雖似危厲、而以居下、柔靜不躁。按諸卦義。實屬无咎。

六二。鴻漸于磐。飲食衎衎。吉

艮爲石、故說磐。互坎、飲食象。二中正。上應九五。其上進有安裕平易的態度。磐、是很安平的大石。因六二漸進。很是穩重。故取象漸磐。自干至磐。又進一步。鴻食便呼衆。群聚飲食。安樂和鳴。很有安詳的光景。衎衎、和樂象。在初六不中不正。上无應援。故小子厲有言。六二、柔順中正。上應九五剛健中正。故飲食衎衎。无有不吉。

象曰。飲食衎衎。不素飽也。

二以與五爲正應。而得食祿。是有中正的道德。能給國家出力。不是虛靡俸祿的。所以飲食衎衎。有「委蛇委蛇。自公退食」的態度。

九三。鴻漸于陸。夫征不復。婦孕不育。凶。利禦寇。

大地高平爲陸。本爻變坤地。陸象。九三自磐而陸。又進一步。然鴻爲水鳥。陸非所安。因三陽剛不中。上无應援。故取象如此。三比六四。日往親暱。知進而不知反。此從互坎取象。坎中男爲夫。一變而坎象不見。故云夫征不復。又上互離、爲婦。爲大腹。坎中滿。孕象。一變而坎、孕象不見。故云婦孕不育。是因三與四本非正式夫婦。故雖有孕、也不能公然生育。如此安得不凶呢。又坎爲盜、寇象。離爲戈兵。變坤、順更因三謹愼不足。剛猛有餘。恐其爲寇。曰利禦寇。是欲其剛猛用在禦寇上。勿用在爲寇上。

象曰。夫征不復。離羣醜也。婦孕不育。失其道也。利用禦寇。順相保也。

離羣醜、是因三暱六四。爲一切醜事所霑染。洗刷不掉。也不想回頭。故曰夫征不復。失其道、是謂四失了婦道。不便公然生育。所以婦孕不育。順相保、是因禦寇利于行險而順。今變坎成坤。便是行險而順。可以大獲順利而保守无失。故曰利用禦寇。

六四。鴻漸于木。或得其桷。无咎。

六四陰柔无應。據在九三剛陽以上。又爲多懼的地位。絕非安全的處所。如鴻集于木。巽木在艮山上邊。鴻進于此。較陸更高了。然鴻掌趾連如鴨。不能握木。木雖高非其所安。惟四以陰居陰。得正。承上陽剛中正的九五。巽以事上。高而不危。故有漸木得桷象。桷、是平柯枝柯橫平。便可安棲。其上得安姑安。于漸進的卦義不背。故得无咎。

象曰。或得其桷。順以巽也。

安全在乎順巽。其心能順以正。其身能卑以巽。便在不安的時候。也能得一粗可安身的機會。四、或得其桷。便是因其能順以巽。不然、那能无咎呢。

九五。鴻漸于陵。婦三歲不孕。終莫之勝。吉。

陵、是高阜。五變、爲重艮、故象陵。鴻進于此。又高一步。五居尊而應二。五、陽。二、陰。上下合志一德、大有爲於天下。如鴻毛遇順風。本无阻礙。然竟三歲而不得合。如婦人三歲不孕一般。蓋因五欲親二、而九三在旁離間他。如蒯通說韓信。二欲親五、而六四在旁離間他。如管蔡毀周公。所以有三歲不孕象。然君臣皆有中正的美德。九三、六四、的離間計。終不能永遠取勝。以先雖不免小有阻力。後來終能得吉。上互離、爲大腹、而中虛、故曰不孕。離三數、故云三歲。

象曰。終莫之勝吉。得所願也。

隔害的終莫能勝。自然能得如所願。得所願、又安能不吉。

上九。鴻漸于逵。其羽可用爲儀。吉。

逵、爲空中雲路。鴻漸于逵、是鴻以漸進至于无有再高的去處。遂離開所止的地方而飛翔于天路。雖然高入雲際。究係由漸而來。此因上九剛陽處于極高的地位。又在巽體以上。巽又爲高。故以此取象。觀鴻的進行。既以漸而不失時。觀鴻的翱空。更以羣而不失序。雲空水畔。高潔幽嫺。雖爲羽族。而其進退往來。實足令人取法。果得其意。自合吉道。儀、是法。

象曰。其羽可用爲儀。吉。不可亂也。

君子進身。自下而上。由賤而貴。一舉一動。莫不有序。不失其序。便无不吉。故上九雖處高而无位的地方。也足以爲人物中的儀表。而可貴可法。是君子无論居何地位。都貴于卓然而不可亂。賢士大夫。名媛淑女。幸于此漸道注意。勿視爲陳言腐論。當不難化行俗美了。

䷵ 兌下震上　以六三上六爲成卦主、六五爲主卦主、

婦人謂嫁曰歸。女長的曰姊。少的曰妹。因兌爲少女。故曰妹。卦兌下震上。以少女從長男。女悅男動。其歸非正。故直曰歸妹。序卦、「漸者進也。進必有所歸。故受之以歸妹。」漸爲女歸正義。兩卦相形。優劣可判。故以繼漸。

歸妹。征凶。无攸利。

易有專言男女配合的四卦。咸、恆、漸、及本卦。咸、是止而說。二氣感應。恆、是巽而動。夫婦常道。漸、是靜而順。配合以正。獨本卦赤裸裸的名爲歸妹。是因本卦有二失。一、不待取而自歸。失了婚姻的大禮。按卦象、女先於男。與咸男下女正相反。一、以少女歸長男。失了年歲的班配。按卦義、女自出于情願而悅樂。與咸兩少相交又相反。故不曰妹歸、而曰歸妹。以明失禮。不曰歸女而曰歸妹。以明失時。凡卦辭直言吉凶而不著他辭的。大有與鼎直言元亨。此直言征凶无攸利。蓋尊德養賢。是人君的盛節。故贊美以外无他辭。自媒自薦。爲婦女的醜行。故指斥以外无他語。

彖曰。歸妹。天地之大義也。天地不交而萬物不興。歸妹、人之終始也。

萬物无獨生獨成的道理。男有室。女有家。本爲天地造物的大義。天地交、萬物纔生。男女便是小天地。男女不交、人道就要滅絕。歸妹爲處女道終。而婦道從此開始。有夫婦然後有父子。前終後始。相續不窮。故曰人之終始。

說以動。所歸妹也。

歸妹雖爲天地的大義。而說以動。與咸卦「止而說」大不同了。卦象女先乎男。是所歸在乎妹。爲妹所自己主張的。如此便係私情。而不合正理了。

征凶。位不當也。无攸利。柔乘剛也。

二四陰位而居陽。三五陽位而居陰。是諸爻皆不當位。所處都不正。无往而不凶。大概以說而動、相配合的夫婦。斷无有不失正道的。還不但位不當。更有柔乘剛的錯處。男剛女柔。夫唱婦隨。纔爲常理。今九二陽剛、爲六三陰柔所乘。九四陽剛、爲六五陰柔所乘。夫屈于婦。婦制其夫。男牽慾而失其剛。婦恃寵而失其柔。倡隨倒置。那能无害。而有利呢。

象曰。澤上有雷。歸妹。君子以永終知敝。

雷震于上、澤隨而動。陽動于上、陰說相從。君子觀其配合失正。知其終必有敝。不但昏姻。推至其他

事物。莫不皆然。所以惟懷永圖。愼終于始。懷永圖・是爲長久計・

初九。歸妹以娣。跛能履。征吉

初九居下而无正應。故爲娣象。古時嫁女以姪娣從。嫡下皆爲娣妾。凡女歸不待六禮齊備。便爲失禮。但陪嫁的娣妾不嫌失禮。少長不班配的爲失時。但娣妾可以待年。不嫌失時。是卦義雖凶。而初獨无嫌。故如跛足的尙能步履。雖不能遠行。而于其個人的身分上无有不合。是少長相配的行爲。在妻便凶。在娣便可化凶爲吉。兌爲妾。當歸妹時。故象娣。兌毀折。初在下。變坎爲曳。跛能履象。

象曰。歸妹以娣。以恆也。跛能履吉。相承也。

娣媵從嫡而歸。斯爲恆道。故曰以恆。但身分卑下。雖其德剛陽得正。然事事仰承人的鼻息。雖云恒道。也不過如跛足的能履罷了。

九二。眇能視。利幽人之貞。

卦爲歸妹。故雖陽爻也取女象。九二陽剛得中。上有正應。是能剛決合中而爲嫡配的。較初九娣妾的身分。優勝得多了。但與相應的。陰柔不正。是賢婦以夫也不良。不能大顯其內助的手段。不過獨善其身而小試其才。如眇目的雖能視。而不能及遠的樣子。然女子最重貞正。五雖不良。二確能守其幽獨的貞操。此處所說利幽人之貞利字的意思。是二的本心以此爲相宜。不是戒辭。兌毀折。互離曰、眇象。在坎下、坎爲隱伏、故曰幽人。

象曰。利幽人之貞。未變常也。

禮記所云、「一與之齊。終身不改」。此爲婦人的常道。一以能守幽人的貞操爲利。是永終不會改變常道的。

六三。歸妹以須。反歸以娣。

須、是賤妾的稱謂。六三居下卦以上。本非賤女。但不中不正。爲兌悅的主體。是工於獻媚取憐。爲婦女中品行最賤的。歸妹以須、是旣已于歸。而夫家方知其爲下賤的女流。遂將其退回。其家无可如何。只得仍向其夫家、要求反回、歸爲妾媵了事。故曰反歸以娣。

象曰。歸妹以須。未當也。

不中不正、專以取悅爲事。位未當。德也未當。无怪其終歸到下賤的地位上。

九四。歸妹愆期。遲歸有時。

愆期、是過期。以剛陽居四。四上體、處境略高。剛決在女子爲正德。心地賢明。其結婚自然絲毫不苟。非相當。非禮備。決不輕許。因選擇甚細。不得正應。至摽梅（男女婚配正當的時候）佳期已過。尚未于歸。然一遇良緣。自能珠聯璧合。婚姻不可急就。稍遲自有其時。時至便歸。不過稍待罷了。士君子學成待用。也應如此。

象曰。愆期之志。有待而行也。

所以愆期的緣故。是居心必待選擇適當。諸事圓滿而後纔行。行、是出嫁。

六五。帝乙歸妹。其君之袂。不如其娣之袂良。月幾望。吉。

六五柔中居尊。下應九二。尙德不尙飾。故爲帝女下嫁。帝乙歸妹、泰卦六五、曾經著明。諸侯妻曰小君。妻道是以德助夫的。妾道是以色悅夫的。故帝女下嫁並不備極盛的裝奩。是以其君之袂。不如其娣之袂良。袂、是衣袖。女衣重袖、故專說袂。帝女貴而有德。本極圓滿。今因謙虛如月幾望而尙未滿盈。最得吉道。本卦以少女不待夫家相求而自歸爲非禮而凶。然帝女、例无人敢去求親。其爲女擇壻。送女下嫁。皆由女家一方面主持。是不待娶而自歸于常人爲非禮。于帝女爲適宜。而于卦義相脗合。所以得吉。

象曰。帝乙歸妹。不如其娣之袂良也。其位在中。以貴行也。

既得中道。又爲帝女。有此美德。有此尊貴。行歸夫家。何必尙飾呢。

上六。女承筐无實。士刲羊无血。无攸利。

刲、作屠割解。上六女歸至終而无正應。是女歸有始无終的。大象所說、永終知敝。上六便是。凡祭祀夫婦各有職掌。女承筐而實蘋蘩。士刲羊而取毛血。祭品齊備。典禮斯成。今當肅穆供職的時候。筐筐空虛。蘋蘋莫薦。士見女不盡職。至刲羊時、无心淡腸。也割不出血來了。以承祀奉先的大典。竟至不能成禮而還。此皆因少女來頭不正。所以最後結果也就不良。先言女而後言士。是明其罪在女。故无攸利的爻辭與卦辭同。兌爲女。震爲士。震又爲竹、且有筐象。變離中虛。故云无實。兌爲羊、離爲戈兵、故云刲羊。變離、互離、坎血在中。被上下兩火蒸燒乾枯。故云无血。

象曰。上六无實。承虛筐也。

象傳專提出女一方面不盡職的事實來。也是以祭祀不能成禮。專歸罪於女一方面。一失足成千古恨。周公微示其意。孔子顯露其辭。衆惡所歸。是不能原諒的。

䷶ 離下震上　以六五爲主

豐、序卦「得其所歸者必大。故受之以豐」物所歸聚。愈聚愈盛。女歸如能宜家。家道也必豐盛。故以豐繼歸妹。卦離下震上。雷電交作。勢極盛大。豐象。以明而動。明足以照。動足以亨。理財聚人。日見盛大。豐義。

豐。亨。王假之。勿憂。宜日中。

豐爲盛大。家國天下。本是一理。既能盛大。无論何事。靡有辦不通的。是豐中自有亨道。然必如王家。

四海富有羣生繁庶。盛大纔算到了極處。但盛極必衰。是爲常理。聖人遠慮。未免深憂。又思空憂無益。此時宜以持盈保泰爲主義。常如赤日方中。不至稍有偏昃。處盈能守中道。便可以常保其豐亨了。假、讀爲格。作至字解。

彖曰。豐大也。明以動。故豐。

致豐在乎明以動。可見處豐非明不可。昏便不能處豐。故孔子先發此義。示人以玩辭的方鍼。

王假之。尙大也。勿憂宜日中。宜照天下也。

王家富有四海。衆有兆民。是最崇尙盛大的。日昃便有不能普照天下的憂慮。處豐而能永久保守。宜如日中的光明。普照天下。不讓他稍現昃象。如此便可永保。若每日空費憂思。是无有用處的。

日中則昃。月盈則食。天地盈虛。與時消息。而況于人乎。況于鬼神乎。

日中盛極。便要昃斜。月望盈極。便要虧缺。天地造化。盈虛消息。每因乎時。是天地且不能常盈而不虛。而況人與鬼神。盈虛是盛衰、消息是進退、鬼神是變化的動機。物理盛衰。隨時進退。人若處在豐盛的時候。而偏昃不守中道。將立見變化。不能保守了。所以處豐也不必多所憂慮。但能把如日方中的態度保持得住。那就好了。

象曰。雷電皆至。豐。君子以折獄致刑。

雷電齊來。聲勢盛大。斯爲豐象。離明察。震威嚴。君子觀象。知明以動、與聽訟的道理相合。始而治獄、法離電的明察。以折其獄。是非曲直必得其情。終而科刑、法震雷的威嚴。以致其刑。輕重大小必當其罪。

初九。遇其配主。雖旬无咎。往有尙。

初爲下卦初爻。四爲上卦初爻。此始明。彼始動。故此言配主。彼言夷主。兩陽雖非正應。兩德自是相同。且明動兩相借光。遂相須成爲大用。往而相從。故不但无咎而且可得好處。旬、作均字解。尙、是嘉尙。

象曰。雖旬无咎、過旬災也。

過旬、是與配主共事、過了平均綫的意思。如日中便昃。月盈便食。那便是過了平均的限度。凡事不均。就難保不有意外的災眚。

六二。豐其蔀。日中見斗。往得疑疾。有孚發若。吉。

蔀、是草名。下互巽、爲柔木草象。斗、是量器。應爻震象。斗星象帝位。以二應五。故云。震又爲蕃、草盛象。言亂草蕃盛。蔽日。雖見星。星微光。也不過如黃昏見的斗星罷了。此因六二爲離明主體。而上應六五。處君位而柔闇過甚。故以豐其蔀。當日中不見日而見斗取喻。二雖有中正至明的才識。而上應闇主。彼既不肯近賢。若去與彼相近。彼心不安。轉恐有猜疑疾恨的情事。二不得已。只有竭盡誠心。以感發其志氣。至誠動人。一經感發。彼庸主昏闇可開。豐盛的狀況。藉可保守。自能化凶爲吉了。伊尹輔太甲。孔明輔後主。都是此意。

象曰。有孚發若。信以發志也。

志、是六五的心志。有孚發若、謂以自己的誠信。發君上的心志。果能生效。其吉可知。也因五雖柔闇。究竟得中。加以六二中正至明。實心啟沃。那會不生效力呢。

九三。豐其沛。日中見沬。折其右肱。无咎。

沛、是草澤掩蔽禽獸匿居的地處。沬、微有明光。是斗旁的輔星。肱、是膀臂。右肱、是正臂連正手。一身最出力的。上互兌巽草、兌澤、上應震。上爻爲蕃。故象沛。五、君位。二與相應。故見斗。三應上、上便是斗旁輔星了。故見沬。本爻變、下互艮手。原互巽爲長。是與手相連而長的。故爲肱。兌爲毀折。故折肱。三陽明而正。上應上六柔暗蔽明。故有豐其沛日中不見日而見沬象。明既以柔暗掩蔽。是以有用的才具。棄置于无用了。故爲折其右肱。然雖不見用。是因上无人援手。三不能自任其咎。故无咎。

象曰。豐其沛。不可大事也。折其右肱。終不可用也。

三與上應。上柔闇且无位。那能共成大事呢。既无援助。如折右肱。便終不能見用了。

九四。豐其蔀。日中見斗。遇其夷主。吉。

夷、是平等。指初爻言。同爲上下卦的初爻。此始動。彼始明。明動相助。力敵勢均。故曰夷主。曰配主。二應六五。四比六五。同在下互巽體。同在闇主以下。故豐蔀見斗。辭也相同。此時若與初遇。明動互相資助。共商保豐大計。識力均等。自有吉道。故曰遇其夷主吉。

象曰。豐其蔀。位不當也。日中見斗。幽不明也。遇其夷主。吉行也。

位不當、是以比五而言。不是專指九四陽居陰位。說二居明體。是幽在上而明在下。二的本身猶明。若四、已出離體。是純乎幽暗而不明了。行是動、動而應初。便吉。是遇其夷主吉。全在震的行動上。

六五。來章。有慶譽。吉。

來、是招來。章、是章美。六五爲本卦主體。與下六二爲應。二有章美文明的才識。若能援引重用。是自身雖无保豐的能力。因能招來大賢。自然便有慶幸美譽而得吉。

象曰。六五之吉。有慶也。

有慶纔有譽。慶是事實。譽是虛名。未有无慶而有譽的。言慶、譽便在其中。

上六。豐其屋。蔀其家。闚其戶。闃其无人。三歲不覿。凶。

上六柔暗、居明動豐盛的極處。豐其屋、是富潤屋的樣子。承平日久。奢侈已甚。柔弱昏暗。那能保守。

前豐其屋。今已蔀其家了。蔀其家、是「庭草無人隨意綠」的樣子。破落門戶。寂无人烟。縱待三年。也難恢復舊觀。盛極必衰。動極必靜。故有此象。其凶已甚。闚覿三歲。都從變離取象。

象曰。豐其屋。天際翔也。闚其戶。闃其无人。自藏也。

豐盛的時候、其勢力爲人所瞻仰。如翺翔于天際。可望見而不能湊合。一經衰落。從前的光彩氣焰。一槩由自己掩藏起來了。權奸抄沒富室。彫零。有此狀況。

䷷ 艮下離上　以六五爲卦主

旅、序卦、「豐大也。窮大者必失其居。故受之以旅」。豐盛的到了窮極。房舍售去。勢必他往。旅故次豐。卦離上艮下。山止于下不動。象舍館。火動于上。不處。象行人。故爲旅。（雜卦傳旅不處也。）

旅。小亨。旅貞吉。

他鄉作客。舉目无親。然只要旅費不虧。也便不生阻力。故爲小亨。卦離明艮止。見事明瞭。時止則止。是爲旅行的正道。自无不吉。

彖曰。旅小亨。柔得中乎外而順乎剛。止而麗乎明。是以小亨旅貞吉也。

六五陰居尊位。位在外卦。而上下都爲陽剛。是六五處中性順。故爲柔得中乎外而順乎剛。下艮止。上離麗。是既能靜止。且用事无不光明。故得如卦辭所云。

旅之時義大矣哉。

旅行的時候。重在早晚適宜。旅行的要義。重在隨機應變。或以旅得。或以旅喪。所關甚大。

象曰。山上有火。旅。君子以明愼用刑。而不留獄。

火在山上。是高明无有不照。君子觀玩此象。以用刑能如此明。罪犯輕重。既不難盡得其情。再益以愼。更无失出失入的情事。獄、是不得已而設的。問明以後。當罪便罪。當宥便宥。毫不留滯。人民便受益不少。明、象離火。愼、象艮止。不留、便是旅。

初六。旅瑣瑣。斯其所取災。

初六陰柔在下。上雖有正應。而以在旅、且係離體。其性上炎。不能下就爲援。賤役旅行。无人幫助。鄙瑣猥細。自取侮辱。可見旅行一事。浪費固屬不宜。過于吝嗇。便要教人看輕了。

象曰。旅瑣瑣。志窮災也。

窮、是局促淺陋。因其志局促淺陋。所以不免取災。

六二。旅即次。懷其資。得童僕貞。

即、是就。次、是臨時歇身的房舍。旅行卽次。身體安適。旅行懷資。用費寬裕。再得貞正无欺的童僕相隨從。是爲最完善的旅行。因六二有柔順中正的美德。故能如此。

象曰。得童僕貞。終无尤也。

既得童僕忠貞可靠。即次懷資。自能得當而无所失。故終无尤。

九三。旅焚其次。喪其童僕。貞厲。

舍次、都從艮取象。三上緊接離火。是房舍上有火。故言焚。九三過剛不中。與六二柔順中正全相反。過剛、人便不敢惹。不中、處事多失當。所以要住宿旅館焚了。再尋其童僕、把很忠貞的童僕。也喪失了。棲身无地。侍奉无人。恃强而危。吃虧至此。

象曰。旅焚其次。亦以傷矣。以旅與下。其義喪也。

旅失所安。也很觳傷心的了。以旅行正在親人甚少、需用童僕的時候。因著待遇下人過剛。一點恩情无有。好像對待路人一般。童僕中越是可靠的。越傷其心。喪其童僕。論理也是應該的。與是對待。

九四。旅于處。得其資斧。我心不快。

四以陽居陰。在上卦以下。是能巽順從人。不自高亢。于旅行最宜的。旅處、與即次不同。即次、是就館安居。旅處、是暫止而息肩。下互巽爲利、資象。上離戈兵、斧象。資可作食宿費。斧可作防身器。是因四才具剛明。且柔而謙下。初與五都與親近。故能得其資財及自衛的利器。此在旅雖未爲不善。然終不若得一忠貞可靠的童僕。在行旅中依爲左右手。方爲心滿意足。故心不快。此也因四不中正。所以不能圓滿如六二。

象曰。旅于處。未得位也。得其資斧。心未快也。

九居四爲不正。故未得位。但得資斧、在親寡時、而左右无人。故心未快。

六五。射雉一矢亡。終以譽命。

雉、文明鳥。離爲雉。故云。五居君位。爲文明主體。射雉、是言有犯上作亂的。以人君爲集矢的目的地。一矢射去。而君遂出亡。亡作出奔解。此爲君主旅行。與卦義爻義正合。唐玄宗幸蜀。肅宗即位靈武。德宗幸奉天。奔梁州。是如文明雉鳥。一見有人來意不善。恐被傷害。立卽騰空飛去。到了郭子儀李光弼李晟渾瑊諸將相收復故物。得返帝京。然後發布明令。分別嘉獎。佐命中興。封爵賜土者便是終以譽命了。非六五柔中順剛。止而麗明。不能得此結果。

象曰。終以譽命。上逮也。

五在旅中。賴順四、與應二、而得安以譽命及于其身。此爲君上當然的事。逮作及字解。

上九。鳥焚其巢。旅人先笑後號咷。喪牛于易。凶。

離就木說爲科上槁。枯木在上。外圓實而中空虛。鳥巢象。離火上炎、焚象。牛爲順物。用比順德。從離爲牝牛取象。上九當覊旅窮極的時候。性剛而不中正。炎上到了極點。躁妄高亢。與柔中順剛止而麗明的旅道。大相背謬。巢是鳥所安止的。焚其巢、便失其所安而无所止。此如上九喜居人上。處在至高的地方。先甚快意、而笑樂。到了人皆疾惡。失其所安。遂又不免號咷。是皆因一味驕傲。把那順德、輕描淡寫的喪棄淨盡。遂惹出者許多的凶象來。

象曰。以旅在上。其義焚也。喪牛于易。終莫之聞也。

以旅行的時候。而過于高亢。宜乎犯了衆怒。焚其巢而使其不得安身。彼既高亢。便失順德。人既如此見惡。雖有凶危在前。又那能得人警告使他聞知呢。

䷸ 巽下 巽上　以九五爲卦主

巽、序卦、「旅而无所容。故受之以巽。巽者入也。」旅行親寡。非巽順不能見容。人能巽順。雖在羈旅。无往而不能入。巽故次旅。卦一陰伏于二陽以下、順從二陽。是爲巽義。

巽。小亨。利有攸往。利見大人。

巽何以曰小亨呢。蓋將本卦分析作兩卦說。一陰雖爲主。然不能獨立。而必須順從二陽。合爲一卦說。初與四皆在下。而順從在上得位的二與五。无往而不順。是以見大人也。有利而无阻。惟其在下而不克自立。是以僅足爲小亨。

象曰。重巽以申命。

重巽、是上下皆巽。上順道以施命。下奉命而順從。以申命。申命、是恐人不從命。反覆丁寧的意思。重、便是申。巽、便是命。巽、在天爲風。在人君爲命。風是天的號令。其感物无有不入。命是人君的號令。其感人也无有不入。

剛巽乎中正而志行。柔皆順乎剛。是以小亨。利有攸往。利見大人。

剛巽乎中正。是謂九五以陽剛而順乎中正大道。建中表正。以行其志。于是上下陰柔。无不順從陽剛。以行事。故得如卦辭所云。

象曰。隨風。巽。君子以申命行事。

前風過而後風繼至。故曰隨風。君子效法重巽。以申命令而行政事。申命、是曉諭。在行事以先。行事、是踐言。在申命以後。

初六。進退。利武人之貞。

巽、爲進退。故云。變乾純剛。故曰武人。履六三變乾也。說武人。皆陰居陽位。一變純陽。便爲武人了。初六陰柔居下。未免卑巽太過。有遇事狐疑進退不決的樣子。故教以利武人之貞。果能有武人的剛決而貞正。既可化其柔懦。更不至于武斷。剛柔相濟。便无所失。初最應該如此。

象曰。進退。志疑也。利武人之貞。志治也。

寸心狐疑。進退不決。最易誤事。若柔而能濟以剛。整飭振作。改疑爲治。前後判若兩人、始不決而終能剛斷。變化正在立志。其利不可勝言。

九二。巽在牀下。用史巫紛若。吉无咎。

巽陰下陽上、有牀象。巽性伏、二上无正應。退與初陰相比。初在二下。故曰巽在牀下。互兌爲巫。周禮、掌卜筮的曰史、史是男的能禱告降神的曰巫、巫是女的。牀人所安居。今在牀下。便不安了。凡人過于卑巽。非怯便諂。都不合正道。二剛而得中。雖恭巽已極。却也不怯不諂。更常恐開罪于人。不時問卜禱神。男女史巫。來去紛紜。如此小心。自能吉而无咎。

象曰。紛若之吉。得中也。

以九二得中。故吉。

九三。頻巽。吝。

頻、是頻顣不樂。頻顣就是眉頭不展三以陽居陽。過剛不中。因在下體以上。爲四陰所壓迫。志屈難伸。勉爲卑巽。故有頻顣的情狀。所以爲吝道。

象曰。頻巽之吝。志窮也。

心剛亢而勉爲柔巽。其頻顣的狀態。把他那窮促的心志。和盤托出。故吝。

六四。悔亡。田獲三品。

六四陰柔无應。乘承皆剛。本應有悔。而以陰居陰。又在上體以下而巽于上。依尊履正。故得悔亡。更如田獵尚能大獲。三品悉備。三品、一爲乾豆。（豆是祭器、用乾肉實于其中）二爲賓客。（是供宴會的）三爲充庖。（是庖廚中隨便用的）可見天下事全在處理。處理盡善。便能轉悔爲功了。

象曰。田獲三品。有功也。

有功、是以田獵有獲、喻中命有功。

九五。貞吉。悔亡。无不利。无初有終。先庚三日。後庚三日。

九五建中表正。發布命令。自无有能違背的。故連斷以吉辭曰貞吉悔亡无不利。然號令剛直。人民初見或不甚樂。以後仔細體察。无不中正。遂皆一致順從无忤。故曰无初有終。先庚三日後庚三日。庚爲上章。章是公文書。又有更正的意思。因上互離爲日、又三數。故說三日。巽爲命令。離爲文章。公文書象。是應發布的命令。由掌公文書的、把草稿呈送上來。先加以三日的斟核。再加以三日的討論。至修飾潤色。盡善盡美。然後發布。如此愼重。又安能不吉呢。

象曰。九五之吉。位中正也。

建中表正。九五當位。烏得不吉。

上九。巽在牀下。喪其資斧。貞凶。

九二在下而卑。故爲巽在牀下。上九在上而高。何以也爲巽在牀下。是因上九巽極而過于順。在上而過于順、便與在下的卑而順无異了。然上九巽在牀下。雖與九二同。而九二吉且无咎。上九何以偏凶呢。蓋九二順而得中。上九不然。以位極人臣。身極崇高。而竟如此卑下。是必因保其富貴權勢。遂不免有患得患失的心。不知心愈卑而身愈危。故小必喪其財。大並喪其權。雖正也凶。何况不正。此如李斯憂蒙恬代其相位。便順從趙高廢立的邪謀。懼失其爵祿。逢迎二世的嗜好。委曲求容。遂致後來身家俱喪。司馬遷謂爲保持爵祿。阿順苟合。可謂如見肺肝。正此爻義。

象曰。巽在牀下。上窮也。喪其資斧。正乎、凶也。

巽在牀下、是巽到極端。窮至盡頭了。巽本善行。如上九者樣卑巽、而且喪其資斧。雖正也凶。何况不正。正乎二字、似問辭。凶也二字、似答辭。

䷹ 兌下兌上　以九二九五爲卦主

兌爲悅、一陰進于二陽以上。是喜悅發見于外了。故爲兌。序卦、「巽者入也。入而後悅之。故受之以兌」。物相入便相悅。相悅更相入。兌象爲澤。能潤萬物。萬物得潤。自无不悅。故以次巽。

兌。亨利貞。

人心喜悅定能亨通。亨是卦德所固有的。但相悅易流于不正。故戒以利貞。

彖曰。兌說也。

釋卦名與咸同。咸是无心的感。兌是无言的說。以說解兌。兌本爲說。特以說不在乎言。其說纔爲眞切。所以爲兌。

剛中而柔外。說以利貞。是以順乎天而應乎人。說以先民。民忘其勞。說以犯難。民忘其死。說之大民勸矣哉。

剛中、指二五兩爻。柔外、指三上兩爻。剛居中。中心誠實。柔在外。接物和悅。外雖柔悅。中實剛介。故謂說以利貞。兌既內剛外柔。自能上順天理。下應人情。聖人以此道作事。自身先爲表率。民心便喜悅相從。也就忘其勞苦。人本好逸惡勞。今忘其勞者。全在表率的極其得法。不但不惡其勞。且忘其勞。還不止忘勞。便是犯難。民心也喜悅赴義。把其生命也能置于度外而忘其死。何以能至此呢。是民皆知聖人勞我。便是爲我求逸。犯難。便是爲我求生。忘勞、如禹治水。忘死、如湯東征西怨等情事。兌悅的大處。到了人民自相勸勉。惟知奉公。可謂天下大悅。无以復加了。

象曰。麗澤兌。君子以朋友講習。

二澤附麗。交相浸潤。便互有益處。君子觀其象。而聯合朋友講習。講、是講未明的。習、是習未熟的。互相涵濡。交有補益。是兌澤意義。極有關于道德學問。所以論語首篇。就以有朋遠來。學而時習爲悅樂。

初九。和兌。吉。

初陽剛居下。上无係應。且六爻惟初不比陰。陽剛便无邪媚的嫌疑。居下便无驕亢的惡習。无應无比。便无陰私的係累。如是自能諸事中節。而毫无乖戾。故曰和兌吉。

象曰。和兌之吉。行未疑也。

卦四陽惟初與陰无係。故行未疑。

九二。孚兌。吉。悔亡。

九二當悅時、比陰柔。而已又居陰。是宜有悔了。然剛而得中。孚信內充。雖近小人。不以其媚悅而失正。此所謂和而不同的。能如此、中孚而悅。便得吉而悔亡了。

象曰。孚兌之吉。信志也。

心所存爲志。信志、便是誠心。二剛實居中。誠信出于剛中的心志。那能因悅小人而自取後悔、致失吉道呢。

六三。來兌。凶。

外去爲往。向内爲來。來兌、是前來求悅。六三陰柔不中不正。是悅人不以道的。如宋彭孫爲李憲濯足。丁謂爲萊公拂鬚。千古話柄。所以爲凶。

象曰。來兌之凶。位不當也。

陰柔而處位不中正。故有此象。

九四。商兌未寧。介疾有喜。

悅道不一。有事君容悅的。有以安社稷爲悅的。九四爲近君的大臣。以安社稷爲悅的。必須商榷再三。斟酌盡善、還恐未能得當。中心時有不安。若容悅的小人。一言一笑。皆足以病君。如君心勤政。必病以安逸。君心憂亂。必病以晏樂。六三來兌。便是容悅的小人。非九四剛正、使其與九五隔絕、大概靡有不足以致疾的。是六三爲君心的疾病。九四爲君心的藥石。故九四爲六三所不喜。而九四偏甚喜也。非九四所私喜。九四係爲用其隔絕手段。使六三不得近九五。纔有此喜。是此喜實爲國家的大慶了。如魏徵用而封倫沮。李絳入而承確去。卽此爻義。介作隔字解。兌爲口、互巽、不果。故商兌未寧。變坎、爲疾。兌悅、爲有喜。容悅。是阿諛求容。以逢迎取悅于人

象曰。九四之喜。有慶也。

九四旣能去疾。從此專承九五。君臣一德。行其剛陽的大道。且爲國家大慶。還不上限于九四一爻。

九五。孚于剝。有厲。

五、居尊位。剛健中正。是善處悅的。然上比上六。六陰柔工于取悅。大凡陰求悅于陽。終必至于剝陽。如唐玄宗時候的李林甫。德宗時候的盧杞。都是剝陽的小人。而人君恃其權威與其聰明。深信不疑。諫也不聽。叫他任意剝喪。從此國事日非。危哉岌岌。

象曰。孚于剝。位正當也。

正當尊位。而自恃勢足以壓衆。明足以獨裁。爲所欲爲。不知審愼。那知若信孚剝喪正道的小人。位雖正當。也是危道。

上六。引兌。

他卦至極必變。兌爲悅。極必更悅。六爲卦主。居極上。是悅而未已的。再爲外物交引。其悅便恐出了軌道。然上與五最爲親比。五是剛健中正的。故雖不免爲外物所引。而以時常觀摩九五聖賢的態度。所謂「近朱者赤。近墨者黑」也。斷不至走入邪路。究因其陰柔无決擇力。周公也未表示贊許。

象曰。上六引兌。未光也。

上陰柔悅極。遇事被人引動。自无主張。雖爻詞不著凶咎一字。終覺未甚光明。

䷺ 坎下 巽上　以九五爲卦主

渙、序卦、「兌者悅也。悅而後散之。故受之以渙。」人憂愁便鬱結。喜悅便舒散。悅有散意。渙故次兌。
卦巽上坎下。風行水上。水遇風必散漫。也是渙義。

渙。亨。王假有廟。利涉大川。利貞。

下互震、帝王象。上互艮、爲門闕。坎爲宮、廟象。巽木、坎水、風動舟行、涉大川象。渙散、便是國家分崩離析的時候。患難不能久長。一經有大德的出頭建功立業。散難釋險。國運便能亨通。王業漸就穩固。遂可至有建立宗廟的大舉。以追祀先王。從此大難已過。如大川而得利涉。然仍宜以正道柔集羣衆。使渙散的永遠鳩聚而安寧。那便亨通到極點了。

彖曰。渙亨。剛來而不窮。柔得位乎外而上同。

卦既以渙散爲義。便是上下无邦。天地否的光景。否與本卦只二四兩爻差異。否卦九四陽剛、來居內卦二爻。六二陰柔、上居外卦四爻。便爲渙。剛既來居險中。其義自不困窮。此謂剛來而不窮。柔居四、既得位于外卦。而上比五。五无正應。何幸四來相助爲理。從此君臣同心同德。足以濟渙而致亨通。此謂柔得位乎外而上同。

王假有廟。王乃在中也。

渙散未能收合。正勞經略。今大勳已集。至于建立宗廟。王至廟中。虔誠致祭。雝雝穆穆。德洽神人。大告武成。茲正其時。

利涉大川。乘木有功也。

乘木涉川。必不沈溺。用以濟難。必至有功。有功便是利涉。濟險得木。其有把握如此。

象曰。風行水上。渙。先王以享于帝立廟。

風行水上。披離漫漶。是爲渙象。卦辭言王假有廟。是舉其略。象傳言享于帝。是舉其詳。收拾已散的人心。變離亂爲治安。保邦定國。不獨歸功于祖考。更當歸功於昊天。享于帝、是詩昊天有成命一章。立廟、是詩清廟一章。先王於天下大定後。其追報如此。

初六。用拯馬壯。吉。

坎爲亟心的馬。故云壯。居卦初、是纔見渙散的時候。纔見渙散、便用力拯救。更有壯馬相助。行事自易生效。其吉可知。初六陰柔居下。其才幹本不能濟渙。惟以其能順從九二。故其象如此。

象曰。初六之吉。順也。

天下事一見有不好的現象。立時動手拯救。便順而易舉。

九二。渙奔其機。悔亡。

機便是機會機遇的機。君子居心。吉凶與民同患。九二才本剛中。時遭險難。就算不當其位。也要出而救世況二居臣位。一見九五爲剛明中正的大君。可相輔以有爲。且遇人君徵聘的機會。如伊尹幡然改而來就商湯傳說棄版築而來就高宗。上下同德以濟國難。從此便人民得安全由九二乘機奔就而來。一經著手立能如願。又何悔還能有呢。

象曰。渙奔其機。得願也。

得機奔來。與五同德共濟。故能悔亡而如願。

六三。渙其躬。无悔。

三在渙時獨有應援。是无渙散的情事了。然以陰柔的性質。所處又不中不正。雖有上九剛陽的應援也不過獨善其身。止于其躬无悔罷了。渙是謂處在渙時。讀時應作一頓。不與其躬連讀爲是。

象曰。渙其躬。志在外也。

上在外卦。三的心志專靠上九作爲外援。故其身得免渙散而无悔。

六四。渙其羣。元吉。渙有丘。匪夷所思。

丘、作聚解。夷、作平常解。天下渙散、起于衆心乖離。三個一羣。兩個一夥。私心結合。大局遂壞。六四上承九五、有濟渙的重責而居陰得正。下无私應私比。是大臣一秉大公。把天下的羣黨。一概解散。不教他們一羣一黨的互相傾軋。如此著手一辦。便大善而得吉道。再于小散以後。謀成大聚。是爲散中有聚的辦法。常人但知散就爲散。不知散正爲聚。且小散中正有大聚。此非常人思慮所能及的。故曰渙有丘匪夷所思。

象曰。渙其羣元吉。光大也。

解散私羣而成大聚。何等光明正大。者非是「柔得位乎外而上同」的六四。不但作不到者等大善而吉的地步。就是思想也不能及。

九五。渙、汗其大號。渙、王居。无咎。

汗、膚腠所出。可以宣散滯氣。愈人疾病。五剛健中正。居尊位。在巽體。指揮濟渙。大功告成。君王以天下爲一身。出號令布恩澤。有如周身汗出。使所有的壅滯鬱悶。一時頓釋。從此人皆信上。咸有所歸。但恭己南面。高居王位。垂拱而天下治。是萬无過咎的。

象曰。王居无咎。正位也。

上九。渙其血。去逖出。无咎。

散大難必清其源。除大病必絕其根。癰疽爲病。固能害人。而療治不善。也能害人。癰疽其毒在血。是血爲其病根。若存其血。其病就萬不能散。上九位居渙終。是能散而絕其根的。所以除去毒血。務使其盡。不但癰疽上毒血全去。即遠于癰疽的地方。也爲清血而出。其毒。如此療疽。自无後犯。如此濟難。也萬不能有咎。上九應坎變坎。故言血。逖、是遠。

象曰。渙其血。遠害也。

凡足以爲害的。盡情解散。故曰遠害。

䷻ 兌下坎上　以九五爲卦主、

節、序卦「渙者離也。物不可以終離。故受之以節。」離散、也必須有一定的節制。節故繼渙。卦坎上兌下。水在澤。平便存。滿便溢。此爲節象。兌悅坎險。悅過便肆。用險以止。是爲節義。二陽盛、便有二陰阻止。一陽盛、便有一陰阻止。是爲節的情與勢。

節。亨。苦節。不可貞。

事既有節。自能亨通。節中本有亨義。節貴適中。過當便要苦了。節至于苦。豈是常道。所以不可固守。凡人立行。或仕或止、或久或速、務得其時。或遠或近、或去或不去。歸潔其身。如陳仲子三日不食。許行並耕。泄柳閉門。皆非正道。是不可持久的。

象曰。節亨。剛柔分。而剛得中。

統觀全體。而剛柔適均。剛以濟柔。柔以濟剛。无不相稱。分觀二體。而二五得中。不失太過。不失不及。无不相宜。如此節中的亨道。還不是當然固有的麼。

苦節不可貞。其道窮也。

合中道、便甘便亨。失中道、便苦便窮。苦與甘反。窮與亨反。

說以行險。當位以節。中正以通。

內兌外坎、故曰悅以行險。九五陽剛居尊。當君位以主節于上。而所節恰得中正。便可以通行天下而无阻。

天地節而四時成。節以制度。不傷財。不害民。

制、是法禁。度、是則例。此就天地人事、廣明節義。天地以氣序爲節。寒暑往來。各有定序。四時得告成功。此爲天地的節。國家以制度爲節。用財有道。使民以時。財不傷。民不害。此爲人事的節。

象曰。澤上有水。節。君子以制數度。議德行。

澤中容水處便納入。滿便泄出。是水以澤爲節。君子效其義。以制數度議德行。古昔器用宮室衣服。莫不多寡有數。尊卑有度。使賤不踰貴。下不侵上。此謂制度數。古昔用人、必攷言辨材。論秀書升。人才優劣。各有等級。愼爵祿、惜名器。此謂議德行。

初九。不出戶庭。无咎。

君子欲節天下。必先節一家。欲節一家。必先節一身。初以陽在下、上復有應。非能節的。然以居得其正。又知所應在于險地。而位在于下。時未可行。故先節一身。以謹守戶庭。不肯多走一步。故得无咎。

三、四、五、爻互艮。爲門。初與二皆在內。不出象。初九居兌始。兌於時爲酉。正宜閉戶休息。不出、故无咎。

九二、居在互卦震。震於時爲卯。正要開門工作。不出、故凶。

象曰。不出戶庭。知通塞也。

節、兼通塞言也。如艮兼行止言。初不出戶庭。是知塞。便當節止了。若知通。當出便出。尾生的信義。水至不去。是不知通塞的。九二適坐其病。

九二。不出門庭。凶。

不出戶庭、不出門庭、是一樣的。而初无咎。二偏凶。何故呢。因初爲處士。二爲大臣。身既爲大臣。上逢九五陽剛中正的人君。宜輔佐著以制數度、以節天下的大欲。宜斟酌著議德行、以節人君的大欲。此時萬不可失。今反下等于无責任的處士。但料理門庭以內的事。失德失時。未有如九二者。樣甚的。時當塞而塞。雖「三年目不窺園。」董仲舒事也可。不當塞而塞。便等于絕物自廢。有禹稷的責任。學顏子的簞瓢。其行太謬。其凶可知。當出不出。不知通塞。可參看初爻及小象下小註。

象曰。不出門庭凶。失時極也。

極作中字解。失時極、是失了應時作事的中道了。孔子順時行事。所以爲時中的聖人。

六三。不節若。則嗟若。无咎。

六三處在兌的極處。悅豫驕侈。不知謹節。以致窮困。然其心痛知悔恨。時常以其從前不節。嗟傷不已。能悔便能改過。易以補過爲善。所以也許其无咎。臨六三既憂之无咎。與本爻嗟若无咎意同。

象曰。不節之嗟。又誰咎也。

因以先不節。所以嗟。不咎人而咎己。故无咎。

六四。安節。亨。

六四柔順得正。上承九五。安守本位。行止有節。下應初九。順性就下。也是安位有節的意思。節以安爲善。强勉便不能安。如文王事殷。伊尹不居成功。其安節的風度。那能不亨通呢。

象曰。安節之亨。承上道也。

中正道在上爻九五。四守本位以承上。道在安節。當然能亨。

九五。甘節。吉。往有尙。

九五陽剛中正而居尊位。爲本卦主體。所謂當位以節。中正以通的。本爻變坤土。土味甘。故云。他爻的節。是節自己。九五的節。是節衆人。當位以節。盡美盡善。人皆甘受。洵爲吉道。如此不但行于今而可貴。就垂于後也能通。无往不以此甘節爲尙。是所制數度。所議德行。通諸天下後世。而其美善實无以復加。

象曰。甘節之吉。居位中也。

節貴乎中。當節不節。六三不免嗟傷。若過于節。上六又見貞凶。惟九五甘節而吉。蓋因居位得中。當位以節。便无過不及了。

上六。苦節。貞凶。悔亡。

上六節到極處。有苦義。又居在坎險的極處。更有苦義。陰柔成性。吝嗇節縮。人必不堪。守此不變。物窮必乖。故曰貞凶。然禮奢寧儉。于義也无大害。故曰悔亡。又易以禍福配道義。而道義實重于禍福。從人臣忠節上說。正如大過上六。凶而无咎。此爻貞凶悔亡。便是文信國等先烈。殺身成仁的苦節。守正不屈。雖凶而也无所悔。

象曰。苦節貞凶。其道窮也。

六在上。所居極險。苦節直到了无一點活動的地步。其道窮。其遇烏得不凶。

䷼ 兌下巽上 以六三六四爲成卦主。九二九五爲主卦主。

中孚序卦、「節而信之。故受之以中孚」節制一定。使人不得踰越。者等辦法。能有信、然後纔行得下去。上能信守。下便信從。中孚所以次節卦。上巽下兌。下悅以應上。上巽以順下。是爲卦義。澤上有風。風行澤上。感而便動。不稍差失。是爲卦象。

中孚。豚魚。吉利涉大川。利貞。

信發于中、是爲中孚。豚魚、是至愚无知的。然只要誠信出于中心。就對于豚魚。也能感化。中孚豚魚、是極言誠信无所不及。比蠻貊可行、更深一層。其吉可知。人有誠信至此。无論何等險難。莫有不能濟的。故曰利涉大川。雖然、若信而不正。如盜賊男女、秘密所結的信誓。也爲彼此有孚。故又以利貞爲戒。

彖曰。中孚。柔在內而剛在中。說而巽。孚乃化邦也。

以全體卦象論、二柔在卦內的中間。中虛象。二五兩剛爻、得上下體的中位。中實象。中不虛、便有私累。有私累、便有害于信。中不實、便无主宰。无主宰、便又失其信。今既柔在內而剛得中。是爲中孚而无愧。且上體巽而下體悅。上下相孚。都出于中。如此誠信溥及、萬邦自當向化、而毫无隔閡。若如商鞅徙木立信。出于矯强。等于兒戲。安能化行久遠呢。

豚魚吉。信及豚魚也。利涉大川。乘木舟虛也。

豚魚吉。是言信能及于豚魚。爲吉道。並不是說豚魚吉。木在澤上、是用木涉川。既可不慮沈覆。而上下卦象中虛外實。直是舟形。舟而中虛。在水上更能輕浮。所以爲利涉。

中孚以利貞。乃應乎天也。

天道无僞而有常。中孚以利貞、是乃應乎天。

象曰。澤上有風。中孚。君子以議獄緩死。

澤上有風。風行水動。无欺无飾。中孚象。中孚最大的作用。至誠的感化。在于好生不殺。故君子對于大獄。竭誠審議。若決定處死。仍暫緩執行。議獄、是于入中求其或有出路。緩死、是于死中求其或有生理。至大惡大奸。不在是典。故四凶无議法。少正卯不緩刑。

初九。虞吉。有他不燕。

邪不閑不可存誠。僞不去不能言誠。閑家在婦初來。防心在念初生。初九陽剛得正。自无不誠。然也須加意防範。不使稍變。纔爲吉道。若或雜以他意。致有二心。如豚放再追。隄決再培。斯已經有他。便不安了。不忠、不信、不習。曾子日省有三。勿視、勿聽、勿言、勿動。顏子所戒有四。皆是戒不虞而慮有他的虞、是隄防。不燕是不安。

象曰。初九虞吉。志未變也。

志未變、是言其實心未失。志變、便有他了。

九二。鳴鶴在陰。其子和之。我有好爵。吾與爾靡之。

鶴、八月鳴。兌正秋。故云鳴鶴。九二、在三四兩陰爻下。故云在陰。好爵、是旨酒。靡、是醉。二有剛中的實德。无應于上。初與同德。故有鶴鳴子和、好爵爾靡象。言子、是明未出戶庭。言吾與爾、是明未離同類。詩云、「鶴鳴于九皋。聲聞于天。」今鳴于陰而子和。其不求遠聞可知。「我有旨酒。式燕嘉賓。」今不燕賓客。但吾與爾引爵共醉。可見同心只有二人。君子實心實德。不務遠而修邇。故孔子于繫辭、兩言「況其邇者乎。」

象曰。其子和之。中心願也。

鶴鳴由中發聲。子和、也是根心相應。故曰中心願。願出于中。其孚已極了。

六三。得敵。或鼓或罷。或泣或歌。

六三、陰柔不中不正。上應上九。陽剛也不中正。此極于悅。彼窮于信。雖係正應。轉似敵對。而爲累已甚。三柔悅无有主張。因與相應。就便盲從。雙方合到一處。或鼓或罷。起止无定。或泣或歌。哀樂无常。魂夢難安。醜態百出。三與上因爲私累。爲害中孚。竟至如此。下互震爲鼓。上互艮爲止。故云罷。巽入而伏。泣象。兌見而悅。又爲口、歌象。

象曰。或鼓或罷。位不當也。

居不當位。心无所主。所以鼓罷无定。不如初九虞吉。

六四。月幾望。馬匹亡。无咎。

六四、承五、近君陰而近陽。有陰受陽光。月幾望象。四與初應。本爲匹配。而四柔順得正。有大臣風。專心注重大局。不繫戀其私黨。故云馬匹亡。因互震爲馬。故言馬。一變爲離。馬象不見。是馬匹亡了。四能如此。至誠无私。自得无咎。

象曰。馬匹亡。絕類上也。

是謂絕其私類、而上從九五。

九五。有孚攣如。无咎。

九五剛健中正、居尊位。爲中孚主。所謂孚乃化邦的。人君的中孚。與在下的不同。在下的中有實德。不牽于外。就算好了。人君以孚信天下爲實德。必其誠信纏綿固結。洽于天下。然後纔得无咎。巽繩、互艮、變艮爲手、攣象。

象曰。有孚攣如。位正當也。

五居尊、能使天下相孚信固結不解。斯五纔爲正當其位而无愧。

上九。翰音登于天。貞凶。

上九不中不正。處中孚終極的地位。信極便要衰了。雖曰翰音。（見禮記）鷄、有信的家禽。天將曉必鳴。有中孚意。巽爲高。按三才說、本爻爲天位。登天象。鷄鳴聲聞于天。者便是聲聞過情了。九二以鶴鳴且僅在于陰。上九以翰音轉登于天。居上求顯。虛聲求信。常此不變。其凶可知。巽爲雞、故曰翰音。

象曰。翰音登于天。何可長也。

純盜虛聲。那能久長。

䷽ 艮下震上　以六二六五爲卦主、

小過、序卦、「有其信者必行之。故受之以小過。」人所相信的事。在于必行。然行事便不免有過。故以小過繼中孚。卦震上艮下。雷震于山。其聲過常。然非大事。又陰爲小。陰過乎陽。也非大事。故爲小過。上經終以坎離。坎離前爲頤與大過。頤、六爻象離。大過六爻象坎。後纔以坎離結上經。下經終以既濟未濟。既濟未濟前爲中孚與小過。中孚六爻也象離。小過六爻也象坎。後纔以既濟未濟結下經。易卦精微至此。

小過亨。利貞。可小事。不可大事。飛鳥遺之音。不宜上。宜下。大吉。

大過、是大事過。小過、是小事過。大事關係天下國家。小事僅在于日用尋常。事雖尋常。而道皆貴乎中。然有時也須小有遷就。纔能趨近中道。小過正爲趨向中道。如「禮奢寧儉。喪易寧戚。」便是小過。以小過濟其過。遂可以通行。故曰小過亨。不失時宜爲正。故曰利貞。然寧儉寧戚。此等小事便可、故曰可小事不可大事。至于飛鳥遺音。是因卦象飛鳥。卦示人以兆。如鳥飛留遺聲音。因上震動撼。下艮安止。欲求安處。萬勿高舉。不宜上宜下一語。便是飛鳥遺音。在飛鳥上无所止。下可棲宿。不上而下。纔爲合宜。在人事高亢的失正而背理。卑遜的得正而近情也。是不上而下纔爲合宜。既能合宜。是以大吉。

彖曰。小過小者過而亨也。

順時正俗雖過而通。

過以利貞。與時行也。

時當過而過。便不爲過。合時宜便爲得正。故曰與時行。

柔得中。是以小事吉也。

柔得中指二五兩爻言、陰柔得位。无決斷。无魄力。處一身的小事。能與時行尙可无失。所以小事吉。

剛失位而不中。是以不可大事也。

剛陽得時。纔能處理天下的大事。今三不中。四失位。是以不可大事。

有飛鳥之象焉。飛鳥遺之音。不宜上宜下大吉。上逆而下順也。

卦象四陰在外。二陽在內。內實外虛。二陽象鳥身。四陰象鳥翼。飛鳥象。上震善鳴、互兌口、巽風、乘風而動于上。鳥過而音尙留。爲飛鳥遺音象。飛鳥翔空、无有著落。下巽木附艮山、又爲止、是得水可以棲止。愈上愈窮。故鳥上飛爲逆。下能附物安身。故鳥下飛爲順。

象曰。山上有雷小過。君子以行過乎恭。喪過乎哀。用過乎儉。

雷出地。聲初發甚大。及至山上。聲漸收而微。故有平地風雷大作。而在高山以上。尙有不知覺的。故爲小過。矯世勵俗的君子。則效者一卦。有舉趾高的莫敖。正攷父以循牆矯正他。循牆便是行過乎恭。有欲短喪的宰予。高柴以泣血矯正他。泣血便是喪過乎哀。有三歸反坫的管仲。晏子以敝裘矯正他。敝裘便是用過乎儉。以上三端、雖爲小過。實可藉以漸漸引入中道。小過所以能彀大吉。其義在此。

初六。飛鳥以凶。

小過的時候。上逆下順。所以不宜上而宜下。而初以陰應陽。所應在上。本在下而偏欲向上。去順行逆。等于飛鳥无可安身。其凶可知。初上兩爻。都爲鳥翼。故同云飛鳥。初在艮體。當止反飛。因飛而凶。故云飛鳥以凶。

象曰。飛鳥以凶。不可如何也。

其凶由于自取。他人是莫可如何的。

六二。過其祖。遇其妣。不及其君。遇其臣。无咎。

三、在二上。三以陽居陽。故稱祖。（三剛極故喻祖）四以陽居陰。故稱妣。（四稍柔故喻妣）過其祖又遇其妣、是遇有兩層管束。便不能再往前進了。五君位。二、陰柔小人。居大臣的地位。對于其君。常有非分的心。因兩陽在前。過其一、又遇其一、遂不敢再以非常的事。及于其君。故得无咎。遇其臣、便是遇三四兩陽。三四、對二說爲祖爲妣。對五說。通爲臣。遇臣便不敢胡行。遂折回而安分守己。不但六二无咎。天下國家都可无咎了。

象曰。不及其君。臣不可過也。

二、本要以非常的事。及于其君的。以二剛陽的臣。橫阻于前。不能超越而過。是以不及其君。二剛雖失位。尚能如此有益于君。使其得位。更當如何呢。

九三。弗過防之。從或戕之。凶。

君子進不可過。而防小人不可不過。若不過防。便似相信。相信、遇事便將相從。相從、就或要受其戕害了。如國人皆知曹操將篡漢。而荀彧獨不疑。至加九錫纔有異議。竟受其禍。九三過剛不中。故迫切以警戒。

象曰。從或戕之。凶如何也。

陰過盛害陽。小人過盛害君子。凶如何、就是說若不早防。至于凶事實現。那再想辦法也就晚了。

九四。无咎。弗過遇之。往厲必戒。勿用永貞。

當小過的時候、君既陰柔。（指六五）而一羣陰險的小人。結黨用事。上六居上。日在君側。六二爲大臣以作領袖。初六也飛騰而並進。當是時、羣小如此跋扈。君國已危乎其危。然猶幸兩陽分處於內外。以沮遏羣小往來的要路。所以聖人對此剛陽的君子。而勉勵他說。爾雖恬退。而弗過于進。爾既遇羣小。萬勿往而相從。若往而盲從。爾身也將不安。是必要戒備。勿用前往。而永遠靜守爾的貞正。纔得无咎。不然。能以无咎相許麼。此聖人戒九四的名言至理。然當國家多難。得一君子也可恃以粗安。而況三四同志而分處。一蔽遮大君于遠。一保衛大君于近。六五雖弱。不至遽危。故周公東征。不可无召公以爲保。良平從軍。不可无蕭何以留中。

象曰。弗過遇之。位不當也。往厲必戒。終不可長也。

位不當、故有此等狀況。位若當、就要安邦定國了。與小人不能不遇。然不能往從。就是相遇。也是可暫而不可長的。孔子戒辭。尤爲迫切。

六五。密雲不雨。自我西郊。公弋取彼在穴。

本卦大象坎、雲象。互兌澤、雨象。又互巽、兌西、巽東南、從西向東象。以絲繫矢而射、曰弋。取坎弓巽繩象。艮爲手、坎爲隱伏、取彼在穴象。時値小過、宜下不宜上。陰至五。是已至上了。居尊上的地位。挾勢自亢。膏澤不下于民。如雲密布于西郊。不能成雨。似的。是陰居尊位。決不能濟大事。此時欲恩德普及。澤潤生民。必須下求巖穴賢士。出爲輔相纔可。故又戒以求助。教以求賢者也。是不宜上而宜下的意思。

象曰。密雲不雨。已上也。

陽降陰升和便成雨。今陰已在上。而陽竟失位。雲雖密。故不能成雨。陰過不能成大事。信然。

上六。弗遇過之。飛鳥離之。凶。是謂災眚。

卦象飛鳥。而一飛便凶。初與上爲鳥翼兩端。極尖銳。故此兩爻皆言飛。而皆言凶。過至極上。不知限度。卦義本不宜上。竟上將何所遇。過已至亢。飛而不已。再上將何所託。俗話說、「飛不高跌不重。」行爲與此相反。天災人眚。其凶立至。孽由自作。別无可怨。

象曰。弗遇過之。已亢也。

六五曰已上。是謂其已過。上六更過了。所以說已亢。

䷾ 離下坎上　以六二爲卦主、

既濟、序卦、「有過物者必濟。故受之以既濟。」大過是有大過乎尋常的。作大事必有大險。故以坎繼小過是略過乎尋常。然如行過乎恭等事。用以矯世勵俗。便无不濟。故以既濟繼小過。卦水在火上。水火相交。各當其用。故爲既濟。既濟、是到了天下萬事已經各得其所的時候了。

既濟亨小。利貞。初吉終亂。

既濟、六爻各得其正。是天下已治已安。不但大事亨。小事也亨。當此時蓋无一人不亨。无一物不亨。无一事不亨。凡是正道、无有不利。且必常守此道。由初至終。方能常吉而不亂。不然、如秦滅六國而秦亦隨滅。晋平吳亂而晋亦自亂。蓋多難必戒。戒便憂。憂便能治。若无難便驕。驕便怠。怠必至于亂。此皆人的常情。故聖人於既濟的世道。恐其初吉而不免于終亂。故以爲言。

彖曰。既濟亨。小者亨也。

小者也亨。何況大者。

利貞。剛柔正而位當也。

剛居剛位。柔居柔位。全卦六爻。无不當位。六十四卦中、獨此一卦。世道如此貞正。所以應該常守而堅固不變。

初吉。柔得中也。

二、以柔順文明而得中處正。故能成既濟的大功。二居下體。是初到既濟的程度。而又善于處理。是以得吉。

終止則亂。其道窮也。

天下事不進便退。既濟是已治已安。此時若不知持盈保泰。終止其圖强的心志。懈怠逸樂。亂機遂生。時極道窮。理當有變。惟聖人深明此理。思患豫防。能通變于未窮。而不敢稍有止息。此堯舜時代。當禪位的時候。雖也爲告終。而斷然无亂。

象曰。水在火上。既濟。君子以思患而豫防之。

水火相交。各得其用。故爲既濟。當此時、衆人所喜。而君子獨懼。初見其吉。便思其亂。先以爲患。便預爲防。方可以保初吉而終无亂。堯舜授受。所深相儆戒的以此。

初九。曳其輪。濡其尾。无咎。

初以陽居陽。上應六四。火體、是銳進不安于下的。然時當既濟。只宜安守。若仍欲進。便是不合時宜。若于其欲濟時。有人倒曳車輪。使不能前。濡溼狐尾。使不能濟。但能止便能无咎。狐涉水必揚其尾。濡尾自不能濟。他獸同。曳輪、濡尾、皆從坎在前及初爻緊在互坎後取象。變艮手、又爲止、故曳而止。

象曰。曳其輪。義无咎也。

以此守成。于義當然无咎。

六二。婦喪其茀。勿逐。七日得。

二、以文明中正的德行。上應剛陽中正的九五。似宜君臣相得。大行其志。然五高居尊位。時值既濟。心滿意足。九五爻位正當坎的中爻．坎中滿．故云．便不思求賢了。就如唐太宗那樣好賢。以後還要懈怠。而況其他二陰爻。離中女與五為正應。故言婦。茀、是車上的帷幕。婦人坐車、必須用以蔽障的。此從離外實中虛取象。喪其茀、是不能行了。五不相求。二不成行。如婦喪其茀。只得懸車了。後漢陳實懸車．懸車是不作官．然眞才碩學。不能終廢。故戒以勿逐。是謂且沈住氣。不必追逐。不過七日。定要另換一個局面。自能得意了。卦只六位。七就變了。故云七日。七日者。是道不得行于今時。自必行于他日的道理。

象曰。七日得。以中道也。

濟世的中道在我。故勿逐自得。

九三。高宗伐鬼方。三年克之。小人勿用。

高宗、是商代中興令主。鬼方、是北方部落。九三重剛不中。當既濟以後。本應與民休息。而三居離終。性炎上。偏好大喜功。輕動干戈。以征遠方小國。然山川遠隔。運兵運粮。何等艱難。縱然能勝。而曠日持久。民力也困苦難堪了。此如漢武帝承文景後而伐匈奴。唐太宗當貞觀盛時而征高麗。皆是此類。聖人特著為戒辭。言在上的、若在既濟的時候、遇有獻興兵征遠等計畫的。萬不可用。離戈兵、變震動、征伐象。坎居北、故曰鬼方。

象曰。三年克之。憊也。

一役至于三年。纔能報捷。不但君困、將帥困、士卒困、就是民間、也必至大困。憊、是力盡筋疲、極困的樣子。

六四。繻有衣袽。終日戒。

四在濟卦而水體。故取舟爲義。本爻以柔居柔。是能豫備戒懼的。繻、當作濡。作滲漏解。衣袽、衣內所裝的綿絮。袽音茹。行舟必備的東西。舟有罅漏。塞以衣袽。舟可不至沈溺。今既有衣袽備濡漏時以救急。又終日戒懼而不敢懈怠。臨事便不至无所措手。慮患應當如此。

象曰。終日戒。有所疑也。

疑患將至。无時可忘。故終日戒。

九五。東鄰殺牛。不如西鄰之禴祭。實受其福。

人君當既濟時。坐享太平。驕奢易生。故借東鄰祭禮以示警懼。凡祭、時爲大。若祭、非其時。主祭的再不誠敬。神便不享。若敬謹及時致祭。蘋蘩可薦。黍稷可陳。是以東鄰殺牛。祭禮雖盛。不若西鄰禴祭。却能實受其福。是都在乎時合不合。不在乎物豐不豐。處既濟的時候、就是者個道理。若不及時思患預防。无論國家如何豐盛。也要發生變亂。不能受福了。朱文公謂東鄰西鄰、指文王與紂言。故其象如此。

象曰。東鄰殺牛。不如西鄰之時也。實受其福。吉大來也。

既濟以後。惟恐過盛。就按祭祀說、舉動正當其時。禴祭便勝于殺牛。禴祭受福。吉事大來可知。東鄰但恃豐盛。不知按時舉動。濟道終亂。就要臨頭。福至吉來。終讓西鄰。

上六。濡其首。厲。

既濟至極。坎體至上。而以陰柔處于此地。其危可知。初九濡尾。是有後顧的意思。今上六竟濡其首。是未慮及前途的險處。若早慮及前途有險。加以預防。那能有此禍患呢。此時再不知變。行將溺身。既濟終亂。將實現了。

象曰。濡其首厲。何可久也。

但厲而未至于凶。不過說纔瀕于危。若知其危而能及早回頭。還可不至于濡首。凡易言何可長。或何可久。從屯上到此爻。都是戒以及早改悟。不可長久迷溺的意思。

䷿ 坎下 離上　以六五爲主、

未濟、序卦、「物不可窮也。故受之以未濟終焉」。既濟是物已盛到極端。无以復加了。易是變易而不窮的。勿以既濟看作完事。未濟倘緊根于其後。故既濟以後。受以未濟、而終結全部周易。未濟便是未窮。以示天地間事事物物周而復始。治而復亂。永无盡期。本卦火在水上。水火不交。不相爲用。且卦六爻皆失其位。故爲未濟。

未濟。亨。小狐汔濟。濡其尾。无攸利。

天地不交爲否。因否絕對不通。无亨義。故不言亨。水火不交爲未濟。目前雖然未濟。將來一定能濟。能濟便亨。故曰未濟亨。狐能渡水。渡水時、其尾若著水而濡溼。便失力、不能濟了。老狐多疑懼。故履冰而聽。恐怕身陷下去。其涉水當然也能慎重。小狐但知濟不知謹慎。雖幾乎可以濟過。而竟濡其尾不能濟了。既不能濟。其无攸利是當然的。

彖曰。未濟亨。柔得中也。

柔得中。指六五。陰居陽位。得中、既不柔弱无爲。又不剛猛僨事。目前未濟。將來必濟。故亨。

小狐汔濟。未出中也。濡其尾。无攸利。不續終也。雖不當位。剛柔應也。

二以剛陽居險中。上應六五。險既非可安的地方。五又有當從的道理。坎爲狐。又在水邊。是必欲濟的、若爲老狐。尚知疑懼。還能穩健。二以剛居柔而在下。是小狐但願速濟。不知謹慎。雖幾濟而濡尾。竟未能出乎險中。進銳的退必速。不能繼續終濟。又安往而有利。然卦雖陰陽皆不當位。而剛柔皆能相應。當未濟而有援助。將來自无不濟。既濟曰終止則亂。此曰无攸利不續終。是既濟而生亂。與未濟不續終。都因一念的懈怠出來的岔頭。君子是以貴自強不息。

象曰。火在水上。未濟。君子以愼辨物居方。

火炎上、水潤下。是物不同。火居南、水居北、是方不同。方物不同。水火不交。故爲未濟。君子用以愼辨物、使物以羣分。愼居方、使方以類聚。有此大作用。結果倘能分定不亂。使陽居陽位。陰居陰位。未濟便終成爲既濟了。

初六。濡其尾。吝。

初六陰柔在下。處險而應四。而四也不中正。是不能援助的。卦辭所謂濡其尾的小狐。正指此爻。少年喜事。急于求濟、而反不能濟。實屬可羞。

象曰。濡其尾。亦不知極也。

極、作終字解。初六已既陰柔。所應又不中不正。萬不可靠。若不度德、不量力、冒然思濟。不過徒濡其尾。想濟終是不能的。

九二。曳其輪。貞吉。

九二陽剛、上應六五。居柔得中。是能恭順乎上而不輕進的。坎爲輪、二變、互艮爲止。曳其輪象。凡求

濟、必內度才力。外量淺深。穩健待時。進不急遽。纔可得濟。如唐郭子儀李晟時當艱危。極其恭順。所
以爲得正而能保終吉。

象曰。九二貞吉。中以行正也。

九居二本非正。以得中。其行也便无有不正。

六三。未濟。征凶。利涉大川。

三在坎上。時可濟了。而未能濟。是因陰柔无爲。故欲向前征進。仍舊不免于凶。也由上互坎、有纔要出險。向前一進又遇險陷象。故云。惟陰柔心常畏懼。謹小愼微。涉水最宜。故利涉大川。也由本爻一變就成巽木。有可乘以涉川象。故云。

象曰。未濟征凶。位不當也。

六三居坎上。本可以出險了。而以陰居陽位。不當。故征凶。

九四。貞吉悔亡。震用伐鬼方。三年有賞于大國。

以九居四、本應有悔。而陽在陰位。剛柔適均。能以貞正。也可得吉。而其悔自消。然四當未濟的時候。居大臣的地位。有剛強的資質。不動便罷。若用其征伐遠夷。一動必能立大功。受上賞。然未濟的九四。聖人贊其伐鬼方而受賞。既濟的九三。聖人憂其伐鬼方而困憊。是何說呢。是因時當既濟。便利

用靜。時當未濟。便利用動。然未濟的九四。也必待三年而成功。是以剛居柔。特別謹愼。故動不輕動。所以也須遲遲。如吉甫伐玁狁。召虎伐淮夷。皆足當此爻義。

象曰。貞吉悔亡。志行也。

爻以六三爲未濟。九四庶幾能濟了。故曰志行。

六五。貞吉无悔。君子之光。有孚吉。

六五爲文明的主體。居中應剛。虛心下求九二。共濟大事。如此貞正。自能得吉而无悔。故其大德潤身。光輝發越。虛衷納善。誠意相孚。吉事聯翩。不期而至。

象曰。君子之光。其暉吉也。

光盛散布出來的爲暉。言暉、是光彩盛極了。貞吉的吉、吉在五。暉吉的吉、吉在天下。

上九。有孚于飲酒。无咎。濡其首。有孚失是。

九剛而在上、是剛極了。居離以上。又明極了。剛明人就怕自信太深。未免以非爲是。而上九此時。知濟大事的責任。六五、九四、連同九二、業經完全擔負。已成了克濟的大功。自己惟有順時宴居。醇酒開樽。斟酌自樂。如此閒散自適。斷无過咎可言。惟飲酒必須適可而止。行動纔能不至有非。若以戀戀杯中物。而至于狼藉濡首。雖自信以爲无關大局。而當初濟的時候。倘或沈湎不反。暫時雖不過稍微失是。而因小害大。深恐在所難免。故于此時加以警告。

象曰。飲酒濡首。亦不知節也。

飲酒至于濡首。也因不知止節所致。此爻的大意、係因未濟已成既濟。此時務宜事有撙節。防患未然。纔能常保既濟的局面。若驕奢淫佚。流連忘反。鬧得亂機一動。就又要反回未濟了。故借飲酒表示出須得知節來。

周易話解繫辭上傳卷四

天尊地卑。乾坤定矣。卑高以陳。貴賤位矣。動靜有常。剛柔斷矣。方以類聚。物以羣分。吉凶生矣。在天成象。在地成形。變化見矣。

此節是說作易的本始。易有二、有未畫的易。有既畫的易。未畫的是易理。既畫的是易書。如天尊地卑。卑高以陳。動靜有常。方以類聚。物以羣分。在天成象。在地成形。者都是未畫的易。是易理。聖人出世。仰觀俯察。于是以畫寫理。使理歸畫。而易書生。易書是因彼天地。定吾二卦。爲乾坤。因天地的卑高。列吾六位。爲貴賤。因天地的動靜。判吾九六。爲剛柔。因天地間方物的分聚。生吾八卦的吉凶。因天地表示的形象。見吾六十四卦的變化。者都是既畫的易。是易書。天尊地卑、乾坤定矣、是何說呢。蓋當作易以前。乾坤爲天地。作易以後。天地便爲乾坤了。卑高以陳。貴賤位矣、是何說呢。蓋因地位卑、臣道、子道、妻道、皆是地道。故位皆卑而賤。天位高、君道、父道、夫道、皆是天道。故位皆高而貴。上貴下賤。位不可踰。故禮以乾坤爲祖。而易以乾坤爲門。入室始于門。入易始于乾坤。學易故要先明此理。動靜有常、剛柔斷矣、是何說呢。是因陽動而剛。陰靜而柔。九爲陽而動。故斷然知其爲天道的陽剛。六爲陰而靜。故斷然知其爲地道的陰柔。天地本來皆是靜的。靜極生動。動極生靜。一動一靜。至誠不息。是爲有常。方以類聚、物以羣分、吉凶生矣、是何說呢。是如南人多聰敏。北人多敦厚。者便是方以類聚。鵲巢无鵵雛。馬棚无狐穴。者便是物以羣分。善惡的分聚亦然。離合異趣。好惡相攻。由是而吉凶生。故泰道君子聚而吉。散而凶。否道小人聚而凶。散而吉。從八至六十四。皆是一樣。在天成象、在地成形、變化見矣、是何說呢。蓋有物可見。无物可執。便爲象。有物可見。有物可執。便爲形。日月在天爲象。山澤在地爲形。日月垂象于天。故易卦坎離。可以見出天的變化來。山澤露形于地。故易卦艮兌可以見出地的變化來。變化本爲天地神妙的事。人所不能見的。今因天地間的形象著明。而變化遂不可隱。未畫的易理。既畫的易書。將天地神妙的變化。尚且能盡情發洩。而人間的事物。還有不能窮極形容而會通的麼。

是故剛柔相摩。八卦相盪。

此下言乾坤生生不已的大道至理。起先不過一剛一柔。交相摩擦。遂生六子而成八卦。再由八卦推盪起來。以一交七。由一卦而爲八卦。便成爲六十四卦了。

鼓之以雷霆。潤之以風雨。日月運行。一寒一暑。

此言摩盪的實際。天地生物。先以雷霆鼓動。振作其氣。繼以風雨滋潤。完成其形。經過日月運行。寒暑更易。萬物遂由生而成了。前以乾坤貴賤剛柔吉凶變化言。是陰陽對待。爲交易的實體。此以摩盪鼓潤運行言。是陰陽流行。爲變易的作用。下文總以生成的全功。歸到乾坤上。所謂未畫以前。乾坤爲天地。既畫以後。天地便爲乾坤了。

乾道成男。坤道成女。

萬物生育。得乾道最多的便成爲男。得坤道最多的、便成爲女。此男女總人物而言。動植物的雌、雄、奇、耦、也便是男女。

乾知大始。坤作成物。

知、作主字解。萬物初感受純陽精氣的時候。那便爲始。便是中庸所說、「造端乎夫婦」的、那個造端。此造端乾實爲主。故云乾知大始。坤接受了乾的精氣。便以其生物的技能、相與妙合而凝潛滋暗長。迨至物形成就。實質表現。生物的工作。纔算終結而成功。故云坤作成物。乾坤生物。同力合作。而其分擔始終的責任如此。自是故剛柔相摩至此。當爲一段。六子生生不已的推盪。无非是乾坤剛柔相摩、大生廣生的根性。下文專論生物的功用。而推原于易簡。自爲一段。

乾以易知。坤以簡能。

乾所知的只是健而動。健而動、便能始物而无所難。故曰乾以易知。坤所能的只是順而靜。順而靜、便是從陽而已无爲。故曰坤以簡能。易知簡能。便是中庸所說「夫婦之愚可以與知。夫婦不肖可以能行。」愚不肖的夫婦所知所能的事。那還不是簡易至極麼。

易則易知。簡則易從。易知則有親。易從則有功。有親則可久。有功則可大。可久則賢人之德。可大則賢人之業。

乾始物既如此其易。是以雖愚夫也可知。坤成物既如此其簡。是以雖愚婦也可從。事既易知、毫无艱阻。自无不願常相親密的。故曰易知則有親。事既易從。毫无煩難。自然无有半塗而廢的。故曰易從則有功。情既親密、有喜悅而无厭惡。故可久。事既有功、時漸積而力愈顯。故可大。德是得于己、在內不露的。業是見于事、在外顯明的。可久、是賢人的德行。與天同其悠久。可大、是賢人的事業。與地同其博大。

易簡、而天下之理得矣。天下之理得。而成位乎其中矣。

明乎易簡。斯天下所有的物理。无不盡知而盡得。大凡天下无論何事。若无有私欲紛擾。其理都是易簡的。如賢人所成的德業。便是天有此易。人心也有此易。地有此簡。人身也有此簡。聖賢德業。與天地參。成位其中。便是天、地、人、顯然並列、成爲三才了。

右第一章。此章可分作三段、天尊地卑至變化現矣、是言天地對待的大體。是故剛柔相摩至坤作成物、是言天地流行的作用。乾以易知至成位乎其中矣、是言天地大化。人與同功。此皆爲孔子詳說作易的由來。冠于繫辭傳的篇首。

聖人設卦觀象。繫辭焉而明吉凶。

作易以先有象无卦。八卦既設象便在卦。到了八重而爲六十四。聖人又觀是卦有何等的象。便繫以何等的辭。是因有象、便有吉凶藏乎其中。如陰陽奇耦。相交相錯。順便吉逆便凶。當便吉失當便凶。聖人因其順逆當否而繫以辭。以明吉凶的大義。而便學易的知所趨向。卦、作掛解、掛象示人的意思。

剛柔相推而生變化。

剛柔推盪。陰或變而爲陽。陽或化而爲陰。所有的變化。都是從剛柔推盪中生出來的。

是故吉凶者、失得之象也。悔吝者、憂虞之象也。

是故、係接上文。吉凶悔吝、易辭。失得憂虞、人事。得便吉失便凶。憂虞雖未至凶、然已足致悔吝。吉凶相對、悔吝居乎其間。悔、是知過欲改尙未及改。吝是有過不覺或不肯改。悔、自凶而趨吉。吝自吉而向凶。聖人觀爻象所應得便分別繫以辭。

變化者、進退之象也。剛柔者、晝夜之象也。六爻之動、三極之道也。

變化剛柔、以卦畫言。進退晝夜、以造化言。柔變剛、進象。剛變柔、退象。剛屬陽明、晝象。柔屬陰暗、夜象。

進退无常、故變化爲進退象。晝夜一定、故剛柔爲晝夜象。六爻、初二爲地。三四爲人。五上爲天。動、就是變化。極作至解。六爻的變動。爲天地人三才的至理。所以六爻一動。天地人的大道。都見于易書。

是故君子所居而安者、易之序也。所樂而玩者、爻之辭也。

君子居便甚安、是由學易而得其次序。如所居類似乾卦的初九、便安于潛而勿用。如所居類似乾卦的九三、便安于朝乾夕惕。所樂而玩、惟在于六爻的繫辭。卦與爻、皆有辭。但爻有變化。取象既多。吉凶悔吝、指點極詳。見善效其所爲。見惡戒蹈其轍。開卷有益。可以无過。所以樂玩其辭。

是故君子居則觀其象而玩其辭。動則觀其變而玩其占。是以自天佑之、吉无不利。

平居无事、觀易象而玩其辭、以考察吉凶悔吝的本源。到了動而臨事的事候、便觀易爻的變化而玩其占、以審決吉凶悔吝的結果。如乾九三君子乾惕、便是居則觀其象。乾九四或躍在淵、便是動則觀其變。又如九四一動、便變爲巽。觀此變爻的辭義、玩其无咎的占辭、更爲動則觀其變。君子如此玩易動靜如有神明默默保佑。從心所欲。自不踰矩。當然得吉而无有不利的。

右第二章。此章言聖人作易、君子玩易的事。

彖者、言乎象者也。爻者、言乎變者也。

彖、謂卦辭。爻、謂爻辭。彖有實理而无實事。故言象。象指全體言。爻有定理而无定用、故言變。變指一節言。

吉凶者、言乎其失得也。悔吝者、言乎其小疵也。无咎者、善補過也。

凡人言動間善爲得。不善爲失。小不善爲疵。无心而偶有不善爲過。吉凶、是從卦爻或失或得上說。悔吝是從卦爻小有疵累上說。无咎、是從卦爻或有過當、一經補救得法。立歸无過上說。

是故列貴賤者、存乎位。齊小大者、存乎卦。辨吉凶者、存乎辭。

列、是分。陽貴陰賤。上貴下賤。位是六爻的位。此又申說爻、言乎變句。齊、是均。陽大陰小。陽卦多陰、陽便爲主。陰卦多陽、陰便爲主。雖小大不齊。而得時爲主、均是一樣。此又申說彖、言乎象句。辨、是別一卦一爻的吉凶。全恃卦辭、爻辭分辨明晰。此又申說吉凶、言乎失得句。存、是在。

憂悔吝者、存乎介。震无咎者、存乎悔。

憂悔吝者存乎介、就是卦辭爻辭、某卦悔吝、某爻悔吝、在乎纖介幾微、便深加憂慮。此又申說悔吝、言乎小疵句。震无咎者存乎悔、就是卦彖爻象各辭、某卦无咎某爻无咎、震驚愧悔結果歸于无咎。此又申說无咎、善補過句。

是故卦有小大。辭有險易。辭也者、各指其所之。

卦有小有大。如睽、困、小過、等卦。便爲小。復、泰、大有、等卦。便爲大。小大、是隨其消長而分。辭有險有易、如文王履虎尾、羸其瓶、孚號有厲、等卦辭。周公其人天且劓、載鬼一車、困石據蒺藜、等爻辭。便爲險。文王丈人吉、君子有終等卦辭。周公觀國之光、出門交有功、等爻辭。便爲易。險易是因其安危而別。然无論何辭、都是爲人指明路的。凶便指以可避的趨向。吉便指以可往的趨向。之、作向字解。

右第三章。此章係敎人觀玩的事。故先釋彖與爻並吉凶悔吝无咎五項名義。而後敎人體此彖與爻、及對于五項占辭用趨避的功夫。

易與天地準。故能彌綸天地之道。

易書中具有天地的道理。故易書中的道理。便能彌綸天地的道理。彌、如封彌的彌。糊合使无隙縫。綸、如絲綸的綸。頭緒雖多、而條理秩然。言易與天地、外面彌合得毫无隙縫。而內裏也如天地。事事物物、各有條理。彌而非綸、便空疎无物。綸而非彌、便判然不相干。于此二字、可看出聖人下字的周密。來準、作均平解。

仰以觀于天文。俯以察于地理。是故知幽明之故。原始反終。故知死生之說。精氣爲物。遊魂爲變。是故知鬼神之情狀。

易與天地準、不是聖人安排附會、强與爲準的。蓋易書所道的无非陰陽。陰陽、也无非幽明、死生、鬼神、那些事。作易的聖人、仰觀天上日月星辰、燦爛文章。俯察地下山川原隰、博大疆理。陽極陰生、便漸幽而不明。陰極陽生、便漸明而不幽。因此便將幽明的事故、无不周知。又人物的始終、都關係陰陽二氣。當其始、氣聚而爲陽故生。至其終、氣散而爲陰故死。就原理觀人物的所以始。再反而推究人物的所以終。死生的界說、又无不周知。人的陰神、叫作魄。便是耳目聰明的知覺。人的陽神、叫作魂。便是口鼻呼吸的動作。死便謂爲魂魄。生便謂爲精氣。天地所公共的、謂爲鬼神。陰精陽氣。聚而成物。是從无而向于有。卽爲神而漸伸。魂遊魄降。形散而變。是從有而向于无。卽爲鬼而全歸。鬼神的情狀、因此也无不周知。大槩天道地道。也不過一幽、一明、一死、一生、一鬼、一神、罷了。而作易的聖人。无不周知。所以爲易與天地準。此爲聖人窮理所應有的事。

與天地相似。故不違。知周乎萬物而道濟天下。故不過。旁行而不流。樂天知命。故不憂。安土敦乎仁。故能愛。

上言與天地準。此言與天地相似。似、也就是準。既能準、似自然无有相違的。知似天。仁似地。知足以周徧乎萬物。若過了便爲鑿。道足以救濟天下。一過了便爲兼愛。（兼愛．是不分遠近親疏．一律皆愛．不合聖道．）惟易道是不能過的。旁行、是權變行事。如「伊尹放太甲于桐。」一流便要根本上大錯了。惟易道是不能流的。明天理、心无不樂。知天命、隨遇而安。心樂遇安。如顏子簞瓢陋巷。是萬无憂的。此爲一身用易的工夫。民情最惡徵調。我使安土。民情最惡殘忍。我使敦仁。安集敦厚。順民情。厚民生。還有不相愛的麼。此為衆民用易的微旨。本節為聖人盡性所應有的事。

範圍天地之化而不過。曲成萬物而不遺。通乎晝夜之道而知。故神无方而易无體。

範、是模範。圍、是周圍。天地的大化本无窮盡。而聖人給他定一範圍。不教他過了中道。者便是「后以裁成天地之道」「治曆明時」「體國經野」的那些事。曲成萬物而不遺。便是扶植萬物。教他各正性命。一物不能遺漏。如教養栽培的那些事。通乎晝夜之道而知、是能通明晝夜的道理。並深知其所以然。晝夜、便包括幽明死生鬼神的那些事。神是隨時變動。无有一定的方向。在陰的忽然在陽。在陽的忽然在陰。易也是或為陽或為陰。交錯代換。更无有拘拘一定的形體。故曰神无方而易无體。此節言易道最大。有易能該括天地。天地不能該括易書的意思。聖人窮理盡性以至于命者便是至命所應有的事。

右第四章。此章言易與天地準、因作易的聖人也能與天地準。故立言能似天地。能範圍天地。

一陰一陽之謂道。

一陰一陽、兼對立與迭運二義。對立、如天地日月是。迭運、如寒暑往來是。一陰一陽、舉凡天地間事事物物。形形色色。无有能離開的。可謂大道。无此道便无有天地了。然重在一對一。若一對二、或三。那便非道了。

繼之者善也。成之者性也。

陰陽爲道、道大尤見于生物。繼其道所生的人物。純然元氣。元爲「善之長」无一毫不善糅雜于其間。故曰繼之者善。此善氣、是由陰陽所發生。直接付與人物。人物接受以生。即所謂性。人物的性、便是陰陽道中、純一不雜善氣所成的。故曰成之者性。孔子言性與天道。只此數語。孟子道性善。本此。

仁者見之謂之仁。知者見之謂之知。百姓日用而不知。故君子之道鮮矣。

性善、是整個的。仁、知、是性善中的一部分。如人由本性中發見出惻隱的心事來。那便是性善中的仁。發見出是非的分別來。那便是性善中的知。百姓初生。雖與君子同一性善。後爲私欲所蔽。習染所汙。雖每日或有此心發見。而不知操存。所以君子仁知的大道。見端幾乎滅絕。

顯諸仁。藏諸用。鼓萬物而不與聖人同憂。盛德大業至矣哉。

仁本是藏于內的。顯諸仁、是自內而外。藏諸用、是自外而內。如瓜果仁的作用。秋冬收歛。便藏于內。春夏發生。又顯于外。故曰顯諸仁。藏諸用。二氣運行于四時。鼓動萬物。使其生成。都是純任自然。毫无成心。聖人雖與天地並立爲參。然有同的。也有不同的。以生物爲心。是相同的。而聖人對于生物。不能任其自生自長。其既生以後、如或有一物不能得所。便深以爲憂。若天地專在鼓動萬物。既生以後。即付其責任于聖人。而不與聖人同其憂。至于德業、天地聖人是一樣的。仁以時顯。生機便充塞兩間。德何其盛。用以時藏。生機便流傳萬古。業何其大。故孔子贊其盛德大業。爲至極无以復加。

富有之謂之大業。日新之謂盛德。

富有、是凡物皆有。而无一物的缺欠。大業、是隨時皆然。而无一時的間斷。藏而愈有。便能顯而愈新。

生生之謂易。

陰生陽、陽生陰、變易无窮。生生不已。聖人取其變易以著書。故名爲易。

成象之謂乾。效法之謂坤。

聖人畫卦、以純陽主氣而在上。昭然成象。故謂爲乾。以純陰主形而在下。易于效法。故謂爲坤。

極數知來之謂占。通變之謂事。

有理便有數。極數、是究極七八九六的數。預先測知未來。以此占度。便能趨避。有常必有變。通變、是通曉陰陽老少等變化。能彀因應適當。以此作事。自无不宜。

陰陽不測之謂神。

神、是神妙。不是鬼神的神。陰陽變化。周流六虛。无有形質。難以揣測。者便爲神。上言神无方。此言陰陽不測謂神。惟其无方。所以不測。

右第五章。此章一陰一陽之謂道一句。直貫到底。仁、知、德業、象法、占事、无非陰陽。故以不測謂神一句作結。

夫易廣矣大矣。以言乎遠則不禦。以言乎邇則靜而正。以言乎天地之間則備矣。

不禦、是无有阻攔。邇、是近。靜而正、是无有煩亂邪僻的情事。備、是毫不缺欠。廣大、是總說。遠邇、是橫說。天地之間、是豎說。此言易道的變化。就是程子所說、「放之則彌六合。卷之則退藏于密。」那兩句話的意思。

夫乾、其靜也專。其動也直。是以大生焉。夫坤、其靜也翕。其動也闢。是以廣生焉。

此推言易書的廣大。乾坤爲萬物的父母。然各有其性。乾性若靜而不動。就專一而無他。一經發動、就質直而无所屈撓。所有四方八表。其氣均能圓滿貫澈。故曰大生。坤性若靜而不動。就翕合而不洩。一經發動、就闢張而无所掩拒。所以陽氣所施。坤皆承受。其性能以普徧照顧。故曰廣生。

廣大配天地。變通配四時。陰陽之義配日月。易簡之善配至德。

易道的廣大。直與天地相配合。而易書所重的變通。就與天地間的四時相配合。易書所論的陰陽。就與日月相配合。凡此變通陰陽者些事。都易而簡。而天地的至德。也毫不奇僻複雜。確具易簡的妙處。是易所言乾坤易簡的善道。也就可與天地的至德相配合。總而言之、易確能與天地相準相似。並範圍天地之化而不過。

右第六章。

子曰。易其至矣乎夫易、聖人所以崇德而廣業也。知崇禮卑。崇效天。卑法地。

此章是言聖人體易以作事。易道是至極无一復加的。聖人崇其德廣其業。无一不至其極。无一不是易道。其知識的崇高。禮節的卑順。在在便是效法天地的所爲。而與易道相合。如中庸所說「洋洋乎發育萬物。峻極于天。」聖人的知識崇高。便是效天。所說「優優大哉。禮儀三百。威儀三千。」聖人禮節卑順。便是法地。

天地設位。而易行乎其中矣。成性存存。道義之門。

天淸地濁。知陽禮陰。天地位定、知禮便行乎其中。此易字、便作知禮二字看。知禮在人爲性、渾然无有造作。知存于性中一部。禮存于性中一部。知禮兩存。纔能成性。道義全從此出。故曰成性存存。道義之門。

右第七章。

聖人有以見天下之賾。而擬諸其形容。象其物宜。是故謂之象。

聖人設卦立象。是何意呢。是因聖人見天下事物極其複雜。欲把无形的眞理。全形容出來。如擬龍以象乾。擬牝馬以象坤。擬彼形容。象此物宜。由象以識眞理。故立象在所必要。物宜、是當然的物理。

此節與下節對立。下謂爻、此應謂彖、然在未繫彖辭以先。卦只有象。是彖在象後。言象彖自在其中。

賾、作複雜解。

聖人有以見天下之動。而觀其會通。以行其典禮。繫辭焉以斷其吉凶。是故謂之爻。

聖人見天地間人人物參差不一的動作。而欲有以參考其得失以預斷其吉凶。是必先得一卦會通的至要。行典法禮制的當然。得、便繫以吉辭。失、便繫以凶辭。蓋典禮的得失。便是事變的吉凶。如影隨形一般。如乾卦陽剛居在極上便爲亢龍而不可久。如坤卦一陰在下初生。便恐至堅冰而生大故。爻辭所以爲爻辭。爲其能效天下的動作。故謂爲爻。

言天下之至賾而不可惡也。言天下之至動而不可亂也。

如此研究易道。其所言天下事物、雖至繁賾動作、雖至紛紜。而都有確當的至理。固定的秩序。存乎其間。若因其繁賾而遽生厭惡。因其紛紜而視爲變亂。遂不耐煩悉心研究。易道雖易知易從。那總无從得其要領。

擬之而後言。議之而後動。擬議以成其變化。

擬議、是裁度計劃的意思。此言按照卦象卦爻。把自己的身分地位。擬議確當。然後再言再動。遇有變化。纔能應付。若言動非經過幾番擬議。倘或猝然變化。便要无所措手。而一事也不能成了。如孔子仕、止、久、速。稱爲時聖。全是由擬議而成其變化。此下所舉中孚九二等七爻。皆是擬議而後言動的榜樣。

鳴鶴在陰。其子和之。我有好爵。吾與爾靡之。子曰。君子居其室。出其言善。則千里之外應之。況其邇者乎。居其室。出其言不善。則千里之外違之。況其邇者乎。言出乎身。加乎民。行發乎邇。見乎遠。言行。君子之樞機。樞機之發。榮辱之主也。言行。君子之所以動天地也。可不慎乎。

此中孚九二爻辭。鳴鶴在陰。氣同便和。出言、是釋鶴鳴。千里之外應之、是釋子和。言爲心聲、出乎身可加乎民。行爲心跡、發乎邇可現乎遠。此四句釋好爵爾靡。戶以樞爲主。樞動而戶有開有闔。弩以機爲主。機動而弩有中有不中。君子的言行、便是君子一身的樞機。樞機發動、善便主榮。不善主辱。且善便可感召天地間的和氣。不善便可感召天地間的戾氣。言行動關天地。所以必須要格外慎重。事先擬議完善。纔可以發動而无害。

同人先號咷而後笑。子曰。君子之道。或出或處。或默或語。二人同心。其利斷金。同心之言。其臭如蘭。

此釋同人九五爻辭。孔子以君子之道、在乎心不在乎跡。故同人的先悲後喜。與君子此出彼處。此語彼默。皆所不計。只要同道。禹憂顏樂同一情。微去比死同一意。金質雖堅、然其堅不及人心。故二人一心、堅金可裂。薰蕕同器、童子也能知其臭味不同。若同是一蘭。同在一器。无有混雜。无論此蘭是南山的。彼蘭是北山的。其氣相同。十聰明人也不能分辨何蘭產于南山。何蘭產于北山。同心的言論。其臭味相同也是如此。

初六。藉用白茅。无咎。子曰。苟錯諸地而可矣。藉之用茅。何咎之有。愼之至也。夫茅之爲物薄而用可重也。愼斯術也以往。其无所失矣。

藉、作趁墊解。錯、作安置解。苟是苟且。不愼爲苟。不苟爲愼。若是苟且人、把一件東西安置地上。便以爲妥當了。然如身坐于地。无席必傷。足履于地。无屨便害。可見置物于地。雖似妥當。而下邊无物趁墊。終嫌草率。今安置一物。而藉用白茅。如此謹愼。斷无過咎了。因茅物雖薄而性潔。能隔潮濕。用途關係很重。如此愼重將事。无論辦理何事。若均用此法辦去。那是无半點差失的。此聖人處在大過初六的地位上。應有的擬議。

勞謙。君子有終吉。子曰。勞而不伐。有功而不德。厚之至也。語以其功。下人者也。德言盛。禮言恭。謙也者、致恭以存其位者也。

此謙卦九三爻辭。將相建有極大功勞。不免下忌上疑。地位是很難保的。謙九三功勞雖大。而有妥善的擬議。伐、是自誇。有功而不德的德字、是自矜。矜、是覺著自己很好、有勞最怕自誇。有功最怕自矜。有功勞而不自誇自矜。其氣度識量。厚重極了。就有人談到他立功的事實上。也是謙恭下人。不肯稍自高傲。德愈可以稱盛。而對人禮貌、愈令人稱恭。如此致恭。下不忌上不疑。他的地位。自然可以永久保持得住。

亢龍有悔。子曰。貴而无位。高而无民。賢人在下位而无輔。是以動而有悔也。

聖人既深贊謙卦九三。自當深戒乾卦上九。其義蓋正相反。（本義）謂當屬文言。此重出、

不出戶庭。无咎。子曰。亂之所生也。則言語以爲階。君不密則失臣。臣不密則失身。幾事不密則害成。是以君子愼密而不出也。

此節卦初九爻辭。人的言語。關係身家性命。聖人是更要擬議的。大凡亂事發生。全是因言語而起。臣爲君盡忠言。君若不守秘密。如唐高宗告武后。謂上官儀教我廢汝。武后立即設法把上官儀害了。者便是君不密則失臣。臣不密、如陳蕃竇武議誅宦官。先行宣布。遂致殺身。者便是臣不密則失身。不但君臣爲然。天下无論何事。凡是幾密的舉動。事先都不能隨便洩露。如韓琦欲逐任守忠。以空白公文、請同列署押。趙槩不署。歐陽修曰。韓公定有深意。无妨從權。遂同署訖。一經塡寫。立即將

任逐去。是恐幾事不密。不但不能逐去。轉將深受其害。及至害成。後悔也就晚了。節卦初九不出戶庭。便是不輕言語的意思。大槩人所宜節的。言行最關重要。而能節于言。便能節于行。言本是在行以前的。故此但就言語上擬議。

子曰。作易者其知盜乎。易曰。負且乘致寇至。負也者、小人之事也。乘也者、君子之器也。小人而乘君子之器。盜思奪之矣。上慢下暴。盜思伐之矣。慢藏誨盜。冶容誨淫。易曰負且乘致盜至。盜之招也。

此解卦六三爻辭。作易者其知盜乎。就是說作易的聖人。知道盜情罷。如易書所說的負且乘致寇至。負是小人的鄙事。乘是君子的安車。小人負擔著若干東西。坐在君子的安車上。盜也有道、一看便知此人此物來路不正。所以就不免要打主意。搶奪他的。作官的要是德不稱位。也是如此。小人若居高位。有心人一看。便知在上的褻慢名器。如暴秦所用的將相。都是狐假虎威的小人。所以張耳陳餘的那些草澤英雄。都要聲言伐罪了。大凡人有應該葢藏的東西。本應嚴密。若漫不經心。似深藏而又淺露。那便等于誨盜。誨盜、便是教人來盜。又如婦女、一面藏藏躲躲。一面又豔妝妖冶。賣弄風流。那便等于誨淫。誨淫、便是教人行淫。易解六三。簡直是招盜。聖人擬議小人竊據高位的結果如此。

右第八章。此章係以擬議用易大旨。不外乎愼其言動罷了。引此七爻。其餘三百七十七爻。都可類推。

天一。地二。天三。地四。天五。地六。天七。地八。天九。地十。

人但知有一至十的數。不知者就是天地的數。天地便是陰陽。陽輕淸而位乎上。陰重濁而位乎下。陽數奇。故一三五七九皆屬天。陰數耦。故二四六八十皆屬地。

天數五。地數五。五位相得而各有合。天數二十有五。地數三十。凡天地之數五十有五。此所以成變化而行鬼神也。

天地旣各有五數。如一對六、二對七、三對八、四對九、五對十、陽奇陰耦。配合停勻。是天地平均各得五位而各有合。天數的二十五。是一、三、五、七、九、所積而成。地數的三十。是二、四、六、八、十、所積而成。凡天地的數。共爲五十有五。所有二氣迭運。四時流行。千變萬化。皆由此數內所演出。而動靜互根。陰陽互藏。盈虛消息吉凶。亦可由此而推。如有鬼神行于其間。易數的大本盡在于此。

大衍之數五十。其用四十有九。分而爲二以象兩。掛一以象三。揲之以四以象四時。歸奇于扐以象閏。五歲再閏。故再扐而後掛。

上講天地各數。是從數學的本原上說起。此節便說到數學的作用上。衍、作推衍解。揲、作執物過數解。奇、音基。作零數解。生數至五而備。參天兩地爲五。十、是兩其五。五十、是十其五。小衍爲十。大衍爲五十。此數是從河圖洛書兩個天地數上定出來的。河圖天奇數二十五。洛書天奇數二十五。共五十。河圖地耦數三十。洛書地耦數二十。也共五十。故大衍數定爲五十。而占筮時吝一策不用。以象太極。實用四十九策。把者四十九策。信手分爲二組、以象兩儀。隨把右手所持的蓍策取其一、掛于左手小指、及第四指的中間。成爲三組、以象三才。更以四策四策的數左手所持的蓍策。以象四時。數到末後。不彀四策。或賸了四策。便爲餘數。就把者餘數夾于第四第三兩指的中間。以象閏、扐、是將蓍草夾在兩指中間。再揲右手所持的蓍策。把餘數夾于第三第二兩指中間。以象再閏。按五歲再閏。是（一）爲掛一、（二）爲揲左。（三）爲扐左餘數。（四）爲揲右。（五）爲扐右餘數。是爲一變。過此一掛、再扐而後再掛。隨卽再揲、再扐。至三變便成一爻。至十八變便成一卦。

乾之策二百一十有六。坤之策百四十有四。凡三百有六十。當朞之日。

易爻用九六不用七八。乾九坤六。揲以四數。是乾過揲的策數每爻四九三十六。六爻、共得數爲二百十六。坤過揲的策數。每爻四六二十四。六爻、共得數爲一百四十四。兩共三百六十。適當一周年的日數。朞、音基。

二篇之策萬有一千五百二十。當萬物之數也。

二篇謂上下經。凡陽爻百九十二。每一爻三十六。得六千九百一十二策。陰爻百九十二。每一爻二十四。得四千六百八策。合得萬有一千五百二十數。如此其繁。故可以當萬物之數。而萬物的繁賾。也无不包括于其中。

是故四營而成易。十有八變而成卦。

營、作營求解。四營、謂以四營求。如老陽數九、以四求得其策爲三十六。老陰數六、以四求得其策爲二十四。少陽數七、以四求得其策爲二十八。少陰數八、以四求得其策爲三十二。陰陽老少、爲六爻的根本。故曰四營而成易。易是變易。就是由一變至三變而成一爻。由三變至十八變而成六爻。便爲一卦。

八卦而小成。

九變而成八純卦。象天地、雷風、日月、山澤、于陰陽卦象略盡。故曰小成。

引而伸之。觸類而長之。天下之能事畢矣。

八卦小成、不足畢天下的能事。惟將此八卦引其端而伸張出去。既成爲六十四卦。更觸其類而增長。如既成乾爲天。便可說到爲圜、爲君、爲父、爲玉等類說。既成坤爲地。便可推到爲母、爲布、爲釜等類說。其引伸无窮。其類說也无窮。故可以畢天下的能事。

顯道神德行。是故可與酬酢。可與佑神矣。

天道雖隱。藉蓍可以示人吉凶。人事雖顯。藉蓍可以推求神德。明可以酬酢事物而得其宜。幽可以輔助神化而成其功。

子曰。知變化之道者。其知神之所爲乎。

變化不易推測。惟鬼神能預測其機。而周知其故。從此卽鬼神的行徑。也可以推知而不能隱。可見易數的變化。便是鬼神、也逃不出他那盈虛消長的範圍去。

右第九章。此章以數學的大原出于天地。卽由大原上說到以蓍求卦。將其原理及結果均著明于此。

易有聖人之道四焉。以言者尙其辭。以動者尙其變。以制器者尙其象。以卜筮者尙其占。

易書有聖道四種。此聖人之道作哲學哲理看。以、是用。尙有尊重的意思。此言用意在言論的、便尊重其修辭的方法。用意在動作的、便尊重其變化的作用。用意在制作器具的。便尊重其象。如作網罟的取離象。作舟楫的取渙象。用意在卜筮吉凶的。便尊重其占。如筮得乾初九潛龍。就取法勿用。如筮得坤初六履霜。便慮及堅冰。可見易書廣備。任憑人有何用途。无有不可于此取法的。

是以君子將有爲也。將有行也。問焉而以言。其受命也如嚮。无有遠近幽深。遂知來物。非天下之至精。其孰能與于此。

此尙辭尙占的事。君子將有爲有行的時候。宜如何爲。如何行。向易致辭詢問。立時便得明白指示。如與師尊對立相嚮受命一般。凡未來的吉凶事物。不論遠處、近處、及幽暗深微的情事。无有不一問便知的。非天下研理極精聖人所創作的易書。那能談到此種地步呢。

參伍以變。錯綜其數。通其變。遂成天下之文。極其數。遂定天下之象。非天下之至變。其孰能與于此。

此尙變尙象的事。一陰一陽相對爲兩。如損卦六三、三人行損一人。一人行得其友。那便是一陰一陽相對生物固定的數。若一對一以外、加一爲參。兩對兩以外、加一爲伍。此爲變化錯綜的數。无固定的數、不能致一而生物。无變化錯綜的數、不能窮萬物而理繁賾。能通明此等變相。如日星的隱見。山川的動靜。天地自然的文章。人世沿革的文化。莫不由此變化而成就。又如制一器、也必究極易數。不究極易數、器象也无由定。觀其數或錯或綜、如乾策二百一十有六。坤策百四十有四。推極陰陽各數。以制鼎、必取離巽。便定鼎象。以制舟楫、必取巽坎。便定舟楫象。天下事物。萬象雜陳。非研究易書至極變化。那能作到此等事業呢。

易无思也。无爲也。寂然不動。感而遂通天下之故。非天下之至神。其孰能與于此。

易書平時看來。好像无有特別思慮。无有特別作爲。與普通書類一般。然一有感動。无有遠近幽深。凡天下的事故。便无有不通的。如禮記云、「善待問者如撞鐘。」那一句似的。待問、如鐘懸而待撞。不撞便寂然不動。小撞便小鳴。大撞便大鳴。小鳴大鳴、便是感而遂通天下之故。易書的善答問如此。此非神妙至極。那能當此數語呢。

夫易、聖人之所以極深而研幾也。

極深、是究極其幽深。知幽明死生鬼神的情狀便是。研幾、是審研其幾微。如亢龍知有悔。履霜知堅冰至。便是。

唯深也。故能通天下之志。唯幾也。故能成天下之務。唯神也。故不疾而速。不行而至。

唯其深、故以吾先知。開彼後知。以吾先覺。啓彼後覺。自一心而能通澈天下人的情志。唯其幾、故未亂知亂。易亂爲治。未亡知亡。轉亡爲存。自一心而能成全天下一切的要務。既能究深審幾。便由聖到了神妙不測的地步。唯能如此、所以看來好像寂然不動。而有感斯通。如銅山崩。洛鐘應。東西雖隔。而物理相通。故不期其疾而自然能速。又如母齧指而子心動。身未往而氣志相通。故不必行而自然能至。非易書那有此大用呢。

子曰。易有聖人之道四焉者。此之謂也。

易書的聖道四種。其神妙具如以上所云。

右第十章。此章具言易書教人立身作事、无法不備。有問必答。卽卜筮尙占、也是極深研幾。有感斯通。與拜神問卜那些迷信事。斷然不同。

子曰。夫易、何爲者也。夫易、開物成務。冒天下之道。如斯而已者也。是故聖人以通天下之志。以定天下之業。以斷天下之疑。

古時人民樸厚。風氣未開。于天下事无所知識。故聖人立易成書。以開導當時人物的靈思。而使其成就人事的要務。舉凡天下所有的道理。无一不爲易書所籠冒。就是天下之道・都不能出易書的範圍・易書的大旨如此。易開物、故物理未明。用易便可以使其明。故曰通天下之志。易成務、故職未定。用易便可以使其定。故曰定天下之業。易籠冒天下一切的道理、故志一通、而天下人心便斷乎不疑了。業一定、而天下人事便斷乎不疑了。故曰斷天下之疑。

是故蓍之德圓而神。卦之德方以知。六爻之義易以貢。聖人以此洗心。退藏于密。吉凶與民同患。神以知來。知以藏往。其孰能與于此哉。古之聰明睿知。神武而不殺者夫。

蓍數七七四十九、象陽圓。其爲用變通不定。可以預知未來的事物。故謂其德爲圓而神。卦數八八

六十四、象陰方。其爲體靜妙虛涵。可以包藏已往的事物。故謂其德爲方以知。六爻數爲九六。變易无窮吉凶存亡辭无不備貢獻于人使知趨避。故謂其義爲易以貢。聖人體以上蓍、卦、爻、三項的意旨。洗心滌慮。雖退而潛藏于靜密幽獨。而其心實在于天下人民。凡天下人民的吉凶聖人皆認爲與自己的吉凶相同。樂以天下。憂以天下。運用神知。能知來以藏往。其他書類。斷然无此作用。无有能與易書相比的。若與易書相比。或者古時聰明睿知的聖人。但憑神武而不恃殺伐。便可以威天下的那種能爲。還可以與易書相抗衡。

是以明于天之道。而察于民之故。是興神物以前民用。聖人以此齊戒。以神明其德夫。

聖人聰明睿知。是以能洞明天道。而更能審察人民事故。天道、是陰陽剛柔盈虛消長。民故、是愛惡情僞相攻相感。其中含有吉凶悔吝。聖人恐人不知趨避。于是乎興起蓍龜的神物。把人民應該趨避的事機。都指點于事前。教人民日用起居。當趨便趨。當避便避。因易書有此絕大預示的作用。故聖人于著書時齊戒沐浴。鄭重其事。清明在躬。氣志如神。俾其德空靈无些微障礙。纔能作成此書。使人民觀象玩辭。便能于事前知吉凶悔吝。而立身作事。可以无過。齊、讀作齋。

是故闔戶謂之坤。闢戶謂之乾。一闔一闢謂之變。往來不窮謂之通。見乃謂之象。形乃謂之器。制而用之謂之法。利用出入民咸用之謂之神。

聖人著易、既如上節所云、極端鄭重。又恐人以爲易書深遠而難知。故以一戶爲譬。此段只說得一戶。易道靜屬陰、陰主闔。動屬陽、陽主闢。戶的闢闔、便是易的乾坤。戶的一半闢一半闔。在易便謂爲變、闢闔相續。往來无窮。在易便謂爲通。得見此戶的模型。在易便謂爲象。此戶既已成形。可以執持。可以使用。在易便謂爲器。既可執持使用。其制作必有一定的規矩方圓。在易便謂爲法。卽此一戶、有乾坤、有變通、有形象、有器、有法、有此許多利用。出入无人不由。後世雖視爲平常。而當初非聖人運用神思。不能創此萬世利用的制造。所以在易便謂爲神。然雖有如此許多運用名稱。其實不過一戶。可見易理是並不難知的。

是故易有大極。是生兩儀。兩儀生四象。四象生八卦。

元氣渾淪。陰陽未分。是謂大極。大讀作泰。太極、就是整個的一點元氣。有太極以爲主宰。易書纔一步一步的生出來。生、是加一倍的法子。元氣既分、一陰一陽于是乎生。便爲兩儀。儀、作儀式解。在兩儀的一陰上加一陰、便爲太陰。一陰上加一陽、便爲少陽。是爲陰的二象。在兩儀的一陽上加一陽、便爲太陽。一陽上加一陰。便爲少陰。是爲陽的二象。合起來便爲兩儀生四象。再于每一象上各加一陰一陽、如四象的二陽、加上兩儀的一陽、乾卦以生。「☰」四象的二陰、加上兩儀的一陰、坤卦以生。「☷」兩儀的一陽、加在四象的二陰以下、震卦以生。「☳」兩儀的一陰、加在四象的二陽以下巽卦以生。「☴」兩儀的一陽、加在四象的二陰中間、坎卦以生。「☵」兩儀的一陰、加在四象的二陽中間、離卦以生。「☲」兩儀的一陽、加于四象的二陰以上、艮卦以生。「☶」兩儀的一陰、加于四象的二陽以上、兌卦以生。「☱」以上便是四象生八卦。兩儀是二氣表見而爲儀。四象是倍兩儀著而爲象。一氣爲二氣的祖。二氣爲五行的母。二氣分、而純的爲乾、爲坤。二氣散、而雜的爲震、巽、坎、離、艮、兌。乾天坤地、至尊在于上下。震木、巽木、坎水、離火、艮土、兌金、六子在于四方。故周子曰「五行一陰陽。陰陽一太極。太極本无極。」无極是无聲无臭至于極處。此解務要認明。

八卦定吉凶。吉凶生大業。

八卦既立、爻象變化。剛柔迭用。九六相推。時有消息。位有當否。故吉凶相隨而定。此卽所謂斷天下之疑。吉凶既定。趨避適當。變通盡利、鼓舞盡神。故大業由此而生。此即所謂成天下之務。

是故法象、莫大乎天地。變通、莫大乎四時。縣象著明、莫大乎日月。崇高、莫大乎富貴。備物致用。立成器以爲天下利。莫大乎聖人。探賾索隱。鉤深致遠。以定天下之吉凶。成天下之亹亹者。莫大乎蓍龜。

前文言戶以易理比小物。此言天地間至大的功用。亦莫不相同。天成象。地法天。故曰法象。萬物滋生。有顯有微。皆是法象。而莫有大過天地。萬物代謝。終還有始。皆是變通。而莫有大過四時的。天文輝煌。皆懸象著明。而莫有大過日月的。崇高、以位言。富有四海。貴爲天子。纔能作大業。故崇高莫有大過富貴的。萬物天地所生。器用人工所成。備物致用。如服牛乘馬、舟楫網罟等事。天下器物、有智的創造。有能的仿造。「作者謂聖」故備物致用、莫有大過聖人的。事物繁多爲賾。事理幽僻爲隱。幾微難以測度曰深。理想難以驟至曰遠。探、是探討。索、是尋索。鉤、是曲意以取。致、是推求至極。此言對于賾隱深遠。而竭其力以探索鉤致。雖功用不同。而預定吉凶示人以明路。人既知所趨避。自能勉勉進行不倦。纔成大業。其有益于世人。斷然莫有大過蓍龜的。亹讀作懸。亹亹、作强勉不倦解。

是故天生神物。聖人則之。天地變化。聖人效之。天垂象。見吉凶。聖人象之。河出圖。洛出書。聖人則之。

神物、指蓍龜。蓍龜備具數理。確是天生的神物。故聖人便取以爲則。天地的變化。聖人便效其法。爲易中的變化。易中的吉凶從何而見。是天垂象以見的。聖人遂隨其象以爲趨避。易中的圖書從何而出。是天使其于河水洛水中出見的。聖人遂取此神物以爲則。以上皆是聖人仰觀俯察、見機生情。觸動靈思。取爲作易立卦的資料。而易書由此以成。

易有四象。所以示也。繫辭焉。所以告也。定之以吉凶。所以斷也。

此四象、係指老陰、老陽、少陰、少陽、四者而言。並非兩儀所生的那四象。圖書中最適用于卜筮的、爲七八九六四個數。故接上文而言此四象。有此陰陽老少的四象。爲作易的根據。以立卦而爲卜筮以示天下。並繫以辭于卦爻。舉其義以告天下。更如何爲吉。如何爲凶。聖人皆因陰陽順逆。明白規定。以爲趨避決斷的根據。易書既成。誰求誰得。學易的果于靜時觀象玩辭。動時觀變玩占。將見一切道理。不在易而全在學者身上了。

易曰。自天祐之。吉无不利。子曰。祐者、助也。天之所助者順也。人之所助者信也。履信思乎順。又以尙賢也。是以自天祐之吉无不利也。

此引大有上九的爻辭以爲證。大有上九、雖言天。而人同一理。天所助的是順。順便不悖理。是以天祐。人所助的是信。信便不欺人。是以人助。其所以能順與信。皆是深明易道。易四象的所以示。繫辭的所以告。是天與人早授以祐助的根據。而居常觀象以玩其辭。動常觀變以玩其占。在大有六五履信而思乎順。又自處卑下而崇尙大賢。如此深明于「天之道」而詳察于「民之故」。天人都合。那能有不吉有不利呢。〈本義〉謂「此節在此无所屬。恐是錯簡。宜在第八章之末。」來子考定、「此節在八章勞謙君子下。」何氏楷「取大有上九爻辭、以結上文居則觀象而玩辭。動則觀變而玩占。則孜孜尙賢之意。是以自天祐之吉无不利也。與第二章自天祐之語遙應。非錯簡。」折中案、「何氏說是。卽是申釋第二章結語之意。非遙應也。」故照舊將此節列于此。

右第十一章。此章正式說到聖人作易畫卦。及河圖洛書等故事上。茲各具簡明圖說于左。俾讀者便于展覽。

易有太極、

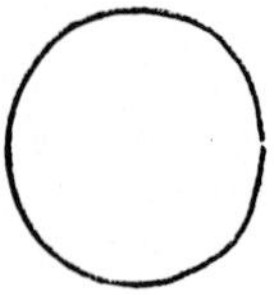

是生兩儀、

陽儀 ⚊

陰儀 ⚋

太極本是囫囫圇圇的一點元氣。无有形象。邵子所謂、畫前有易。便是太極。老子云、道生一。一便是太極。此圖也是假定的。

太極分判爲一奇(單數)一耦(雙數)。奇陽數。耦陰數。周子所謂、太極動而生陽。動極而靜。靜而生陰。分陰分陽。兩儀斯立。邵子所謂一分爲二。正是謂此。

兩儀生四象、

一含九　太陽一　⚌

二含八　少陰二　⚍

三含七　少陽三　⚎

四含六　太陰四　⚏

兩儀以上。各生一奇一耦。爲四個兩畫。是爲四象。其位爲太陽一、少陰二、少陽三、太陰四。其數爲太陽九、少陰八、少陽七、太陰六。又、易七八九六的四個數。因四象的一二三四。便見六七八九。老陽位一便含九。少陰位二便含八。少陽位三便含七。老陰位四便含六。數不過十。即此也可明七八九六。易中四個要數的來歷。又、兩儀分。斯有天地。有天地、水、火、木、金、便相隨而有。土分旺于四季。土又就是地。所以但說四象。故周子謂水火木金。邵子謂二分爲四。

四象生八卦

乾	一	☰
兌	二	☱
離	三	☲
震	四	☳
巽	五	☴
坎	六	☵
艮	七	☶
坤	八	☷

四象以上。各生一奇一耦。而爲八個三畫。于是三才具。八卦成了。繫辭傳所謂八卦成列。——邵子所謂四分爲八。都是指此。

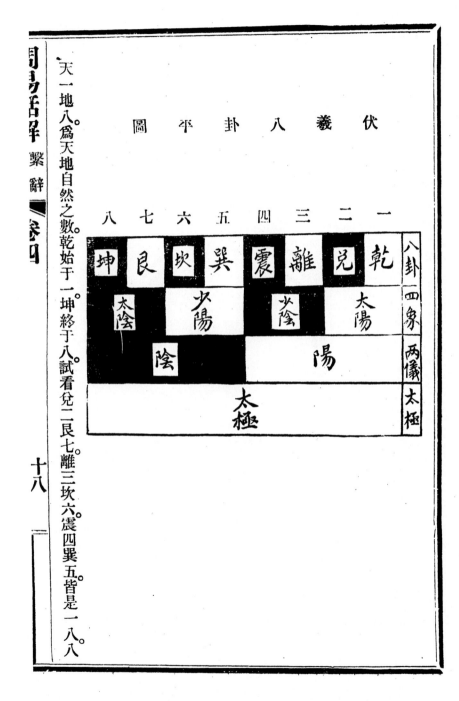

伏羲八卦平圖

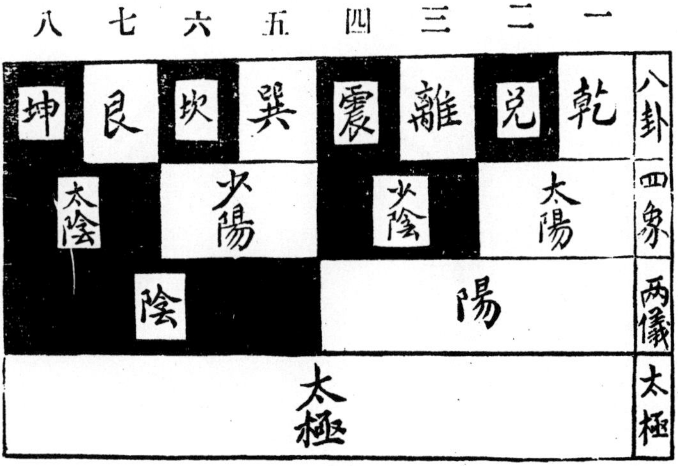

天一地八。爲天地自然之數。乾始于一。坤終于八。試看兌二艮七。離三坎六。震四巽五。皆是一八。八

卦皆本于乾坤。于此可見。故曰「乾坤其易之門」。又曰「乾坤毀無以見易」。一部易經。乾坤槩括盡了。繫辭傳所說。易有太極。是生兩儀。兩儀生四象。四象生八卦。此卽其總圖。

伏羲八卦圓圖

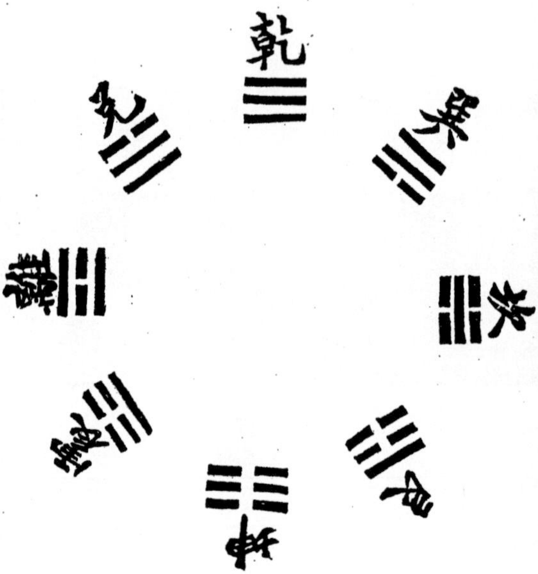

伏羲八卦、槩係對待。乾南坤北、老父老母對待。坎西離東、中男中女對待。震東北巽西南、長男長女對待。艮西北、兌東南、少男少女對待。因其對待、故皆相錯。說卦傳曰。天地定位。山澤通氣。雷風相薄。水火不相射。八卦相錯。此卽右列圓圖。

此伏羲初畫的本圖。以黑白二色分別陰陽。其畫十四。久已失傳。今新補畫。

新補伏義初畫先天小圓圖

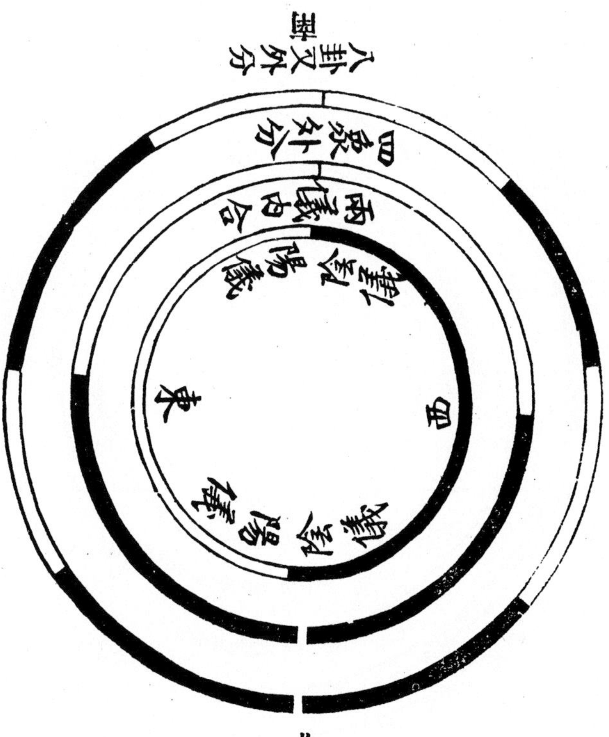

新補伏羲初畫先天大圓圖

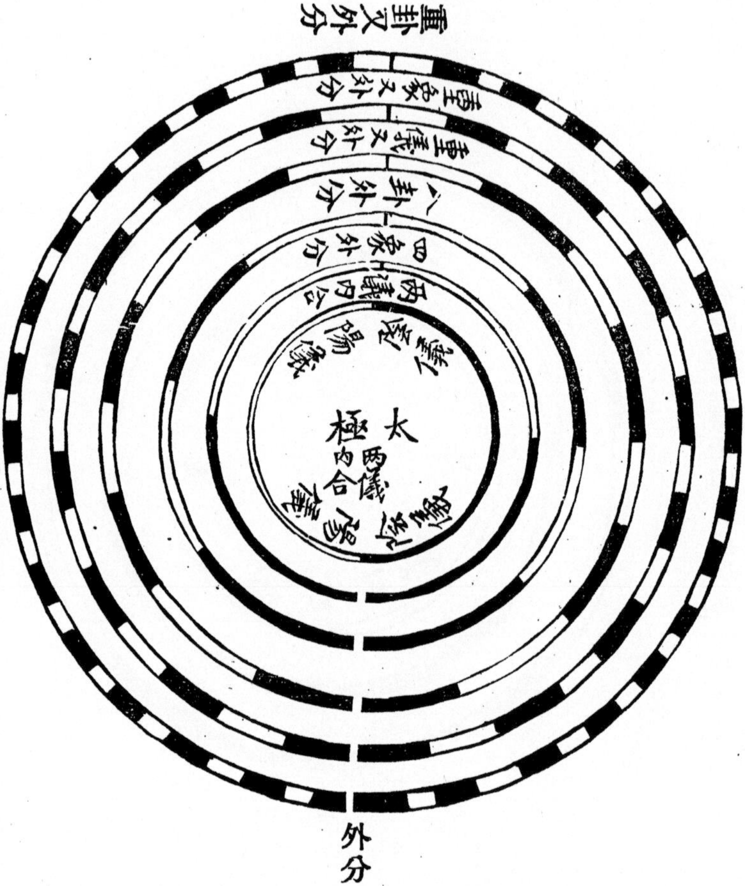

此伏羲初畫本圖。以黑白爲文。其畫一百二十六。然久已失傳。今新補畫。

先天八卦次圖

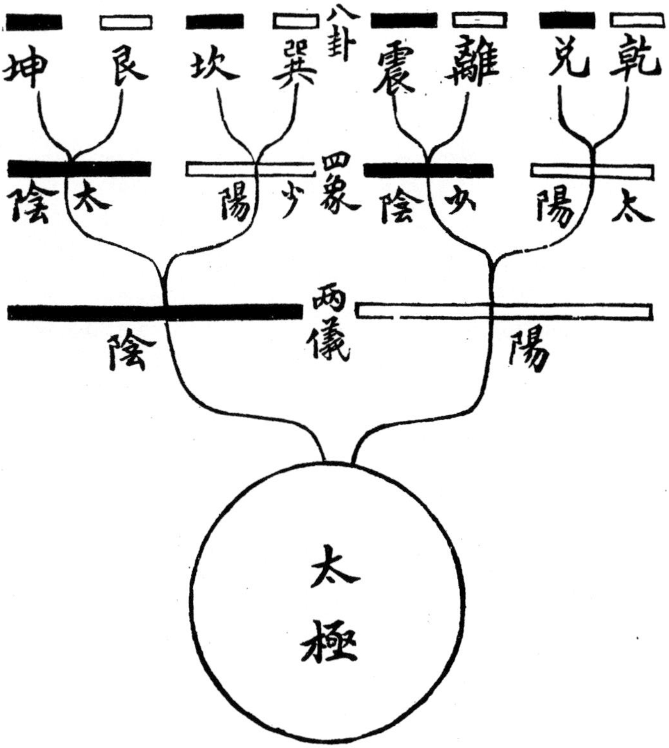

右圖、由太極生生以至八卦。一綫穿成。以便讀者。

文王八卦圓圖

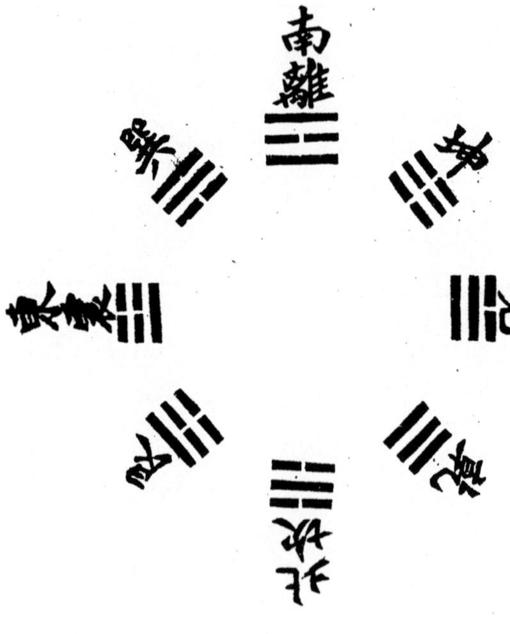

一名文王八卦方位

文王八卦次序圖

乾	父	☰
坤	母	☷

震長男	☳	得乾初爻
坎中男	☵	得乾中爻
艮少男	☶	得乾上爻
巽長女	☴	得坤初爻
離中女	☲	得坤中爻
兌少女	☱	得坤上爻

後天八卦。播五行于四時。震巽皆屬木。故震居正東、主春。巽次居東南。木生火、故離繼居正南、主夏。火生土、故坤繼居西南。土生金、故兌繼居正西。主秋。乾次居西北。金生水、故坎繼居正北。主冬。然水非土不能生木。故艮繼居東北。水與土合併生木。而震又出見了。五行又復遞生。八卦循環爲用。流行造化。秩序井然。說卦傳謂「帝出乎震。齊乎巽。相見乎離。致役乎坤。說言乎兌。戰乎乾。勞乎坎。成言乎艮」觀此卽可明文王八卦的布置。邵子曰。乾統三男于東北。坤統三女于西南。

河圖

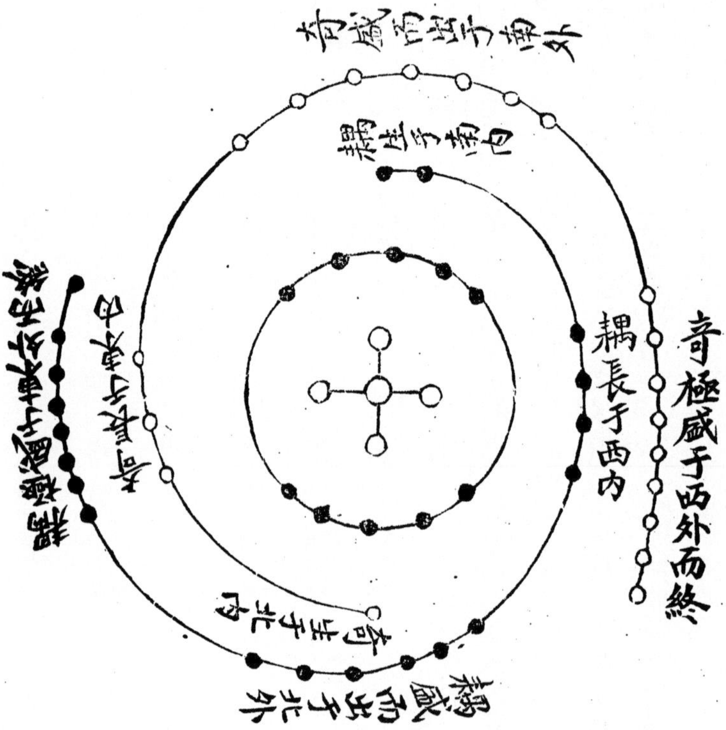

河圖、是伏羲王天下的時候。有一馬自河中出。其形如龍。其周身旋毛。有黑有白。白的通是單數。黑的通是雙數。點點斑斑。支配得儼如圖畫。故曰河圖。繫辭傳曰「河出圖。聖人則之」又、所謂天一、地二、天三、地四、天五、地六、天七、地八、天九、地十。天數五、地數五。五位相得而各有合。天數二十有五。地數三十。凡天地之數五十有五。此皆爲河圖之數。其斑點的次序。一六在下。二七在上。三八在左。四九在右。五十居中。單數陽、故一三五七九皆屬乎天。所謂天數五。雙數陰、故二四六八十皆屬乎地。所謂地數五。然一二三四五爲五個生數。若陽无匹。陰无耦。但能生是不能成的。所以天一生水。必須地六與之配合、纔能成。（一陽生于冬、冬水位、故一生水、）地二生火、必須天七與之配合、纔能成。（二陰生于夏、夏火位、故二生火、）天三生木、必須地八與之配合、纔能成。（三陽生于春、春木位、故三生木、）地四生金、必須天九與之配合、纔能成。（四陰生于秋、秋金位、故四生金、）五居中、而十緊相包圍。五行惟土寄旺于四時。位也居五行之中。是土以天五生。而以地十配合、總其大成。此卽所謂五位相得而各有合。河圖的槩略如此。

洛書

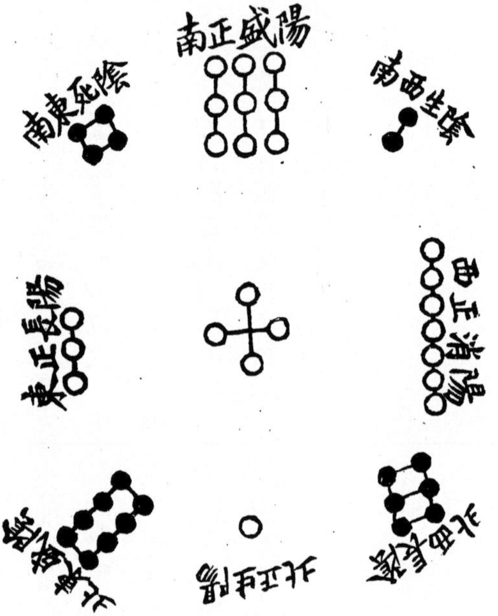

洛書、是大禹治水時。有大龜負文于背。從洛水中出。其數爲戴九、履一、左三、右七、二四爲肩、六八爲足、五居其中。聖人嘗言、「以卜筮者尙其占」。又言、「河出圖、洛出書」。是言筮每及于卜。言河圖每及于洛書。蓋以河圖一六爲水。二七爲火。三八爲木。四九爲金。五十爲土。與周書洪範篇所言五行。正相符合。是洛書河圖。雖發見時有先後。數有多寡。而其理確乎能一致而相通。又如虛其中、不連中五而言。縱橫相對。均是十數。便是一含九。二含八。三含七。四含六。更與四象相同。所以聖人對于圖書卜筮。每相提而並論。

子曰。書不盡言。言不盡意。然則聖人之意。其不可見乎。子曰。聖人立象以盡意。設卦以盡情僞。繫辭焉以盡其言。變而通之以盡利。鼓之舞之以盡神。

書所以載言。然書有時不能盡无窮的言。言所以達意。然言有時不能盡无窮的意。若者麼說來、聖人的意思。不是終久不能見了麼。蓋聖人仰觀俯察。見天地陰陽、不外乎奇耦的法象。于是乎立象以盡意。如按一卦說天地交、爲泰象。不交、爲否象。通塞象立而治亂意盡。按一爻說、乾初爲潛龍、勿用象。五爲飛龍、利見象。上下象立。而隱顯意盡。此在我既能盡意。而觀人也當有方。其方就在于設卦。卦成、不但天地萬物的情狀可見。卽鬼神的情狀也可以知。何況世人的眞情或假意呢。故曰設卦以盡情僞。又如乾卦的元亨利貞、是彖辭。潛龍勿用、是爻辭。著爲辭說。敎人趨避。者便是書能盡言了。故曰繫辭焉以盡其言。易窮必變。變纔能通。通纔能久。如由剝而復。由否而泰。不知變通。那能有此良好的轉機。故曰變而通之以盡利。古聖人以易道利天下。其神妙无一事不敎人心滿意足。如人民窮于巢穴、而聖人爲制宮室。人民窮于車馬、而聖人爲制舟楫。是巢穴病、而給以宮室的便利。車馬阻、而給以舟楫的便利。通變宜民。誰能不歡欣鼓舞。以樂其利而驚其神呢。聖人作易敎民。

到此地步。也當心滿意足了。

乾坤其易之縕耶。乾坤成列。而易立乎其中矣。乾坤毀則无以見易。易不可見。則乾坤或幾乎息矣。

縕爲衣服內所裝的綿絮。乾坤、是六十四卦所包蓄的內囊。乾坤成列、易立其中、是言既有乾坤。而易道就與並立。假定著說乾坤立、易便立。乾坤毀、易便毀。有乾坤易便可見。易若不見、乾坤也就息了。可見易與乾坤。是永遠並立而不能偏廢的。

是故形而上者謂之道。形而下者謂之器。化而裁之謂之變。推而行之謂之通。舉而措之天下之民。謂之事業。

道器不相離。无道不能製器。道是製器的計畫。及方法。器成可以見道。所以聖人分爲形上形下。形而上、是在製器以先。知爲人所必需。假定一方一體。研理設計。運用神思。故謂爲道。形而下、是器成以後。有色有象。如鼎利烹飪。耜利耒耨。所以爲器。然道不宜固守成見。器也須隨時改良。故就舊式、因物理斟酌裁度。由陳腐變爲神奇。是道與器愈演愈善。故曰化而裁之謂之變。然舊器改進。設計日精。造成新器。推廣行銷。由一隅而通行各處。于是此設分廠。彼設分局。將所有出品。推行四海。不脛而走。毫无阻滯。故曰推而行之謂之通。如此形上道立。形下器成。化裁推行。變通盡利。舉此措置施布于天下以供給人民日用所需。那還不是絕大的事業麼。中國工藝製造。聖人早就以形上形下的意義。備發明于易書。只因墨守成規。不肯研究改良。轉落人後。可爲浩歎。

是故夫象。聖人有以見天下之賾。而擬諸其形容。象其物宜。是故謂之象。聖人有以見天下之動。而觀其會通。以行其典禮。繫辭焉以斷其吉凶。是故謂之爻。

此引前文第八章以起下文。也是說明立象盡意。設卦盡情僞的意思。

極天下之賾者存乎卦。鼓天下之動者存乎辭。

卦、就是象。賾以象著。把天下至雜至亂的事物。无不盡數包羅于卦中。故曰極天下之賾者存乎卦。辭、就是爻。動玩其占。經爻辭指示明白。人明知前途无有危險。纔能合眼放步。鼓起興子來去作事。故曰鼓天下之動者存乎辭。極、是窮究。鼓、是起發。

化而裁之存乎變。推而行之存乎通。神而明之存乎其人。默而成之。不言而信。存乎德行。

化而裁之、推而行之、結上變而通之以盡利一句。神而明之以下。結上鼓之舞之以盡神一句。上文化裁推行。是泛說天地間的道理。故曰謂之變。謂之通。此化裁推行、是說易書中所具有的。故曰存乎變。存乎通。言就易道的變處。見得聖人化裁盡妙。就易道的通處。見得聖人推行盡善。神而明之的神、字是根據鼓舞盡神來。易辭能以鼓舞人的、固足以盡神。然必以人心的神。契合乎易書的神。然後歡欣鼓舞而不自知。者正是神而明之存乎其人。然如有所作爲而後成。有所言說而後信。那還不得謂爲神明。蓋易有三、有關于造化的。有關于經傳的。有關于吾人的。如天尊地卑、乾坤定矣、那是關于造化的。書不盡言、言不盡意、那是關于經傳的。神而明之、存乎其人、那是關于吾人的。吾人能神明其德行。凡易書關係造化。關係經傳的那些跡象。一槩化除。其易書所謂顯道神德行。將全與吾人的德行。打成一片了。德行、指易簡的精理言。

右第十二章。

周易話解繫辭下傳

八卦成列。象在其中矣。因而重之。爻在其中矣。

伏羲畫成八卦。以乾一、兌二、離三、震四、下皆陽畫的列于左。巽五、坎六、艮七、坤八、下皆陰畫的列于右。卦既成列。凡天下物象。如說卦中所列的。舉在其中了。又卦始三畫、无所謂爻。因重爲六畫。體遂有上下。位遂有內外。時遂有初終。序遂有先後。六爻也就秩然在其中了。

剛柔相推。變在其中矣。繫辭焉而命之。動在其中矣。

三百八十四爻、不過一剛一柔。如乾初爻、一推移而變爲巽。是柔推剛。坤初爻、一推移而變爲震。是剛推柔。故曰剛柔相推變在其中矣。乾初九曰潛龍勿用。者是聖人觀其位不宜動。便繫以辭命其勿動。乾九五曰飛龍在天。利見大人。者是聖人觀其位宜動。便繫以辭命其動。故曰繫辭焉而命之動在其中矣。

吉凶悔吝者。生乎動者也。

可以動而動、吉隨以生。不可以動而動。凶悔吝隨以生。故曰吉凶悔吝者生乎動者也。

剛柔者。立本者也。變通者。趣時者也。

本、是天地的常經。其要在乎剛柔。剛柔得正。立塲便卓然有本。時、是隨在的裁度。其要貴乎變通。變通適宜。趣向便无不合時。

吉凶者。貞勝者也。

貞、是正。勝、是勝敗的勝。貞勝、是言以正爲勝。吉凶、是无一定的。如富貴可謂吉了。而如季氏陽貨的富貴。便非吉而凶。貧賤可謂凶了。而如顏回原憲的貧賤。便非凶而吉。凡殺身成仁。舍生取義。皆是貞勝。

天地之道。貞觀者也。日月之道。貞明者也。天下之動。貞夫一者也。

天地无私覆。无私載。以此正道。永示觀瞻。日月无私照。以此正道。萬古常明。天地日月且如此。何况于人。故天下人凡有所動。皆當以一爲正。无論千頭萬緒。此心誠一不二。自能與天地日月。貞觀貞明。大道同揆。千載不易。

夫乾、確然示人易矣。夫坤、隤然示人簡矣。

此又提出乾坤來。天地既以正道示人觀瞻。而乾坤就是天地。所以乾便赤裸裸的確然示人以易。坤便赤裸裸的隤然示人以簡。无艱阻。无繁勞。乾坤易簡。就是天地貞觀。確然、是剛健。隤然、是柔順。

爻也者、效此者也。象也者。像此者也。

此是指上文乾坤所示的、爻的奇耦。象的消息。都是效乾坤像乾坤而立的。

爻象動乎內。吉凶見乎外。功業見乎變。聖人之情見乎辭。

爻象一動。見乎其外的。或吉或凶。見乎其變的。或建功。或立業。聖人立此爻象。其教人趨吉避凶。建功立業的情志。无不盡見乎繫辭。

天地之大德曰生。聖人之大寶曰位。何以守位曰仁。何以聚人曰財。理財正辭禁民爲非曰義。

聖人推行易道。天地簡易的大德。便是聖人簡易的大德。天地好生。聖人大德也只是一個生。然聖人大德雖在于生。若无位以爲根據。也是空有此大德。故聖人所寶在位。此位可與天地並立而爲參。故聖人也甚重此位。視爲大寶。聖人既甚重此位視爲大寶。必須要保守此位。永久不失。纔能有權以常施其大德。然保守此位。只要存仁心有仁聞、便可以守。然仁心仁聞。不可徒尚空談。必使人民皆被其澤。財散民聚。是當然的道理。然財非理不能有。理財必須先爲人民謀生計。其法在定九式（用財名稱）以節財用。定九賦（歛財名稱）以歛財用。者是理財正當的辦法。如用財揮霍无度。歛財苛徵捐稅。辭既不正。不爲理財。然理財固爲要務。而壞事也多從財上起。是必明定號令。凡對于財貨有非分不法的。一槩嚴禁。除暴安良者便是義。似此等大仁大義。非有天德居天位的聖人。不能作到。而其源皆出于天地之大德好生。

右第一章。

古者包犧氏之王天下也。仰則觀象于天。俯則觀法於地。觀鳥獸之文。與地之宜。近取諸身。遠取諸物。於是始作八卦。以通神明之德。以類萬物之情。

包犧氏、包讀作庖。卽伏羲氏。在先易尚未作。聖人取天地人物以作易。及易既作。聖人又取諸易以制器。此是本章的大義。昔伏羲氏王天下的時候。始作八卦。其作八卦。通是因自然的法象而得。蓋在天有象。在地有法。在鳥獸有其文。在地質有所宜。如爲雷爲風。是觀象于天仰而得的。如爲山爲澤。是觀法于地。俯而得的。如鳥獸、是飛走一類。根天而生。也由仰觀而得。地宜、是草木一類。根地而長也。由俯觀而得。又近取諸身。如股肱、心腹、是遠取諸物。如金、玉、釜、布、是。八卦既畫。德幽如神明。情顯如萬物。於是乎具見于易而不能逃遁。故在未作易時。聖人取天地人物以作易。如上所云。以下各節。皆是易既作。聖人又取諸易以制器的事。

作結繩而爲網罟。以佃以漁。蓋取諸離。

離、上下互卦、爲顚倒二巽。象結繩。離爲目。兩目連接。象網罟。獵獸爲佃。取魚爲漁。凡獵取鳥獸魚鱉。非用網罟不可。聖人制器。倘象。此蓋取易離象而爲的。敎民肉食。自包犧始。

包犧氏沒。神農氏作。斲木爲耜。揉木爲耒。耒耨之利。以敎天下。蓋取諸益。

耒耜、是耕地的犁耒。是犁頭。入地活土的。故須將木削斲。使其尖銳。纔能適用。耜。是犁柄。人手所推的。故須將木矯揉。使其彎曲。纔能適用。耨、是鋤地。益卦。上卦巽。二陽在上。下一陰。爲木。爲入。象耒耜從地上而下入。下卦震。一陽在下。上二陰。爲木。爲動。象耒耜在地下而動。天下的利益。莫大於耕耨。敎民粒食。自神農始。聖人以此敎人。蓋取風雷益的卦象。

日中爲市。致天下之民。聚天下之貨。交易而退。各得其所。蓋取諸噬嗑。

十三卦、把離、益、噬嗑、列于前。是聖人以食貨爲民生的大本。故看得最重。離爲日中。震爲出動。爲大塗。互艮、爲徑路。露天塲合。四路紛紛出動而來集。致民象。坎水艮山。山海、衆貨所出。聚貨象。震動交易象艮止、得所象。此爲噬嗑的卦象。天下人民。業務不同。天下貨物。用途不同。今把所不同的、都集合于市中。以所有易所无。一經交易有无盡通。此仿佛有物在齒頰間作梗。一齧便合、立時通順了似的。此爲噬嗑的卦義。聖人制爲市政以交易舉動于日中萬物相見的時候蓋取火雷噬嗑的卦象。兼及其義。

神農氏沒。黃帝堯舜氏作。通其變。使民不倦。神而化之。使民宜之。易窮則變。變則通。通則久。是以自天祐之。吉无不利。黃帝堯舜垂衣裳而天下治。蓋取諸乾坤。

時會所趨。漸開風氣。當變而變。人情纔通。若不思變法。一味守舊。已到火食及治麻絲的時代。依然教人茹毛飲血披樹葉。欲使人不厭倦。那是不能的。此時聖人竭盡神思。化陳腐爲新奇。使民衣食居住。无有不宜。自然都能相安了。易道本來陽極變陰。陰極變陽。隨時變化。循環无端。因窮而變而通而久。如此天人相合。自能得天祐助。吉无不利。然當犧農時代。人害雖消。而儀文未講。衣食雖足。而禮教未興。故黃帝堯舜創垂上衣下裳的制度。定出貴賤的等級來。上下有序。名分秩然。天下從此大治。而神化民宜。上衣下裳。其義其象。具于乾坤。聖人以此治天下。是即于乾尊坤卑取象。

刳木爲舟。剡木爲楫。舟楫之利。以濟不通。致遠以利天下。蓋取諸渙。

刳、是剖。剡、是削。刳木、使其中虛而爲舟。剡木、使其下尖而爲楫。水本可以阻隔。雖近處也常不通。而制作舟楫。阻隔的便可以濟了。如在遠處。有此舟楫。也可裝運而來了。如此无論遠近。均可便利。此蓋取諸渙。渙下坎水。上巽木。又爲風。互艮、震。以手持木。乘風動于水上。故象舟楫。

服牛乘馬。引重致遠。以利天下。蓋取諸隨。

用鐵器繫繩。穿于牛鼻。爲服牛。牛有劣性、動觸人、必須制服了他纔能用、故曰服牛。隨三陰三陽。三陰就是坤。爲牛。下互艮爲鼻。上互巽爲繩。兌爲金、鐵器在牛前。以鐵物穿入鼻內。又加以繩。是服牛象。三陽是乾。爲馬。艮爲背。巽爲股。乾馬的腰間。以股加于其上。乘馬象。服牛引重。乘馬致遠。有此發明。天下遂便利極了。下動上悅。蓋取澤雷隨的卦象。

重門擊柝。以待暴客。蓋取諸豫。

艮爲門闕。在卦內。故曰重門。震爲有聲的木器。互艮手。故曰擊柝。坎爲盜、暴客象。艮爲閽寺、待客的。此因上文水陸俱通。就要有搶刼的暴客了。於是設重門以防禦。擊柝以警戒。有備无患。是蓋取雷地豫的卦象。兼及其義。

斷木爲杵。掘地爲臼。臼杵之利。萬民以濟。蓋取諸小過。

上震木、又爲動。下艮土、又爲石、爲手、爲止。中互兌巽。兌毀折。手持木而毀折。斷木象。手持金物入土。掘地象。震木動于上。杵象。艮石止于下、臼象。震出巽入、一起一落、杵臼治米象。前此民得粒食。就很好了。那管稃穀去不去呢。聖人又制爲杵臼以精其米。研究日求進化。其心在利濟萬民。而萬民便賴以濟。此蓋取雷山小過的卦象。

弦木爲弧。剡木爲矢。弧矢之利。以威天下。蓋取諸睽。

知耒耜而不知杵臼。雖粒食而未能精。知重門擊柝而不知弧矢。雖有備而无制人的利器。于是聖人制爲弧矢以示威于天下。此其象與義、蓋取諸睽。睽、互坎木堅。離木槁。兌毀折。木直。用水濕、或用火烤、便曲了。木堅、以削鑿、加以鏃、便鋒利了。此弦木剡木象。坎弓矢。離戈兵。有征伐意。故聖人取以制弧矢而威天下。弦木、是直木使曲。剡木、是削木使利。

上古穴居而野處。後世聖人易之以宮室。上棟下宇。以待風雨。蓋取諸大壯。

棟、是屋脊的大木。宇、是木椽。棟在上、故曰上棟。宇在下、故曰下宇。雷動于上。其聲甚大。有雷必有風。而水澤相隨而來。然屋上棟宇。（指震木說。）極爲壯健。雖風雨動于上。而棟宇蔽于下。此蓋取象于雷天大壯一卦。此下三節、皆變通神化的事項。以後制變更前制。是後聖趣時的作用。

古之葬者。厚衣之以薪。葬之中野。不封不樹。喪期无數。後世聖人易之以棺槨。蓋取諸大過。

古葬的古字。也在穴居野處結繩而治以後。故但言古、不言上古。厚衣二句、薪。葬于野中。

不封、是不積土起墳。不樹、是不種樹標記。喪期无有年月的限數。後聖特爲變通、易以棺槨。蓋取澤風大過一卦。大過陰木在于澤下。木上有口。乾爲骨。巽爲入。骨入其中。入而後悅。是死者以土爲安。故象棺槨。

上古結繩而治。後世聖人易之以書契。百官以治。萬民以察。蓋取諸夬。

上古官民都結繩以治事。然事愈積愈多。但恃結繩以爲徵驗。必有錯誤的時候。後世變通趣時。改用書契。書契、書是文言。契是字據。自有書契。百官以此治事。上下无欺。交易以此約信。人民无欺。此蓋取諸澤天夬一卦。夬、上卦兌言語。下卦乾堅固。乾兌皆屬金。古時簡策皆用鉛刀刻畫。記言堅信。備極明決。故象書契。

右第二章。

是故易者、象也。象也者、像也。

凡章首不用是故字。此著是故二字。是總結上文以起下文。易、便是物象。象、便是像似。

彖者、材也。

材、是建築宮室的材木。彖、是聚衆義以立辭。如建築聚衆材而成室。故謂爲材。

爻也者、效天下之動者也。

效、是倣效。爻有變動。位有得失。變而合于道爲得。動而乖于理爲失。人事的眞情僞意。物理的此是彼非。備載于六爻。六爻所以象天下一切的動作。

是故吉凶生而悔吝著也。

生、是從此而生出。著、是自幾微而著見。吉凶在事、本顯露。故曰生。悔吝在心、極隱微。故曰著。悔有改過的心。吉根乎悔。悔著、吉便生。吝有文過的心。凶根乎吝。吝著、凶便生。吉凶爲悔吝的結果。悔吝爲吉凶的原起。

右第三章。

陽卦多陰。陰卦多陽。

震、坎、艮。爲陽卦。皆一陽二陰。巽、離、兌、爲陰卦。皆一陰二陽。

其故何也。陽卦奇。陰卦耦。

二耦一奇、奇便爲主。是爲陽卦。二奇一耦、耦便爲主。是爲陰卦。故曰陽卦多陰。陰卦多陽。

其德行何也。陽一君而二民。君子之道也。陰二君而一民。小人之道也。

若按陽卦陰卦的德行說、陽有常尊。陽卦固以陽爲君。陰爲民。陰卦也以陽爲君。陰爲民。陽卦一陽二陰。爲一君二民。二民共事一君。主權不紛。令出惟行。莠言不起。是君子道行。陰卦二陽一陰、爲二君一民二君爭使一民。主權不一。政出多門。號令雜亂。是小人道行。陰陽卦的德行如此。

右第四章。

易曰。憧憧往來。朋從爾思。子曰。天下何思何慮。天下同歸而殊塗。一致而百慮。天下何思何慮。

天下事物的感應。理本同歸。但事物千形萬狀。其塗徑是各殊的。天下人心的感應。理本一致。但所接的事務不一。而中心也不免發生百慮。然慮雖有百。而其致本一。塗雖殊。而其歸却同。是此感彼應的道理。皆出于自然而然。其中間、斷不容有半點勉强。吾人應事接物。也只好順其自然罷了。天下又何思何慮呢。

日往則月來。月往則日來。日月相推而明生焉。寒往則暑來。暑往則寒來。寒暑相推而歲成焉。往者屈也。來者信也。屈信相感而利生焉。

從天地上說、日月往來相推、由闇而生明。為一晝一夜。寒暑往來相推、積時而成歲。為一寒一暑。功成後退為屈。邁往前進為信。（信音伸）往來屈信。循環不已。自然相感而利以生。利、便是功。日月功在照臨。歲序功在生成。時而當往、自然就往。時而當來、自然就來。往來相感、全是自然的常理。不是思慮所能操縱的。又何必百慮憧憧往來呢。

尺蠖之屈。以求信也。龍蛇之蟄。以存身也。精義入神。以致用也。利用安身。以崇德也。

尺蠖、蟲名。首尾相就。其行必先屈而後信。此中明上文往來相感、屈信相循的道理。往來屈信。皆是動靜的關係。如尺蠖雖屬微蟲。其初行必靜以屈。而後纔動以信、是其屈正是求信的地步。龍蛇蟄藏、是靜而安全以存身。以備到了時候安然而動。再從人身上說精研義理。至于入神。並非專心在致用上。而自然就可以爲出而致用的根本。以此自然而然的作用。爲利益吾人安身的工具。並非認爲如此便能增崇德行。而自然就可以爲內而崇德的厚資。致、是自然而致。崇、是自然而崇。此爲吾身內外相感一定的道理。故天下的塗徑。雖有萬殊。而精義入神、自能致用。利用安身。自能崇德。其同歸是自然而然的。又何必論其殊塗而憧憧往來呢。

過此以往。未之或知也。窮神知化。德之盛也。

此字、指精義入神四句說。精義入神。用力于內。即所以致用乎外。利用安身。求利于外。即所以崇德乎內。過此以往。推而愈上。皆勢如破竹。聖人也不自知其然。便到了此種妙境。至于此窮極陰陽的神秘。用知造化的深微。德盛實无以復加。又有何思何慮呢。

易曰。困于石。據于蒺藜。入于其宮。不見其妻。凶。子曰。非所困而困焉。名必辱。非所據而據焉。身必危。既辱且危。死期將至。妻其可得而見邪。

釋困六三爻義。此爻陰柔不中不正。因无正應。對上下兩陽。時作非分想。以致名辱身危。作孽難活。死在目前。還能望得見其妻麽。

易曰。公用射隼于高墉之上。獲之无不利。子曰。隼者禽也。弓矢者器也。射之者人也。君子藏器于身。待時而動。何不利之有。動而不括。是以出而有獲。語成器而動者也。

括、作閉結拘滯解。此言濟世的工具。君子早備于一身。更審察時宜。必待有相當的機會可動纔動。靜若處女。出若脫兎。毫无拘滯。左右逢源。蓋成竹在胸。深造自得。收穫既多。自无不利。易解上六。公用射隼于高墉之上。獲之无不利。正是說利器在握。因時出動。動而必得。

子曰。小人不恥不仁。不畏不義。不見利不勸。不威不懲。小懲而大誡。此小人之福也。易曰。屨校滅趾。无咎。此之謂也。

釋噬嗑初九爻義。可恥的莫如不仁。而小人偏不恥。可畏的莫如不義。而小人偏不畏。不教他見利。不能勸他爲善。不施嚴厲的聲威。不能懲他爲惡。對于小人。小有懲于前。使其大有誡于後。者正是保全其生命。爲小人的福氣。屨校滅趾无咎。正如以上所云。懲是懲治。誡是警誡。

善不積不足以成名。惡不積不足以滅身。小人以小善爲无益而弗爲也。以小惡爲无傷而弗去也。故惡積而不可掩。罪大而不可解。易曰。何校滅耳。凶。

善、是仁義。不善、是不仁不義。上節是言懲惡在初。此節是言改過在小。上九何校滅耳凶。便是積惡所致。

子曰。危者、安其位者也。亡者、保其存者也。亂者、有其治者也。是故君子安而不忘危。存而不忘亡。治而不忘亂。是以身安而國家可保也。易曰。其亡其亡。繫于苞桑。

危的、是因前安樂于其位。故致有今日的傾危。亡的、是因自恃可以常保其存。故致有今日的滅亡。亂的、是因自恃已治。可以常有。故致有今日的禍亂。三者皆是以驕盈敗。所以君子目前位雖安。心常慮及傾危。國雖存、心常慮及滅亡。政雖治、心常慮及禍亂。此三者、皆是以憂患爲國的能一再憂國將亡。如否卦九五其亡其亡。其堅固便如繫于苞桑了。前三者、如明皇的晚年。後三者、如堯舜的儆戒。

子曰。德薄而位尊。知小而謀大。力小而任重。鮮不及矣。易曰。鼎折足覆公餗。其形渥凶。言不勝其任也。

釋鼎九四爻義。古昔明君、必量力度德而後授官。爲臣的也必量力度德而後任事。若官不勝任、必至亡身誤國。鮮有不及于禍事的。鼎四所言、正是此意。鮮、作少字解。

子曰。知幾其神乎。君子上交不諂。下交不瀆。其知幾乎。幾者動之微。吉之先見者也。君子見幾而作。不俟終日。易曰介于石不終日貞吉。介如石焉。寧用終日。斷可識矣。君子知微知彰。知柔知剛。萬夫之望。

幾、人所難知。能知人所難知。故曰神。君子與人交際。對上恭遜而不諂諛。對下和易而不瀆慢。如此便絕无因交遊連累致禍的情事。者是有先見而知幾的。幾者動之微。吉之先見。是何說呢。天下之動。其微莫微于初一動念的時候。然欲念一起。大患隨至。如李斯被誅。在諂二世以取容。張湯敗事。在瀆入使而私託。是李斯張湯以爲藉此可以得吉。卒至取容反不得容。自託乃正自敗。然吉莫吉于不失身。若能於此至微而察明。知爲諂瀆而痛絕。見幾而作。不俟終日。如易豫六二、介于石不終日貞吉。如此守正。安得不吉。蓋石至靜而无欲。至重而不動。今君子介然如石。更有何物能動他呢。若見幾待至終日。還不算眞能見幾的。推六二的心志。對于天下事。見微便知其彰。見柔便知其剛。有此等人。天下都要與他相依爲命。又何止萬夫仰望呢。

子曰。顏氏之子。其殆庶幾乎。有不善未嘗不知。知之未嘗復行也。易曰。不遠復。无祗悔。元吉。

顏氏之子。是顏淵。顏爲大賢。聖人是從心所欲不踰矩的。顏子略差一點。所以孔子說、顏子其將與知幾其神的君子。庶幾近似了罷。雖然未至无有毫釐過錯的時候。而幾微一動。略有不善。心中便已瞭然。就立時幡然而改。斷不能再教他見于行爲。易復初九、不遠復无祇悔元吉。顏氏之子。足以當此无愧。

天地絪縕。萬物化醇。男女構精。萬物化生。易曰。三人行則損一人。一人行則得其友。言致一也。

絪縕、是纏綿交密的意思。醇、作凝厚解。天地絪縕、是以氣相交。而萬物都感其氣。化育酣醞。如飲醇酒。圓滿極了。而男女構精。是以形相交。雌雄牝牡。萬物皆有男女。即萬物皆由構精所化生。然天地男女。氣交形交。皆是專一而不二。以一合一。是爲不易的道理。易損六三、三人行則損一人。一人行則得其友。正以三人而損一。只有兩。一人而得友也。只有兩兩相遇便專一。若有第三者、便雜亂了。損三爻辭言損一得友的以此。

子曰。君子安其身而後動。易其心而後語。定其交而後求。君子修此三者。故全也。危以動。則民不與也。懼以語。則民不應也。无交而求。則民不與也。莫之與。則傷之者至矣。易曰。莫益之。或擊之。立心勿恆凶。

釋益上九爻義。安其身、是身无愧怍。危、便行險了。易其心、是坦蕩蕩。懼、便長戚戚了。以道義交、斯淡以成。故定。以勢利交、斯甘以壞。故等于无交。君子勤修以上三事。如安、易、定。期得其全。便是立心有恆。力戒以下三事。如危以動。懼以語。勿交而求。不但人莫與。且恐有傷害立至。此皆因立心勿恆所取。益上九爻辭。求益被擊。其凶莫甚。正是謂此。上與字、是黨與的與。莫之與的與字、是取與的與。莫之與、是指不與、不應、不與三句。傷、就是擊。

右第五章。

子曰。乾坤其易之門邪。乾、陽物也。坤、陰物也。陰陽合德而剛柔有體。以體天地之撰。以通神明之德。

物所由出入的爲門。乾坤兩卦。凡周易上的卦爻。皆所從出。故謂爲門。有形質曰物。一奇象陽。一耦象陰。以有此形質。故謂爲陽物陰物。按物德說、陽與陰合。陰與陽合。而其情相得。按物體說、剛自剛。柔自柔。而其質不同。撰、作志事解。天地之撰、指雷風日月言。神明之德、指健順動止言。以體天地之撰、是言天地的情事。必須根據陰陽。纔可以體察。以通神明之德、是言神明的理性。必須根據陰陽。纔可以會通。全部周易以乾坤爲總樞。離開乾坤研易。便等于出不由戶了。

其稱名也。雜而不越。于稽其類。其衰世之意邪。

易書稱名。如乾、或爲龍、或爲馬、或爲金玉、其所稱雖雜、而總不越乎陽物。如坤、或爲牛、或爲牝馬、或爲釜布、其所稱雖雜、而總不越乎陰物。但于卦辭爻辭。稽考那些類說。如孚號有厲、如立心勿恆等語意。似非上古民情淳厚、不識不知的那種光景。大約世衰情僞聖人著作出者些名物來。似乎也有些不得已的意思。

夫易、彰往而察來。微顯而闡幽。開而當名辨物。正言斷辭。則備矣。

往、是天道已經發見的。如陰陽消息。全于卦爻的變象上彰明出來。來、是人事尙未顯露的。如吉凶悔吝。全于卦爻的占辭上考察出來。微顯、是日用作爲、人事最顯明的、而悉本于天道。由顯便可以推求到幽深的地方上去。使人敬愼而不敢慢。闡幽、是道理深默、天道最幽深的、而能徵于人事、由幽便可以闡發到顯明的地方上來、使人洞曉而无所疑。此二句是承首節伏羲乾坤陰陽卦畫來。當名、就是稱名雜而不越。辨物、是于命名後、復辨明卦中所具的物理。正言、是挨卦繫以正當的語言。斷辭、是于立言後卽藉其辭而爲判斷。當伏羲時、有畫无文。易道未開。至文王以後、遂開明而大備。

其稱名也小。其取類也大。其旨遠。其辭文。其言曲而中。其事肆而隱。因貳以濟民行。以明失得之報。

牝馬虎尾、是卦辭稱名甚小的。負乘曳輪、是爻辭稱名甚小的。然稱名雖小其中備具陰陽剛柔的道理、取類却是極大。凡一切道德性命。散見于各卦各爻。其旨甚遠。而其辭順理成章。很是明顯。又其言雖委曲婉轉。却无不中理的一句。又其事雖極閎肆而鋪張。似乎毫无含蓄。而淺者見淺。深者見深。又極有隱奧的義味。可令人百讀而不厭。易原不過乾坤二畫。而其卦爻稱名取類。及其中旨、辭言、事。大要都不能把者乾坤貳卦越過去。而所以繫辭的意思。便是爲世道衰微。與民同患。設爲吉凶悔吝各辭。以救濟人民立身行事。教他知道爲善便得而吉。不善便失而凶。善不善、爲得失的原因。吉凶悔吝、便爲得失的果報。

右第六章。

易之興也。其于中古乎。作易者。其有憂患乎。

夏商末世。易道中微。文王被拘于羑里而繫彖辭。易道復興。且在伏羲時。理尚質素。但觀爻象。足可垂教。時到中古。事漸繁賾。人漸澆薄。但以卦象爲教。是不成了。故卦爻等辭、起于此時。也就於此時名爲周易。蓋文王被囚。周公東征。均是飽經憂患。情見乎辭。下文九卦、都是示人以免憂患的道理。

是故履、德之基也。謙、德之柄也。復、德之本也。恆、德之固也。損、德之修也。益、德之裕也。困、德之辨也。井、德之地也。巽、德之制也。

此章言聖人取易道以成己德。學易不以易成己。易自是易。我自是我。易何補于我。我何必學易。德如何可成呢。譬如牆基不堅。牆必頹。故以踐履實在、脚根立定、爲立德的基礎。德雖立。若驕亢起來、其基必搖而不固、所以貴乎謙。如持物堅持其柄、使確有把握、不至動搖。然謙最戒乎僞。一有虛僞、如王莽謙恭下士。大本便失。所以又貴復其初性。爲成德的根本。然本既立、若不能持久。如孟子所云、一暴十寒。不恆其德。等于未成。故又必守以恆心。然日久倘有所蔽。非加以修治。恐不免於德有累。故又取諸損。損是損其過。便爲修德。然德雖常修。猶恐未能盡善。有過惟恐其損吾德。所以見善必取以益吾德。吾德日益。便日有進。故益爲德之裕。然此皆爲平居所有的事。若一旦臨變而遽失。其德仍不能成。故遇困而不失其亨。然後吾德知所辨而益明。故困爲德之辨。井是永在一地不能改的。成德如井而永不改易。是脚踏實地。至此可謂大成了。然聖人猶以爲未已。必卑巽以自制、其德方日進而无所蔽。此如大禹不矜不伐。周公不驕不吝。仲尼對于仁聖曰吾豈敢。聖人學易以成德。始持以謙。終制以巽。德備一身。无在非易。

履和而至。謙尊而光。復小而辨於物。恆雜而不厭。損先難而後易。益長裕而不設。困窮而通。井居其所而遷。巽稱而隱。

履、兌以柔悅承乾健。天極上、澤極下。名分顯然。至理不可易。君子體履行事。故和而至。謙必自卑自晦。然自卑人必尊。自晦德益顯。故尊而光。復、陽微陰衆。然陽有獨立自彊的能力。勢雖小而絕不爲羣陰所亂。故曰小而辨于物。恆、是恆常的事情。舉動酬酢變化不一。人情于此、多以複雜爲可厭。必恆其德。纔遠恥辱。故曰雜而不厭。損、是損去不良的習慣。習慣難改、改必出于勉強。若由勉強到了自然。便情通理順了。故曰先難而後易。益、是聚集衆善以益己德。故其德日有長進而寬裕。設、是張大。攏空架子。如此便不合益道。故曰長裕而不設。困窮時、不修德的。便要身敗名裂了。君子遇窮困而德益進。道益亨。故曰窮而通。井雖不動、而其利益无有不及。故曰居其所而遷。遷、是活動不拘一處。巽順于理、以發號施令。稱物所宜。萬家安樂。不知所由。故曰稱而隱。

履以和行。謙以制禮。復以自知。恆以一德。損以遠害。益以興利。困以寡怨。井以辨義。巽以行權。

履以和行、行有不和。是不由禮。能由禮便无不和。謙以制禮、如好尊大、是不能由禮。若自卑尊人。是能以禮自制。復以自知、自治纔能復善。于他人是无關係的。然有不善、自己能知。能不復行。如此是顏子的自知。人所不能及的。恆以一德、不常便是二三其德。常便一。終始惟一。德纔日新。損以遠害、如忿怒私欲。都足以害德。懲忿窒欲。是損去其害。害德便无害了。益以興利、興利便是遷善改過。既能遷善改過。德便日進无疆。漸至聖神的地步。甚麼利能比得上呢。困以寡怨、君子身困道亨。守分安命。他无甚麼怨的。井以辨義、君子行義。在于利物。于井的養人。可以大明君子濟衆的志願。巽以行權、于不得已的時候。如湯武革命。巽順乎理。便是順乎天而應乎人。然若不巽順。于天理人心格格不入。君子也是不能行的。

右第七章。

易之爲書也不可遠。爲道也屢遷。變動不居。周流六虛。上下无常。剛柔相易。不可爲典要。唯變所適。

一部易書、凡人崇德廣業。居宜觀象玩辭。動宜觀變玩占。是一時不可遠離的。易書爲道時有遷移。其變動多方。不居于一定的處所。六爻的位次。本无一物。故謂六虛。而陰陽剛柔周流其間。如六位本虛。而以六陽爻實于其間。便爲乾。以六陰爻實于其間。便爲坤。六十四卦的周流。上下无有常如此而不改的。剛柔无有不變易而固定的。不可認定一時一處的理解。便爲典要而不可更易。必須隨其變遷的大義以觀玩。而廣大悉備。无不該括。都是有益于人。无適不宜的典、是典常。要、是體要。典要、作不可更易解。

其出入以度。外內使知懼。

易書雖不可爲典要。而其出往入來。卦爻所指示的。无不以度。度、是事理當然的法則。有此指示的法則。使人人出而在外。入而在內。都不敢妄爲。而時時知懼。知懼、定然以度。

又明于憂患與故。无有師保。如臨父母。

守度知懼。既能如上所云。以此應世。即遇憂患與一切的世故。无有不能明達而坦然可以應付的。以此謹獨无師保、而自可束身違父母、而也如父母在前。必須致其敬畏。是書不可遠。並使人不能遠如此。

初率其辭而揆其方。既有典常。苟非其人。道不虛行。

揆、是揆度。方、是道的方向。易書上下无常。剛柔相易。不可爲典要。似乎无從捉摸了。幸有聖人的繫辭。在始率循乎易辭而不敢違。揆度乎易道的方向而不敢離。于變動不居中。探索其典常不變的要義。既得此典常要義。便執守而躬行。易道自可以爲實用。若非其人。自不知典常所在。不知易道。徒託空言。易道便不爲其所有。蓋易道是不虛行的。

右第八章。

易之爲書也。原始要終。以爲質也。六爻相雜。唯其時物也。

原、是推原。要、是要會。質、是體質。初爲卦始。原其始。二三便在其中。上爲卦終。要其終。四五便在其中。原始要終。是爲一卦全體。故文王原始要終。以爲彖辭。何以說六爻相雜。唯其時物呢。如乾言龍。是物。而因其時異。故潛、見、飛、躍。也不同。漸言鴻。是物。而因其時異。故干、磐、陸、陵。也不同。六爻相雜。唯是時物。略舉二卦。餘倣此。

其初難知。其上易知。本末也。初辭擬之。卒成之終。

此言初上二爻。初爲六爻的本始。纔有一爻。而一卦的形體未成。是其質未明。其義未露。所以難知。上居六爻的末後。卦至上爻。其質已著。其義全露。所以易知。因初難知、故聖人對于初爻繫辭。必仔細擬議。當取何象何占。不敢輕率。因上易知、故聖人對于上爻繫辭。不過因下數爻取義。以成其終。如細玩乾初九的潛龍勿用。對于上九的亢龍有悔。便可知其緊要了。

若夫雜物撰德。辨是與非。則非其中爻不備。

若雜聚各物。撰述其意義。分辨意義的是非。非卦內的中爻。不能備具其理。一卦六爻、二爲下卦的中爻、五爲上卦的中爻。其他各爻。各主一物。各有其德。然欲辨定六爻的是非。須總注意于中爻。中爻多能該括全卦的意義。如乾九二見龍在田。利見大人。九五飛龍在天。利見大人。是二與五兩中爻。能總攝乾卦全德。他卦亦多類此。讀易的也非觀玩中爻。不能備知其義。

噫。亦要存亡吉凶。則居可知矣。知者觀其彖辭。則思過半矣。

噫、是贊嘆辭。要作會集解。此言不但辨定是非。所以存亡吉凶的道理。也總會集于中爻以內。觀卦於此注意。按時按位。應居何等。大概可知。若在讀易很聰明的人。既觀中爻。再觀彖辭。彖辭、是文王統觀六爻以立義。如蒙卦以二爲師。尊師卦以二爲將帥。比卦以五爲君王。其義皆先定于彖辭。仔細揣摩彖辭于易書卦爻的道理。便能明瞭過半了。

二與四同功而異位。其善不同。二多譽。四多懼。近也。柔之爲道。不利遠者。其要无咎。其用柔中也。

二與四兩爻。皆是陰位。故曰同功。然其地位遠近各異。故曰異位。遠近的標準。以距離第五爻而定。五爲一卦的尊位。故以五爲標準。以遠近異位。而其善也不同。二的地位。如從前的督撫。現在的各省主席。專主一省。指揮如意。故多譽。四近在君側。責任既重。不得自主。又恐君上喜怒不常。故多懼。以近的關係。四似乎不如二。然二四位皆陰柔。柔的常道。往往不能自立。距有勢力的尊位。遠了似乎就要不利。而其歸結多能无咎。此是柔而得中的好處。

三與五同功而異位。三多凶。五多功。貴賤之等也。其柔危。其剛勝邪。

三五同陽位。故同功。然三多凶。五多功。是因三居下卦。五居尊位。地位各異。貴賤分等。三賤居下、剛而不中。是以多凶。五貴居尊、剛而得中、是以多功。然更有一說、三五皆陽。若以柔爻處于其上。便不得正。或危而不安。若以剛居剛位。或者便能勝任而愉快。邪、（就是耶字）是不定的語意。彷彿說、或者剛居剛位。就須不危而略好一點。也未可知。辭很活動。

右第九章。此章總論全卦六爻。及彖辭的功用。

易之爲書也。廣大悉備。有天道焉。有人道焉。有地道焉。兼三才而兩之。故六。六者、非它也。三才之道也。

此言重卦的本旨。重卦而後、无論何等廣大的事物。无有不備的。其在三畫卦的時候、雖也有天道、人道、地道、成爲三才。然三才一而不兩。便孤獨而无對。于是兩其三才。使成爲六。六也无有他說。三才的正道。本應該是有兩的。天道兩、便陰陽成象。人道兩、便男女盡性。地道兩。便剛柔合質。道本如是。本其道兼而爲兩。從此一切事物。纔能廣大而悉備。

道有變動。故曰爻。爻有等。故曰物。物相雜。故曰文。文不當。故吉凶生焉。

體分上中下、既有三才的區別。而合爲一卦、便有變動了。如陰或居上。陽或居下。斯天爲地。地爲天了。五爲君。二爲臣。斯天道地道。又爲人道了。因此變動、便分六爻。爻有尊卑。便有等級。既有等級、便各有物象。物象複雜、便錯綜而成文。文物若不當其處。或剛居柔。或柔居剛。從此就發生出吉凶的問題來了。

右第十章。

易之興也。其當殷之末世。周之盛德邪。當文王與紂之事邪。是故其辭危。危者使平。易者使傾。其道甚大。百物不廢。懼以終始。其要无咎。此之謂易之道也。

易興于殷末世。周盛德。當文王與紂之事。卽指文王被紂囚于羑里。文王于此飽經憂患的時候演易。是欲以自己一身所經歷。爲天下萬世開坦途。以其所言。都出于實踐。其身危。故其辭也危。其出辭的大意。大約欲使人皆平而无傾。何以使人能平呢。必其人謹愼小心。日以所事存心。危而不安。時常慮或傾覆。便能平安而无傾覆。如孟子云。生于憂患。若其人安逸自滿。可恃爲永能平安。就必至于傾而不能平。如孟子云。死于安樂。平由于自危。傾由於自易。其道該括的甚大。不但有天下國家的不能廢此例。即一禽一獸。无論何物。也不能廢此例。且雖知自危而不自易。也不能偶然一爲。便可以得平安的收穫。而无傾覆的失敗。必須一心始終儆懼。永无懈怠。其歸結纔能吉而无咎。在文王被囚時。既以此易道免一己的憂患。復欲以此易道免天下後世的憂患。易道淵源。蓋出於此。要。作歸結解。

右第十一章。

夫乾。天下之至健也。德行恆易以知險。夫坤。天下之至順也。德行恆簡以知阻。

至健。行事便極爽利。故易。至順。行事便无曲折。故簡。乾的德行。既常平易近人。其性自不能險。而天下險巇（作不平解）的情事。也能周知。坤的德行。既常簡捷了當。其性自无疑阻。而天下壅阻的動機。也能周知。乾雖易而能知險。便不至陷于險。坤雖簡而能知阻。便不至困于阻。人能如乾坤。自然能危而不斷不至易而傾了。

能說諸心。能研諸慮。定天下之吉凶。成天下之亹亹者。

聖人于事未臨頭。能以易簡无私的道理。常怡然而說諸心。事既臨頭。能以易簡的道理。自幡然而研諸慮。定天下之吉凶。是把者事的吉凶。判斷明白。成天下之亹亹。是把吉凶業已明定。教人知所趨避。无險无阻。成全的天下人。都能勉力作事。

是故變化云爲。吉事有祥。象事知器。占事知來。

變化云爲。是或漸變。或急化。或口所云。或身所爲。若是吉事。便有嘉祥的現象。是可以預定的。或觀其所象的事。便知制器的方法。或觀其所占的事。便可知未來的情形。是无可逃遁的。

天地設位。聖人成能。人謀鬼謀。百姓與能。

天地設位。有易簡的道理。聖人就用易簡的道理。說心研慮。不用卜筮而知險知阻。把乾坤的能事。便成爲聖人的能事了。所以天下事。雖是險阻无窮。先明而謀于人。如吉凶未決。再幽而謀于鬼。幽、是暗處。鬼、指卜筮。如此謀定後動。不但聖人以次的賢人能與其事。就是尋常百姓也可與能了。

八卦以象告。爻彖以情言。剛柔雜居。而吉凶可見矣。

百姓不能說心研慮。謀于人未決。復謀于卜筮。而卜筮不辜負其謀。于是八卦以象告險阻。爻彖以情言險阻。剛柔相雜而陳列。以吉凶見險阻。无論何人得此所告、所言、所見、自能知險知阻。學易可以无過。于此頗有關係。

變動以利言。吉凶以情遷。是故愛惡相攻而吉凶生。遠近相取而悔吝生。情僞相感而利害生。凡易之情。近而不相得。則凶。或害之。悔且吝。

卦以變爲主。言吉、教人知所趨。因爲利。言凶、教人知所避。也爲利。故謂變動以利言。何以說吉凶以情遷呢。就是禍福惟已所召。合于情理便吉。違于情理便凶。先合後違。先違後合。情无定。吉凶也相隨而遷。此二句總一卦。言以下就六爻根利與情兩事言。无情便不識不知。无有吉凶。有情就有愛惡。爻相攻擊。從此多事。吉凶便相因而生。六爻上下相應的便遠。兩爻乘承相比的便近。遠近兩相借光。而各取便利。其中有得有失。悔吝也就從此而生。情、是眞情。僞是假意。處世接物。既有情僞。自有好感惡感。感情不一。利害自然也就相隨而生。總而言之、吉凶、悔吝、利害者三種說辭。都是從相攻、相取、相感、三種情欲上發生的。易道以乾坤爲主。乾坤以易簡爲主。若一有以上三種情欲。便是險阻。險阻能遠。爻與爻自能相得。而吉。若與險阻切近。爻與爻自然不能相得、而凶。並或至于受害。悔且吝、更是免不掉的。

將叛者其辭慙。中心疑者其辭枝。吉人之辭寡。躁人之辭多。誣善之人其辭游。失其守

者其辭屈。

此言學易有得的人。可以知言。如見一人發言。若有一種慙愧的模樣。其人便將有背叛的行爲。故曰將叛者其辭慙。如見一人發言、若或枝枝梧梧。二三其說。其人的中心必多疑。而无一定的主張。故曰中心疑者其辭枝。吉人、是最良善吉祥的人。此等人心平氣和。非合理的話。一句不說。其情无私曲。其發言一定簡當而无枝節。故曰吉人之辭寡。躁人、是浮躁暴躁的人。此等人專任意氣。認理不能眞切。其情不沈著。其發言无一定的主義。當然是多的。故曰躁人之辭多。誣善之人、是欲把善人誣陷到惡道上去。此等人其情極不良善。但看人的形色。能如何引誘。便如何引誘。或拉正入邪。或以邪混正。其發言惟在其行事便利。游移而不能一定。故曰誣善之人其辭游。失其守者、是毫无操持枉已徇人的。其情委靡不振。其發言一定屈而不伸。不能揚眉吐氣。故曰失其守者其辭屈。總而言之。吉人、是合于易簡的。叛、疑、躁、誣、失守、皆違乎易簡的。人情險阻不同。情見乎辭。自然各異。

右第十二章。

周易話解說卦傳

昔者聖人之作易也。幽贊於神明而生蓍。

以聖人的神智。著爲易書。深知神明的道理。若有相當的方法。足可示人以趨避的途徑。于是竭盡智慮。發生用蓍求卦的方法。以蓍爲神明的贊助。故曰幽贊于神明而生蓍。幽贊是暗中贊助。大意、謂蓍爲天人間的介紹。使人能知未來的事者。也是聖人作易、既成以後。感召的上天特生此靈草。使易書愈顯其作用。

參天兩地而倚數。

倚、是憑依。用蓍求卦。繫依乎數。最初爲一二三四五、五生數。五生數中一、三、五、是三個天數。三個天數加起來共得九數。爲老陽。五生數中二、四、是兩個地數。兩個地數加起來共得六數。爲老陰。老陽老陰。易生變化。用蓍求卦。非依此數不可。故曰參天兩地而倚數。

觀變於陰陽而立卦。發揮于剛柔而生爻。和順于道德而理于義。窮理盡性以至于命。

數既顯出。九七便爲陽。六八便爲陰。觀陰陽變化而卦遂立。卦既立。由陰陽便分出剛柔來。從剛柔更一發揮而爻遂生。聖人悉心逐爻繫辭。其要皆和順于道德而理于義。其辭盡與道德不乖不悖。且所整理治理的都合時宜。所以讀易便可无有大過。還不但此。再往深處研求。并可窮理盡性以至于命。上既說義、此何以又說理呢。此如有二物于此。一爲樽、一爲篚。樽酒器、篚肴器。不能相混。此便爲理。如有人以樽裝肴。以篚裝酒。那便非義。必酒歸樽。肴歸篚。如此合乎時宜。就是義。義者便是義理二字的界說。然此理、性、命三項。如何說呢。此等理學的解釋。非淺近設譬不能顯明。理、譬如足。性、譬如路。命譬如家。如人從外歸家。必先窮極其足力走盡其路程。自然就可以至家了。此便是窮理盡性以至于命的解釋。周易理數並重。以蓍求卦。一步深一步。便可推究到根本上。如此。理于義的理、作整理治理解。與窮理的理字不同。

右第一章。

昔者聖人之作易也。將以順性命之理。是以立天之道。曰陰與陽。立地之道。曰柔與剛。立人之道。曰仁與義。兼三才而兩之。故易六畫而成卦。分陰分陽。迭用柔剛。故易六位而成章。

性、是人所受於天的。命、是天所授于人的。陰陽、以氣言。如寒暑往來是。剛柔、以質言。如山峙水流是。仁義、以德言。如事親從兄是。天无陰陽。天機便息。地无剛柔。地質便墜。人无仁義。人性便近于禽獸。故天道非陰陽不立。地道非剛柔不立。人道非仁義不立。兼三才而兩之、是分三才爲上中下三段。而各得其兩。初二爲地。初剛而二柔。三四爲人。三仁而四義。五上爲天。五陽而上陰。六畫成卦。分陰分陽、是以位言。凡卦初、三、五、三位爲陽。二、四、上、三位爲陰。自初至上。陰陽各半。故曰分。迭用柔剛。是以爻言。柔、謂六。剛、謂九。柔位柔居。剛位剛居。爲當位。柔位剛居。剛位柔居。爲不當位。三百八十四爻。剛柔雜居、故曰迭。此雖只言陰陽剛柔。而仁屬于陽剛。義屬于陰柔。言六位、而仁義自在其中。天地人名爲三才。實爲一理。爻位陰陽相間。而分布一定。爲經。爻畫剛柔不同。而居止迭相爲用。爲緯。經緯錯綜。繫辭傳曰、「物相雜謂之文。」聖人順著天地人性命自然之理、設卦繫辭、著爲一部大文章。都是本著者六畫六位而成的。

右第二章。

天地定位。山澤通氣。雷風相薄。水火不相射。八卦相錯。

薄、作迫激解。射、作厭惡解。此伏羲八卦圓圖的位次。天地定位、是乾南、坤北、定位而合德。山澤通氣、是兌東南、艮西北、異體而通氣。通氣、如泉水發源于山中。是雷風相薄、是巽西南、震東北、雷風各動而相薄。相薄是同相激迫、互助成聲。水火不相射、是離東、坎西、不相入而相資。水火若分離開都失效力。所以兩性雖異、不相厭而轉相賴。八卦相錯。便能陰陽對待。故一與八錯（乾坤）二與七錯（兌艮）三與六錯（離坎）四與五錯（震巽）八卦不相錯。陰陽便不相對待。那就非易了。

數往者順。知來者逆。是故易逆數也。

八卦既因對待而相錯。配于圓圖、非分兩截不可。既分兩截。便有了往來順逆等說。如乾一、兌二、離三、震四。此前半截的四卦。因乾父在前。三子在後。是已生的。故爲數往者順。巽五、坎六、艮七、坤八、此後半截的四卦。因坤母在後。三子在前。是未生的。未生先列。好像是前知一般。故爲知來者逆。易卦逆數的緣故。是因八卦必須相錯。不相錯、便不成對待。然非逆數、是不能相錯的。此所以圖上的巽五、不與震四相接。而提列于乾右一位。圓圖在繫辭上傳第十一章· 又、易道占事可以知來。其于已往的得失吉凶。既旋觀而順數。故其于方來的得失吉凶也逆觀而前知。如見履霜、便知冰堅必至。是以已往的微細。便知方來的著明。見離明、而知日昃必凶。是以已往的興盛。便知方來的衰微。且就已往以測將來。未有不可逆料而知的。如膰肉不至。孔子行。醴酒不設。穆生去。何況易道。故曰易逆數也。此說較簡而易解。

右第三章。

雷以動之。風以散之。雨以潤之。日以晅之。艮以止之。兌以說之。乾以君之。坤以藏之。

此章卦位相對、與上章同。雷以動之以下四句。取象義多。故以象言。艮以止之以下四句。取卦義多。故以卦言。乾坤始交而爲震巽。震巽相錯。動生萌芽。散皆甲拆。此言物始生。中交而爲坎離。坎離相錯、物經潤便滋。物經晅便舒。晅、是曬。此言物漸長。終交而爲艮兌。艮兌相錯、物成便止。物熟便說。此言物生滅。乾爲造物的主宰。于物无所不統。故曰乾以君之。坤爲養物的總府。于物无所不容。故曰坤以藏之。六子是各分一職。以聽命于父母的。上章以天地居首。是序尊卑。此章以乾坤居後。是總大成。上以體質言。此以功用言。

右第四章。

帝出乎震。齊乎巽。相見乎離。致役乎坤。悅言乎兌。戰乎乾。勞乎坎。成言乎艮。

此文王八卦圓圖。帝是生物的主宰。帝出乎震、指震一陽發動而言。一陽發動、爲東作的時候。齊乎巽、巽在東南方。爲春末夏初。萬物此時萌芽齊生齊長。故言齊。離在南方、正在夏天。炎日鬱蒸。萬物生機盡情發見。无稍隱藏。故云相見乎離。坤是成物的、萬物經受地氣滋養。纔能成形。好像給造物服役似的。故曰致役乎坤。兌在正西、主秋。萬物西成。无不圓滿而秀實。能不喜說。故曰說言乎兌。至西北羣陰。便要剝陽。陽受剝、自然要與陰戰。陰陽相戰于乾地。而得碩果僅存。從此便保存此一線生機于隱伏之處。正爲坎所居的北方。坎主冬、爲水。水性勞而不倦。萬物所歸。冬氣閉藏、一年告終。慰勞休息。正在此時。故曰勞乎坎。然冬氣閉藏是潛伏于土內。艮居東北、此時全年的工作。纔行終結停止。而次年的工作、又將預備開始。生機既歸于地而仍于地內發生。成終成始。爲艮卦的作用。故曰成言乎艮。兩言字、助辭。

萬物出乎震。震、東方也。齊乎巽。巽、東南也。齊也者、言萬物之潔齊也。離也者、明也。萬物皆相見。南方之卦也。聖人南面而聽天下。嚮明而治。蓋取諸此也。坤也者。地也。萬物皆致養焉。故曰致役乎坤。兌、正秋也。萬物之所說也。故曰說言乎兌。戰乎乾。乾、西北之卦也。言陰陽相薄也。坎者、水也。正北方之卦也。勞卦也。萬物之所歸也。故曰勞乎坎。艮、東北之卦也。萬物之所成終而所成始也。故曰成言乎艮。

帝、是萬物的首領。萬物與帝、作同樣看。潔齊、是萬物發生在春末夏初的時候。油油然如洗沐一過。齊齊整整、如一刀裁的一般。後天八卦、在太極既分以後。分播五行于四時。秩序甚明。震巽二木、主春。故震在東。巽次在東南。離火、主夏。故在南。兌乾二金、主秋。故兌爲正秋。乾次在西北。坎水主冬。故在北。土旺四季。故坤土在夏秋間。居西南方。艮土在冬春間。居東北方。木、金、土、各二。是以形旺的。水、火、各一。是以氣旺的。坤陰土、故在陰地。艮陽土、故在陽地。震、陽木。故正東。巽、陰木。故近南而接乎陰。兌、陰金。故正西。乾、陽金。故近北而接乎陽。又震巽離坤兌乾坎艮的位次。震居首。屬木。巽也屬木。故相連。木生火、故離居次。火生土、故坤居次。土生金、故兌乾居次。金生水、故坎居次。到此水應生木、而艮土偏居其次。因水非土也不能生木。故艮居次。水土又生木。五行四時。終始八卦。循環无窮。斯爲造化流行的妙用。

右第五章。

神也者、妙萬物而爲言者也。動萬物者、莫疾乎雷。橈萬物者、莫疾乎風。燥萬物者、莫熯乎火。說萬物者、莫說乎澤。潤萬物者、莫潤乎水。終萬物始萬物者、莫盛乎艮。故水火相逮。雷風不相悖。山澤通氣。然後能變化既成萬物也。

妙萬物、是妙運萬物的生機。此妙運、便是乾坤的主宰。卽所謂神。萬物有迹可見。神便在其中。无迹可見。神也不離乎物。雷所以動。風所以橈。火所以燥。澤所以說。水所以潤。艮所以終始。皆是神所以妙萬物。此雖不言乾坤、而中皆爲乾坤所主宰。六子不過分職罷了。動是鼓動、橈是散、燥是曝蒸。熯、是乾。（讀干）此以文王八卦圓圖而言。雷動風橈、火燥澤說、水潤艮終始、其流行萬物。固極盛了。然必有伏羲的對待。水火既濟。雷風相助。山澤通氣。然後纔能陽變陰化。運其神妙、而萬物皆生成而无缺欠。若止于言流行。而无對待。男女不相配。剛柔不相摩。獨陰不生。孤陽不長。安能運神妙、成變化、而動萬物、橈萬物、燥萬物、說萬物、潤萬物、並終始萬物呢。

右第六章。

乾、健也。坤、順也。震、動也。巽、入也。坎、陷也。離、麗也。艮、止也。兌、說也。

此言八卦的性情。乾純陽、故健。坤純陰、故順。震、坎、艮、皆陽卦。故從健。巽、離、兌、皆陰卦。故從順。健便能動。順便能入。此震巽所以爲動爲入。健遇上下皆是順的、便要溺而陷。順遇上下皆是健的、便要附而麗。（如火非靠薪柴不能燃燒。故離爲附麗。）此坎離所以爲陷爲麗。健極于上、前无所往、必止。順見乎外、情有所發、必說。此艮兌所以爲止爲說。

右第七章。

乾爲馬。坤爲牛。震爲龍。巽爲雞。坎爲豕。離爲雉。艮爲狗。兌爲羊。

乾健故爲馬。坤順故爲牛。震一陽在下。奮動于春間故爲龍。巽一陰在下。善伏、按時發布號令。故爲雞。坎內陽外陰。溝瀆中動物。性剛躁而穢。故爲豕、離內陰外陽。很有文彩。故爲雉。艮一陽在前。前剛而能止物。且善守。故爲狗。兌一陰在外。內很、外柔。故爲羊。此是遠取諸物。

右第八章。

乾爲首。坤爲腹。震爲足。巽爲股。坎爲耳。離爲目。艮爲手。兌爲口。

乾陽在上而圓、故爲首。坤陰中寬、能包藏含容。故爲腹。震陽動于下、故爲足。巽陰在下、上統一而下分爲兩。故爲股。坎陽氣在內而聰。外陰作圍。故爲耳。離中虛而黑。外實而白。明在外。有眼形。故爲目。艮一陽在上而尖。下陰而寬。有手形。故爲手。兌上一陰、上竅現于外。故爲口。此是近取諸身。

右第九章。

乾、天也。故稱乎父。坤、地也。故稱乎母。震一索而得男。故謂之長男。巽一索而得女。故謂之長女。坎再索而得男。故謂之中男。離再索而得女。故謂之中女。艮三索而得男。故謂之少男。兌三索而得女。故謂之少女。

六子皆從乾坤而生。故稱父母。索、作求解。陽先求陰。陽便入陰中而爲男。陰先求陽。陰便入陽中而爲女。震、坎、艮、皆坤體。乾陽來交于坤初。得震、斯爲長男。交于坤中。得坎、斯爲中男。交于坤上。得艮、斯爲少男。巽、離、兌、皆乾體。坤陰來交于乾初。得巽、斯爲長女。來交于乾中。得離、斯爲中女。來交于乾上。得兌、斯爲少女。三男本坤體。各得乾一陽而成男。此爲陽根于陰。三女本乾體。各得坤一陰而成女。此爲陰根于陽。一索、二索、三索、是按三畫從下而上的次序說。

右第十章。

乾爲天。爲圜。爲君。爲父。爲玉。爲金。爲寒。爲冰。爲大赤。爲良馬。爲老馬。爲瘠馬。爲駁馬。爲木果。

乾居亥位。故爲寒爲冰。大赤、盛陽的顏色。寒冰在子、從陽氣始生時說。大赤在午、從陽氣將終時說。良馬是純健的馬。老馬、是健而過時的。瘠馬、是健而體變的。駁馬、是健而色變的。漢、荀爽集『九名家易傳』增爲龍、爲直、爲衣、爲言、四項。來知德又增爲郊、爲帶、爲旋、爲知、爲富、爲大、爲頂、爲戎、爲武、九項。

坤爲地。爲母。爲布。爲釜。爲吝嗇。爲均。爲子母牛。爲大輿。爲文。爲衆。爲柄。其于地也爲黑。

以坤性陰柔。南北東西。且分經緯。故爲布。陰虛、故爲釜。儉而不肯多費一錢。不肯輕棄一物。此爲老婦常情。故爲吝嗇。无物不容、故爲均。三畫成章。物衆色雜。故爲文。耦畫成羣。无物不載。故爲衆。地有軸。坤有成物的權。故爲柄。陰色闇、故爲黑。荀九家增爲牝、爲迷、爲囊、爲裳、爲黃、爲帛、六項。來子又增爲末、爲小、爲能、爲朋、爲戶、爲敦厚、六項。

震爲雷。爲龍。爲玄黃。爲旉。爲大塗。爲長子。爲決躁。爲蒼筤竹。爲萑葦。其于馬也爲善鳴。爲馵足。爲作足。爲的顙。其於稼也爲反生。其究爲健。爲蕃鮮。

震是春天的卦。春天陽氣動于下。故爲雷。春天動物出蟄。自下而動于上。故爲龍。此擇其最大的說。乾坤始交而成震。兼有天地兩色。故爲玄黃。旉是由一本而分布若干枝葉、如卦象。故爲旉。旉作分布解。一奇數行動于後。二耦數開張于前。四通八達。故爲大塗。剛而好動。故爲決躁。下本實而上幹虛、如卦象。故爲蒼筤竹也爲萑葦。雷聲遠聞。故于馬爲善鳴。馬左足白曰馵。震居左。故爲馵足。作足、是馬于閒時常以蹄搗地。因震好動。故爲作足。的顙、是白腦門的馬。最健最好動的。震性如此。故爲的顙。禾稼初生根在上而芽在下。將出土纔能反過來。一根兩葉。正是卦象。故于稼爲反生。禾稼既生。因其本根甚健。由一本發生繁盛而且鮮明。正是萬物出乎震的樣子。故其究爲健爲蕃鮮。荀九家增爲玉、爲鵠、爲鼓、三項。來子又增爲青、爲升躋、爲奮爲官園、爲春耕、爲竹筐、六項。今再補爲盂・爲歷・爲甕・

巽爲木。爲風。爲長女。爲繩直。爲工。爲白。爲長。爲高。爲進退。爲不果。爲臭。其于人也爲寡髮。爲廣顙。爲多白眼。爲近利市三倍。其究爲躁卦。

惟木從繩則正。繩是合股而成的。故爲繩直。爲工、是爲引繩取直、是工人事。爲白、取木生極潔。爲長、取風行甚遠。爲高、取兩陽在上、木生直上。爲進退、取風有迴旋象。爲不果、也與爲進退彷彿。爲臭、取爲風吹來的氣味。爲寡髮、是因髮屬血。血屬陰。在極下。以進退不果。未能按時上行。所以髮便寡了。爲廣顙、是因上有二陽。顙額既長。髮又稀少。更顯得廣闊了。爲多白眼、是因陽白陰黑。本卦陽多陰少。且爲躁人的眼。故白眼便多了。爲近利市三倍、取種樹木、利益極多。其究爲躁卦、是因風主氣。故究竟近于急躁。荀九家增爲楊、爲鸛、二項。來子又增爲浚、爲魚、爲草茅、爲宮人、爲老婦、五項。

坎爲水。爲溝瀆。爲隱伏。爲矯輮。爲弓輪。其于人也爲加憂。爲心病。爲耳痛。爲血卦。爲赤。其于馬也爲美脊。爲亟心。爲下首。爲薄蹄。爲曳。其于輿也爲多眚。爲通。爲月。爲盜。其于木也爲堅多心。

爲溝瀆、是取水可以通行。爲隱伏、是取水藏地中。曲的使直爲矯。直的使曲爲輮。爲矯輮、是因水流曲直。好像故意矯輮的。爲弓輪、取彎弓放箭、如水激射。車輪行地、如水流動似的。爲加憂、是因險難可憂。爲心病、是因憂險難。故爲心病。爲耳痛、是因坎爲勞卦。聽勞耳便痛了。爲血卦、取人有血如地有水。爲赤、取赤爲血色。其于馬也爲美脊。是因坎得乾卦中爻。乾爲良馬。坎陽在中、故脊美。爲亟心、取剛在內而躁。爲下首、取柔在上、故首垂而不昂。爲薄蹄、取柔在下、故蹄薄而不厚。爲曳、也因下柔好似陷住一般。其于輿也爲多眚、取其表裏皆陰。力弱不勝重載。爲通、取其孔穴多。爲月、取月爲水的精華。爲盜、取水行隱伏的意思。其于木也爲堅多心、取其內爲純陽的意思。荀九家增爲宮、爲律、爲可、爲棟、爲叢棘、爲狐、爲蒺藜、爲桎梏八項。來子又增爲沫、爲泥塗、爲孕、爲酒、爲臀、爲淫、爲幽、爲浮、爲河、九項。

離爲火。爲日。爲電。爲中女。爲甲冑。爲戈兵。其於人也爲大腹。爲乾(音干)卦。爲鼈。爲蟹。爲蠃。爲蚌。爲龜。其于木也爲科上槁。

日是火精、故爲日。電、火類。故爲電。甲冑、取其剛在外。戈兵、取其以剛自衛。大腹、取中寬象。乾卦、取爲日所曬。鼈蟹等物、皆是硬介在外。外剛內柔的。其于木也爲科上槁、木中空爲科。木既空、中上必枯槁。也是因離中虛。外乾燥。故與坎堅多心相反。荀九家增爲牝牛。來子又增爲苦、爲朱、爲焚、爲泣、爲歌、爲墉、爲城、爲不育、爲害、九項。

艮爲山。爲徑路。爲小石。爲門闕。爲果蓏。爲閽寺。爲指。爲狗。爲鼠。爲黔喙之屬。其于木也爲堅多節。

山間无平坦的大塗。故爲徑路。艮爲陽卦中最小的、故爲小石。一陽在上、二陰分立于左右。有門闕象。故爲門闕。木實爲果。草實爲蓏。出于山中。故爲果蓏。閽寺、是守門的人役。能阻止人。故爲閽寺。一陽在上而尖。羣陰在下而寬。有手指象。故爲指。剛銳在前。能止物不使前進。狗恃其牙有此能力。故爲狗。又鼠類、以及凡有黔喙的。也是此屬。坎陽在中。故于木爲堅多心。此艮陽在上。故於木爲堅多節。荀九家增爲鼻、爲虎、爲狐、三項。來子又增爲牀、爲握、爲終、爲宅、爲廬、爲丘、爲篤、爲章、爲尾、九項。

兌爲澤。爲少女。爲巫。爲口舌。爲毀折。爲附決。其于地也爲剛鹵。爲妾。爲羊。

兌是陰卦中最小的。澤是卑下的地方。女人于幽明各界。无不以言詞取悅。幽暗處以言詞悅神。故爲巫。明顯處以言詞悅人。故爲口舌。兌西方卦。入秋、萬物成熟。風吹搖落。故爲毀折。其餘疆埸果蓏那些附屬品。也就稍代著收割解決了。故爲附決。西方多鹹地。故爲剛鹵。姊嫁以少女陪從、故爲妾。內很外悅。故爲羊。荀九家增爲常、爲輔頰、二項。來子又增爲笑、爲食、二項。

右第十一章。

周易話解序卦傳

有天地。然後萬物生焉。盈天地之間者唯萬物。故受之以屯。屯者、盈也。屯者、物之始生也。物生必蒙。故受之以蒙。蒙者、蒙也。物之穉也。物穉不可不養也。故受之以需。需者、飲食之道也。飲食必有訟。故受之以訟。訟必有衆起。故受之以師。師者、衆也。衆必有所比。

故受之以比。比者、比也。比必有所畜。故受之以小畜。物畜然後有禮。故受之以履。履而泰然後安。故受之以泰。泰者、通也。物不可以終通。故受之以否。物不可以終否。故受之以同人。與人同者、物必歸焉。故受之以大有。有大者、不可以盈。故受之以謙。有大而能謙必豫。故受之以豫。豫必有隨。故受之以隨。以喜隨人者必有事。故受之以蠱。蠱者、事也。有事而後可大。故受之以臨。臨者、大也。物大然後可觀。故受之以觀。可觀而後有所合。故受之以噬嗑。嗑者、合也。物不可以苟合而已。故受之以賁。賁者、飾也。致飾然後亨則盡矣。故受之以剝。剝者、剝也。物不可以終盡。剝窮上反下。故受之以復。復則不妄矣。故受之以无妄。有无妄然後可畜。故受之以大畜。物畜然後可養。故受之以頤。頤者、養也。不養則不可動。故受之以大過。物不可以終過。故受之以坎。坎者、陷也。陷必有所麗。故受之以離。離者麗也。

（右上篇）

屯者盈也。是說萬物初生。毫无組織。紛紜雜亂。充塞于天地間。故謂爲盈。屯並不作盈字解。

有天地。然後有萬物。有萬物。然後有男女。有男女。然後有夫婦。有夫婦。然後有父子。有父子。然後有君臣。有君臣。然後有上下。有上下。然後禮義有所錯。夫婦之道。不可以不久也。故受之以恆。恆者、久也。物不可以久居其所。故受之以遯。遯者、退也。物不可以終遯。故受之以大壯。物不可以終壯。故受之以晉。晉者、進也。進必有所傷。故受之以明夷。夷者、傷也。傷于外者、必反其家。故受之以家人。家道窮必乖。故受之以睽。睽者、乖也。乖必有難。故受之以蹇。蹇者、難也。物不可以終難。故受之以解。解者、緩也。緩必有所失。故受之以損。損而不已必益。故受之以益。益而不已必決。故受之以夬。夬者、決也。決必有所遇。故受之以姤。姤者、遇也。物相遇而後聚。故受之以萃。萃者、聚也。聚而上者謂之升。故受之以升。升而不已必困。故受之以困。困乎上者必反下。故受之以井。井道不可不革。故受之以革。革物者莫若鼎。故受之以鼎。主器者莫若長子。故受之以震。震者、動也。物不可以終動。止之。故受之以艮。艮者、止也。物不可以終止。故受之以漸。漸者、進也。進必有所歸。故受之以歸妹。得其所歸者必大。故受之以豐。豐者、大也。窮大者必失其居。故受之以旅。旅而无所容。故受之以巽。巽者、入也。入而後說之。故受之以兌。兌者、說也。說而後散之。故受之以渙。渙者、離也。物不可以終離。故受之以節。節而信之。故受之以中孚。有其信者必行之。故受之以小過。有過物者必濟。故受之以既濟。物不可窮也。故受之以未濟終焉。

〔右下篇〕

上經至離。夫婦意趣。躍然紙上。接離者麗也。本可云麗則交感。故受以咸。却歇住不說。更提起來從天地說起。由萬物說到男女。說到夫婦。一氣更說到父子、君臣、上下、禮義、見得夫婦所關甚大。而後以夫婦之道一語承接。何等鄭重。至此說到不可不久。以恆恆有所受。咸无所受。與乾坤等。故咸也不稱名。尊同天地。蓋萬物的父母是乾坤。人的父母是咸。上經言天地生萬物。以氣而流形。故始于乾坤。終于坎離。是氣化的本根。下經萬物各相生。以形而傳氣。故始于咸恆。終于旣濟未濟。是夫婦的作用。

周易話解雜卦傳

乾剛、坤柔。

雜卦傳均以兩卦或錯或綜並說。此兩卦是相錯的。剛柔、是乾坤的性情。

比樂、師憂。

此兩卦相綜。綜、如織布機上的掙。掙是兩片。此上彼下。如䷇比、上卦下去。下卦上來。便成了䷆師。以下倣此。比、有親便樂。師、動衆便憂。

臨觀之義。或與或求。

此兩卦相綜。君上臨民。發政施仁。故言與。小民觀光。引領望治。故言求。然臨也有求意。觀也有取義。故曰或。

屯見而不失其居。蒙雜而著。

此兩卦相綜。屯主爻爲九五。雜于二陰中間。而剛健中正。雖當屯而已有表現。且居當其位。故曰屯見而不失其居。蒙主爻爲九二。也雜于二陰中間。專主發蒙。其于全體中更爲著明。故曰蒙雜而著。

震、起也。艮、止也。

此兩卦相綜。震陽動于初、故起。艮陽終于上、故止。

損、益、盛衰之始也。

此兩卦相綜。損已必盛、爲盛始。益已必衰、爲衰始。

大畜、時也。无妄、災也。

此兩卦相綜。止所不能止的、不過一時的事。得所不當得的。定爲意外的災。

萃聚而升不來也。

此兩卦相綜。升上卦的三陰。下而爲萃的下卦。三陰同聚。故曰萃。萃下卦的三陰。上而的上卦。三陰齊上。故曰升。萃有聚而尚往的意思。升有往而不思反的意思。

謙輕而豫怠也。

此兩卦相綜。謙心虛。故自輕。豫志滿。故意怠。

噬嗑、食也。賁、无色也。

此兩卦相綜。食取充腹。衣取遮體。若專嗜肥甘。恐骨鯁難合。飲食失正。競尚華美。恐目迷五色。盡屬虛僞。

兌見而巽伏也。

此兩卦相綜。兌陰外見。巽陰內伏。

隨、无故也。蠱、則飭也。

此兩卦相綜。故作舊見解。人舊有主見。便不隨人。所以曰无故。如堯舜舍己從人。便是无故。蠱是于世事大壞以後。重新整頓。故曰飭。飭、是整飭。

剝、爛也。復、反也。

此兩卦相綜。剝爛陽已窮于上。復反陽又生于下。陽窮、生意漸盡。而歸于无。陽生、生意復萌。而反于有。

晉、晝也。明夷、誅也。

此兩卦相綜。晉是明出地上。明夷是明入地中。出地上而明著。入地中而明傷。誅、作傷解。

井通而困相遇也。

此兩卦相綜。養而不窮井道通。剛遇柔揜所以困。

咸、速也。恆、久也。

此兩卦相綜。相感便速。速便婚姻及時。有恆則久、久便夫婦偕老。

渙、離也。節、止也。

此兩卦相綜。風散水、故渙。渙便離披而不止。澤防水、故節。節便斂止而不離。

解、緩也。蹇、難也。

此兩卦相綜。動兇乎險、故已得寬緩。見險而止、是正遇患難。

睽、外也。家人、內也。

此兩卦相綜。睽于外而不相親。親于內而不相睽。

否、泰、反其類也。

此兩卦相綜。大往小來。小往大來。故反其類。

大壯、則止。遯、則退也。

此兩卦相綜。壯不知止。小人行爲。君子當止便止。當退便退。大壯而不躁進。遯而能與時行。斯爲君子。後學宜留意于此。

大有、衆也。同人、親也。

此兩卦相綜。大有六五柔得尊位而有其衆。有其衆而衆也歸心。故曰大有衆也。同人六二得中得位而同乎人。同乎人而人盡相親。故曰同人親也。

革、去故也。鼎、取新也。

此兩卦相綜。水火相息。有去故義。水火相烹。有從新義。

小過、過也。中孚、信也。

此兩卦相錯。小過略踰其常。中孚克存其誠。

豐、多故。親寡旅也

此兩卦相綜。人處盛時、必多故舊。人在窮途、定寡親識。

離上而坎下也。

此兩卦相錯。炎上潤下。

小畜、寡也。履、不處也。

此兩卦相綜。小畜一陰雖得位而畜衆陽。未免太孤。故曰寡。履一陰不得位而在衆陽隊中。那能安處呢。故曰不處、需、不進也。訟、不親也。

此兩卦相綜。天水相上下安分待時。故不進。越理求勝。故不親。

大過、顛也。姤、遇也。柔遇剛也。漸、女歸待男行也。頤、養正也。既濟、定也。歸妹、女之終也。未濟、男之窮也。夬、決也。剛決柔也。君子道長。小人道憂也。

此八卦內惟大過與頤相錯。餘皆相綜。大過本末弱。故顛。歸妹、是女終而婦始。故曰女終。未濟、剛柔失位。故曰男窮。以重陽輕陰。故不言女。此篇係孔聖人因序卦一連串下去。恐後學就不知其中有錯綜、及互卦、與各項複雜的體例了。故著爲此傳。從乾坤起。各卦或錯或綜。既經註明。而更有互卦。如比、師、臨、觀、屯、蒙、損、益八卦。互體皆爲剝復。因震艮爲陽卦的主卦。且爲剝復的主體故也。序于此間。大畜、无妄、萃、升、隨、蠱六卦。互體皆爲漸歸妹。謙、豫、噬嗑、賁、晉、明夷六卦。互體皆爲解蹇。井、困、小畜、履、需、訟六卦。互體皆爲睽家人。咸、恒、大壯、遯、大有、同人、革、鼎八卦。互體皆爲姤夬。渙、節、小過、中孚、豐、旅、離、坎八卦。互體皆爲大過頤。解、蹇、睽、家人、否、泰六卦。互體皆爲既濟未濟。以上連同乾坤互體也與本卦相同。剝復但取義、也不取互。總共五十六卦。或錯或綜。皆係兩卦相對。獨大過以下、八卦。另開一局。以見不獨中四爻可互。六爻循環皆可以互也。因中四爻皆陽。上下皆陰的只此一卦。故并綴爲一圖。以示後學。且自初爻起。而正卦左旋。互卦右旋。恰始于姤、終于夬、而乾適得易道抑陰尊陽的大義。更有易解的方法。按圖自初至四爲姤。自上至三爲漸。自五至二爲頤。自四至初爲歸妹。自三至上爲夬。自二至五爲乾。然傳文卻未言乾。是因乾巳著于篇首。夬卦決去其上一陰。也便爲乾。首尾便一致純陽了。既未濟的中爻相互。仍此二卦。所以列在此處。是重在取義。自姤遇以後、如漸合禮。頤養正。便是既濟而定。如歸妹越禮失正。便是未濟而窮。故必決陰邪以伸陽道。然後君子道纔能長。小人道纔可憂。雜卦傳也算以既未濟終篇。與序卦等。

大過循環互卦圖

者也是四爻兩互法。前註言自初至四爲姤五句。仍太囫圇。茲再逐句剖解如左。

一、自初至四爲姤。係初至三爲下互、初、陰爻在下、二、三、皆陽爻在上、爲巽。二至四爲上互、二、三、四、皆陽爻爲乾。上乾下巽。故爲姤。

一、自上至三爲漸。係上至二爲下互、上、初、皆陰爻在下、二、陽爻在上、爲艮。初至三爲上互、初、陰爻在下、二、三、皆陽爻在上、爲巽。上巽下艮。故爲漸。

一、自五至二爲頤。係五至初爲下互、五、陽爻在下、上、初、皆陰爻在上、爲震。上至二爲上互、上、初、皆陰爻在下、二、陽爻在上、爲艮。上艮下震。故爲頤。

一、自四至初爲歸妹。係四至上爲下互、四、五、皆陽爻在下、上、陰爻在上、爲兌。五至初爲上互、五、陽爻在下、上、初、皆陰爻在上、爲震。上震下兌。故爲歸妹。

一、自三至上爲夬。係三至五爲下互、三、四、五、皆陽爻爲乾。四至上爲上互、四、五、皆陽爻在下、上、陰爻在上、爲兌。上兌下乾。故爲夬。

筮法

用蓍占例

占筮用蓍、蓍草、孔墓所生、用蓍占卦、今多不解、茲將筮法逐細列後、靜閱數十分鐘、便可瞭然、此雖習易餘事、若能悉心研究、无非是盈虛消長、于人立身作事、定有相當的幫助、決非迷信、幸勿輕視、惟古法禮節及手續、太覺繁重、故略爲刪簡、占時但能心誠地潔、便爲適當、

蓍一莖爲一策、法定數爲五十策、平時盛以囊、占時取出、返一策于囊、不用、（此象太極）

信手將四十九策、分而爲二、一半暫置于案上、（此即分而爲二以象兩）、在手中的一半、取一策置于旁、（此即掛一以象三）將手中所有的蓍策、以四數數起、（此即揲之以四以象四時）末後所餘的零數、（餘四策也爲零數）置于一處、（此即一扐）次將置于案上的一半檢起、也以四數數起、末後所餘零數、與前零數歸到一處、暫勿動、（此即歸奇于扐）是爲一變、

再將前所餘的蓍策、合在一處、也信手分而爲二、仍照以上手續、再掛、再揲、再扐、再歸、

也暫勿動、是爲二變、

仍將所餘的蓍策、合在一處、分而爲二、照樣掛揲扐歸、是爲三變、

三變既畢、查其零數、如共爲十三、其過揲的策數、便是四九三十六、而爲老陽、如共爲十七、其過揲的策數、便是四八三十二、而爲少陰、如共爲二十一、其過揲的策數、便是四七二十八、而爲少陽、如共爲二十五、其過揲的策數、便是四六二十四、而爲老陰、每如此三變而成一爻、每卦六爻、共十有八變、

經過十有八變、成爲一卦、其所遇之爻、如老陽便變爲陰、老陰便變爲陽、少陽少陰、不變、六爻變與不變、及若何變的各斷法、列左、

六爻不變、以本卦的彖辭斷、

一爻變、以本卦的變爻斷、

二爻變、以本卦的二變爻斷、

三爻變、以本卦及變卦兩卦的彖辭斷、

四爻變、以變卦的二不變爻斷、

五爻變、以變卦的不變爻斷、

六爻變、以變卦的彖辭斷、如乾坤兩卦互變、便以用九用六斷、

用骰占例

東光 馬鑅璘 柳亭

客有問余者曰。子占卦用蓍。何也。曰、古法也。古之占者、非以龜。則以蓍。故余用之也。曰、斷卦不用六親六神。何也。曰、亦古法也。六親六神、漢儒之術、非古也。曰、然則子何以斷。曰、以易之卦德卦象卦名、卦辭斷之。而參以洪範五行之生剋。其餘不用也。曰、此法何師。曰、師古。曰、古何書。曰、左氏傳。左氏傳不云乎。風落山女惑男。余即其說而充之也。曰、然則揲蓍何師。曰、師易傳。揲蓍之法、孔子易傳盡之矣。曰、子用蓍、而亦有時不用蓍而用骰。何也。曰、簡也。曰、用三錢不簡乎。曰、三錢之法無當于易理。故余不用也。曰、然則骰何當于易。曰、骰三枚、三才之道也。枚各六面、六合之象也。點惟三與二、參天兩地之數也。一枚之上、三點者三、共九數。法老陽之動也。二點者三、共六數。法老陰之動也。合九與六爲點十五。三枚共點四十有五。與洛書之數合矣。一擲而純三、九數也。即揲蓍之四九三十六也。一擲而純二、六數也。即揲蓍之四六二十四也。一擲而兩二一三、七數也。即揲蓍之四七二十八也。一擲而兩三一二、八數也。即揲蓍之四八三十二也。六擲而六爻成。不外九六七八之數也。故有當於易。曰、然則此何師乎。曰、昔余讀焦氏易林。

其前序中具詳此法。余喜其與揲蓍之數相合。故師而用之也。曰、占卦之事重矣。有大事則占。子占及小事。何也。曰事無大小。視之大則大。視之小則小也。且天下之大事。皆從小事起也。故余占之。亦謹小慎微意也。曰、若是則天下事無一不可占矣。曰、然。否否。天下事、誠無一不可占。而惟傷倫滅理之事、則不可占。即占亦必不靈。蓋易爲君子謀。不爲小人謀也。客聞之、欣然而退。因記相與問答之言於册。以爲余之占例焉。

按余幼時、從　先師柳亭夫子受易、凡易書所有陰陽爻位、對待流行、盈虛消長、以及其他諸重要學說、无不探本窮源、諄諄講授、惟於占筮一事、槩不多言、後余知識略增、於課餘往往自行研究、并側閱先師所作筮紀册首以答客問爲骰占條例、間或用以占事、而輒有奇驗、然蓍占手續繁重、不若用骰簡易、而其作用也與蓍同、且此占例、雖係文言、毫不難解、故節錄於此、也藉爲用骰占例、以餉讀者、

編者識、

國家圖書館出版品預行編目

周易話解 / 劉思白作. -- 一版. -- 臺北市 :
秀威資訊科技, 2009.09
面 ; 公分. -- (語言文學類 ; PG0281)
BOD 版
ISBN 978-986-221-283-7(平裝)

1. 易經 2. 注釋

121.12 98014948

語言文學類 PG0281

周易話解

作　　者 / 劉思白
執行編輯 / 黃姣潔
圖文排版 / 張慧雯
封面設計 / 陳佩蓉
數位轉譯 / 徐真玉　沈裕閔
圖書銷售 / 林怡君
法律顧問 / 毛國樑　律師
出版發行 / 秀威資訊科技股份有限公司
台北市內湖區瑞光路 583 巷 25 號 1 樓
電話：02-2657-9211　傳真：02-2657-9106
E-mail：service@showwe.com.tw

2009 年 9 月 BOD 一版
定價：450 元

讀者回函卡

感謝您購買本書，為提升服務品質，請填妥以下資料，將讀者回函卡直接寄回或傳真本公司，收到您的寶貴意見後，我們會收藏記錄及檢討，謝謝！

如您需要了解本公司最新出版書目、購書優惠或企劃活動，歡迎您上網查詢或下載相關資料：http:// www.showwe.com.tw

您購買的書名：________________________________

出生日期：________年________月________日

學歷：□高中（含）以下　□大專　□研究所（含）以上

職業：□製造業　□金融業　□資訊業　□軍警　□傳播業　□自由業

　　　□服務業　□公務員　□教職　□學生　□家管　□其它____

購書地點：□網路書店　□實體書店　□書展　□郵購　□贈閱　□其他

您從何得知本書的消息？

□網路書店　□實體書店　□網路搜尋　□電子報　□書訊　□雜誌

□傳播媒體　□親友推薦　□網站推薦　□部落格　□其他________

您對本書的評價：（請填代號　1.非常滿意　2.滿意　3.尚可　4.再改進）

封面設計____　版面編排____　內容____　文／譯筆____　價格____

讀完書後您覺得：

□很有收穫　□有收穫　□收穫不多　□沒收穫

對我們的建議：________________________________

____

____

____

請貼
郵票

11466
台北市內湖區瑞光路 76 巷 65 號 1 樓

秀威資訊科技股份有限公司　　收

BOD 數位出版事業部

....

（請沿線對折寄回，謝謝！）

姓　　名：＿＿＿＿＿＿＿＿　年齡：＿＿＿＿　性別：□女　□男

郵遞區號：□□□□□

地　　址：＿＿＿＿＿＿＿＿＿＿＿＿＿＿＿＿

聯絡電話：(日) ＿＿＿＿＿＿＿＿ (夜) ＿＿＿＿＿＿＿＿

E-mail：＿＿＿＿＿＿＿＿＿＿＿＿＿＿＿＿